基　于　标　准　的　评　价　研　究　丛　书

总主编 ◎ 崔允漷

Theories and Techniques of Performance Assessment in Schools

中小学表现性评价的理论与技术

周文叶　著

华东师范大学出版社
·上海·

图书在版编目(CIP)数据

中小学表现性评价的理论与技术/周文叶著. —上海:华东师范大学出版社,2014.8
(基于标准的评价研究丛书)
ISBN 978-7-5675-2521-4

Ⅰ.①中… Ⅱ.①周… Ⅲ.①中小学—学业评定—教学评议—研究 Ⅳ.①G622.4②G632.4

中国版本图书馆 CIP 数据核字(2014)第 214308 号

本书由上海文化发展基金会图书出版专项基金资助出版
基于标准的评价研究丛书
中小学表现性评价的理论与技术

著　　者　周文叶
策划编辑　彭呈军
责任编辑　王冰如
责任校对　时东明
装帧设计　卢晓红

出版发行　华东师范大学出版社
社　　址　上海市中山北路 3663 号　邮编 200062
网　　址　www.ecnupress.com.cn
电　　话　021-60821666　行政传真 021-62572105
客服电话　021-62865537　门市(邮购)电话 021-62869887
地　　址　上海市中山北路 3663 号华东师范大学校内先锋路口
网　　店　http://hdsdcbs.tmall.com

印 刷 者　常熟高专印刷有限公司
开　　本　787 毫米×1092 毫米　1/16
印　　张　14.75
字　　数　261 千字
版　　次　2014 年 9 月第 1 版
印　　次　2025 年 4 月第 17 次
书　　号　ISBN 978-7-5675-2521-4/G·7613
定　　价　48.00 元

出 版 人　王　焰

全国教育科学“十二五”规划教育部青年课题“中小学生表现性评价的理论与技术研究”(项目编号:EHA130394)成果

教育部人文社会科学重点研究基地华东师范大学课程与教学研究所重大项目“义务教育阶段促进学习的课堂评价研究”(项目编号:13JJD880014)成果

迎接新的教育评价范式

——代总序

崔允漷

半个世纪以来,教育评价的理论领域也许没有出现诸如布卢姆(B. Bloom)的教育目标分类学之类的重大成果,但教育评价的实践领域却发生了巨大的变革。这种变革源于知识观、学习观的变化,也与社会发展和教育发展目标的变化有关。从评价实践的变革中,人们似乎可以看到,教育评价实践领域正在发生一个范式转换,而在学生学业成就评价领域中,这种范式转换似乎更为明显。

一

教育评价特别是学生学业成就评价领域在近几十年中正在发生着巨大的变革,这种巨大的变革是教育评价历史上从未有过的,具体表现在以下几个方面。

(一)"对学习的评价"依然受关注,但"为学习的评价"逐渐成为主流。

为什么要进行学生学业成就评价?美国学者洛克希德(M. E. Lockheed)认为当前学生学业成就评价有六个最普遍的目标:为高一级的教育选拔学生;认证学生的成就;监测成就变化的趋向;评价特定的教育项目和政策;促使学校、学区对学生成就负责;诊断个体的学习需要。① 在这六个方面的目标中,有些是评价最原始的目标,如选拔,有些则是近几十年来才出现的目标,如监测、政策评价和问责。但除了诊断学生个体的学习需要外,为其余五个目标实施的评价基本上都属于"对学习的评价"(Assessment of Learning)。

---

① Lockheed, M. E.. Assessment and management: World Bank Support for Educational Testing [A]//Little, A. & Wolf, A. (eds.). *Assessment in Transition: Learning, Monitoring and Selection in International Perspective* [M]. Pergamon Press, 1996:29-30.

在当前的学生学业成就评价实践中，认证性和选拔性评价依然具有非常重要的地位，因为个体进入社会生活需要获得相应的学业成就水平的证明，高一级教育资源和社会资源相对有限，需要相对公平的分配机制；监测性评价则源于国家对教育质量的责任和对有关教育质量的信息需求，近年来得到很大发展，这不仅表现在许多国家层面的教育质量监测体系的建立，也表现在众多国家参与国际性学生学业成就评价项目的热情；用于政策或项目评价的学生学业成就评价因为科学决策的要求而发展；学生学业成就评价同样被广泛地作为对地方、学校、教师和学生个体进行问责，并促使其对自己的职责承担责任的工具。

这里，我们可以看到，"对学习的评价"不仅没有削弱，反而正在得到加强。但是，当前教育评价领域中关注最多的还是"为学习的评价"(Assessment for Learning)。实际上，对"为学习的评价"的关注在20世纪60年代就已经开始。布卢姆的教育目标分类学表明教育者开始清楚地表达对一种专门为教育目标，且能被用于计划、教学、学习和评价这一循环圈中的评价的需求。[①] 这种教育评价是一种支持学习的评价模型，它关注相对于自己而非他人的个体成就；检测能力而非智力；发生于相对不受控制的情境中，因此不能产生"人人都可通用的"(well-behaved)数据；寻求最好的而不是典型的表现；当摆脱了作为标准化测验的特征的规则和限制时，它最有效；体现着一种建设性的评价观，目的在于帮助而非惩罚学生。[②] 而格拉瑟(Glaser)将标准参照测验和常模参照测验区分开来，就是一种将教育评价从经典的心理测量学中分离出来的重要尝试。

当前，对学习的关注已经成为教育评价改革的一个大观念(big idea)。教学、学习和评价三位一体的关系得以建立，评价被看成镶嵌于教—学过程之中的一个成分。对各种新型评价方式的倡导，内部评价尤其是课堂层面的评价得到高度关注，对多元评价尤其是学生参与评价的倡导，对评价结果的适当运用的规范等等，无不反映着"为学习的评价"的理念。即使在为监测、问责等目的而实施的学生学业成就评价中，促进学生的学习同样是一个重要的关注点。

---

① Gipps, C.. Assessment for Learning [A]//Little, A. & Wolf, A. (eds.). *Assessment in Transition: Learning, Monitoring and Selection in International Perspective* [M]. Pergamon Press, 1996:254.

② Gipps, C.. Assessment for Learning [A]//Little, A. & Wolf, A. (eds.). *Assessment in Transition: Learning, Monitoring and Selection in International Perspective* [M]. Pergamon Press, 1996:255.

（二）评价管理体制变革明显，平衡的学生学业成就评价体系正在形成。

就传统而言，世界各国的教育管理体制几乎都可以归入两大阵营：集权和分权。这种传统的力量非常强大，经常在教育政策的制定过程中扮演着极为重要的角色。近几十年来，世界各国的教育管理体制正在发生急剧的变革。从表面上看，两种不同传统的教育管理体制似乎正在走向其对立面，但不同的路径指向的却是同一目标，即集权和分权之间的适当的平衡。

在整个教育管理体制的变革中，评价管理权起着一个核心的作用——考试控制权的回收或下放被当作促成教育管理体制变革的强有力的杠杆。

在美国，在《国家在危急之中》发布之后，几乎每个州都采取了自上而下的旨在提高标准的努力，如提高对学术课程的要求，强化对教材的控制，运用州课程指南等，但最为普遍的还是针对所有年级的全州考试，试图以此来重塑学校教育实践。联邦政府甚至每年公布排名表(Wall Chart)，按照标准化测验的成绩对各州进行排名，而各州也将这种年度活动复杂化，将学区的排名公开化，而学区的管理层又进一步将学区内学校的排名公开。在英国，1988 年教育法案中一个基本思路就是削减地方教育当局的教育权力和课程上的自由裁量权，将教育控制权由地方收归中央。政府特别相信考试控制权的回收具有将教育管理权从地方收归中央的能力，因此，全国性的考试系统建立起来了，学生必须定期参加考试，考试结果要公开发布。

而一些传统上高度集权的国家，考试系统的控制却在走向相反的方向。在法国，考试权力传统上高度集中于中央政府，从 19 世纪初开始中央政府就是全国考试所测量的标准的守卫人，考试系统就是中央政府小心保护的主要教育特权之一。但从 1980 年代早期开始，教育管理中实施了一种温和的权力下放政策，地方获得了更多的权力。

事实上，上述两种表面上看来完全相反的趋势本质上却是一致的。教育管理上的分权趋向更多是从教育输出方面考虑的。基于对传统的输入或过程评估模式的反思，西方开始更多从结果方面考虑教育的质量；而要使学校教育获得良好的结果，学校就必须获得相当程度的自主权，传统的自上而下管制的方法只能解决输入的问题，对于学校教育的真正改善效果有限。学校要改善，就必须获得相关的信息，因此分权发生了。但国家将教育权力赋予地方、学校层面并不意味着国家不需要相关的信息，实际上，所有层次的管理者都需要信息来改善其决策的效能。因此，保证分权和监控之间的适当张力——决策上的去中心化(过程规制与专业主义控制)与基于结果的问责——就成为几乎所有国家的共同选择,以实现国家规制和地方控制上的平衡。[①] 在评价事务上,就是国家评价与地方、学校层面的评价的平衡。

从一个国家内部看,评价的权力似乎也正在向两头延伸。一方面,国家层面的教育质量监测成为许多国家的现实做法和追求,人们试图建立国家教育质量监测体系来监测预设的标准的达成状况,对地方、学校进行问责,进而保证教育目标的实现。而另一方面,人们又普遍相信,学习最终发生于课堂之中,当现实中教师将其三分之一到一半的教学时间用于评价及与评价相关的事务上时,如果评价不能在日常的课堂实践中有效地运行,那么其他层面(学区、州、国家和国际)上的评价完全是浪费时间和金钱。[②] 因此,内部评价,特别是课堂层面的评价,也就成为当前评价改革的一个核心关注点。有些国家教师自己实施的评价甚至被当作学生学业成就评价的核心成分,作为选拔、认证乃至问责的依据。如在英国的全国评价项目中,教师评价是最终评价的一个正式的成分。在澳大利亚的昆士兰,20 年来没有基于学科的公开考试,大部分学生评价来自于改善后的教师评价。

(三) 传统的考试一统天下的地位被颠覆,诸多新型的评价方式得到广泛运用。

在传统的学生学业成就评价中,其实并不缺少口试、对实际表现的观察之类的评价方式。可是,受到 20 世纪初心理测量在军事领域中的成功的诱惑和刺激,常春藤联合会的入学考试机构——大学入学考试委员会(College Entrance Examinations Board, CEEB),在 1926 年采用难度更高的"军队阿尔法",编制了学术性向测验(Scholastic Aptitude Test, SAT)。这种标准化测验因为基于心理测量学而披上了"科学"的外衣,这使得它在科学主义甚嚣尘上的年代极具诱惑力。很快,这种基于心理测量学的考试取代了原本运用论文式考试的选拔性评价,而且发展成为学校教育系统中各种评价的主要形式。尽管后来有许多测验宣称测量"成就"而不是"性向",但依然采用 SAT 的形式,或者就是心理测量的形式——这种考试获得了在教育评价领域中一统天下的地位。

---

① Olmedilla, Juan M.. Tradition and Change in National Examination Systems: A Comparison of Mediterranean and Anglo-Saxon Countries [A]//Ecksteino, M. A. & Noah, H. J.. *Examinations: Comparative and International Studies* [M]. Pergamon Press, 1992:142.

② 转引自:Roschewski, P.; Gallaher, C. & Isernhagen, J.. Nebraskans Research for the STARS [J]. *Phi Delta Kappan*, 2001(8):611 - 615.

然而,这样一种考试模式在获得其统治地位的同时,所引发的批评和质疑也不绝于耳。SAT 的倡导者布里格汉姆(C. Brigham)就已经预见到标准化测验可能带来的消极后果。近年来,当知识观、学习观发生变化,尤其是建构主义的学习理论兴起之时,在美国,这种批评"多年来局限于进步的批评家和学术传统主义者,如今却经常出现在《华盛顿邮报》、《纽约时报》、《华尔街杂志》、《新闻周刊》上,甚至出现在黄金时间的电视节目上。"[①]而在我国,这种批评同样不再局限于学术媒体,而频繁地出现在《羊城晚报》、《北京文艺》、《中国青年》、《南方周末》之类的大众媒体上。舆论普遍认为,这种标准化测验更多关注结果的可比较性和公平性,很少考虑对学习的加强和支持。它鼓励学生对事实性知识的掌握,鼓励再生他人的观点,激励"肤浅的学习",不能导致对"高等级的思考技能"的学习;当考试具有高利害关系时,教师常被鼓励去追求更高的分数,"为考而教",而不是去更好地理解学生学习上的困难;一些消极的甚至不合伦理的实践就成为学生学习中的常态。在这种情况下,最完美、最有效的考试却导致最糟糕的学习。[②]

在这种背景下,标准化测验的统治地位受到了猛烈的冲击,尽管其市场依然巨大,但诸多冠以"表现性评价"(Performance Assessment)、"真实性评价"(Authentic Assessment)、"另类评价"(Alternative Assessment)之名的新型评价方式正在成为众多评价项目的重要方法,甚至在诸如监测、问责、升学之类传统上由大规模的标准化测验控制的领域发挥作用。这些新型评价关注高层次学习所要求的批判性思考和知识整合,要求评价任务本身是技能或学习目标的真实例子,而不是替代物,期望学生通过思考生成答案而不是在多个选项中选出正确答案。

比如表现性评价,目的在于测量学习者运用先前所获得的知识解决新异问题或完成具体任务的能力,常常运用真实的生活或模拟的评价练习来引发最初的反应。[③] 表现性评价不仅评价学生"知道什么",更重要的是评价学生"能做什么";不仅评价学生行为表现的结果,更评价学生行为表现的过程;不仅是对某个学习领域、某方面能力的评价,而且评价学生综合运用已有知识进行实作与表现的能力。

---

① Berlak, H.. The Need for a New Science of Assessment [A]//Berlak, H. & Newmann, F. M.. *Toward a New Science of Educational Testing and Assessment* [M]. State University of New York Press, 1992:8.

② 王少非. 校内考试监控研究[D]. 上海:华东师范大学博士学位论文, 2007:13.

③ Stiggins, Richard J.. Design and Development of Performance Assessments [J]. *Educational Measurement: Issues and Practice*, 1987(6).

在这一些方面，表现性评价所能做的正是选择式、记忆式的纸笔考试所无法企及的。正因如此，表现性评价开始成为诸多学生学业成就评价项目中的重要评价方式。如英国各学科的A级考试中，借助于表现性评价的“中心评审课程作业”普遍占20%—35%的分数比重。[①] 又如，我国香港地区，名为“教师评审制”的表现性评价的分数在高考中占到了20%—30%的比例。[②] 另外，国际教育成就评价协会(International Association for the Evaluation of Educational Achievement, IEA)在第三次国际数学和科学教育研究(Third International Mathematics and Science Study, TIMSS)中对表现性评价的运用也为大规模进行表现性评价提供了范例。[③]

(四) 教育评价的心理测量学基础被动摇，新的教育评价文化正在兴起。

相对于以往随意化的评价，心理测量学成为教育评价的基础无疑是教育评价发展史上的一个里程碑。然而，当评价的目标发生变化，转向对学习的促进时，教育评价的心理测量学基础就不可避免地受到质疑。

从根本上讲，心理测量学的诸多假定都来源于关于测验目的的假定。借用现代科学主义的话语，心理测量学将其所发明的测验称为“工具”，而且是一种外在于历史与文化的，不受感情或价值观影响的、公正无偏的科学的工具。这种工具的根本功能被假定为“选拔”，进而“安置”，即对个体或群体进行区分，然后将之归到被认为适当的位置上，区分的根据就是个体身上那种稳定的不变的东西。因此，基于心理测量学的测验就只能测量人类的少数特性，通常是那些不受教育影响的特性，也就是智力或自然倾向。测验就是要测出个体到底有“多少”这样的特性，而不关注个体在这些方面的表现有“多好”。当信度和常模成为教育评价的核心关注点时，教育评价就不再关注个体，而是关注个体与他人(常模)的比较，这导致学生在教育评价中的被动地位和无力感，因为他们能决定自己的成绩，但不能影响他人的成绩；同样，这种关注使得统计分析的适合性成为教育评价(包括考试)设计的重要关怀，而对于评价在课堂中的意义，对于评价在促进学生学习和提高学业成就的意义，则基本上没有关怀。而在教育评价中，应当评价的东西与心理测量学期望测量的东西有本质的不同，学生学业成就显然是教育的结果，而不是不受教育影响的固有的不变的特质——相对于智力和自然倾向，换言之，作为教学的直接结果的成绩

---

① 冯生尧，谢瑶妮. 英国高考中的表现性评价：中心评审课程作业[J]. 比较教育研究，2006(8).

② 冯生尧. 香港高考教师评审制的特点和启示[J]. 课程 · 教材 · 教法，2004(10).

③ 周文叶. 论表现性评价在综合素质评价中的运用[J]. 全球教育展望. 2007(10).

是“脏”的，它直接受到教学和教师的影响。就此而言，那种基于心理测量学的、看起来非常成熟的技术标准不能适合指向于不同目的、需要不同方法的教育评价。

而在柏拉克(H. Berlak)看来，心理测量学范式中的测验不只是不适合教育评价的问题，“植根于一个不合时宜的范式之中的标准化和标准参照测验阻碍了学校的更新和重构。当我们进入20世纪的最后十年时，至少对于那些外在于测验编制的人而言，标准化和大部分标准参照测验所基于的假定是明显站不住脚的。在这一范式的废墟之外，一种新的范式正从许多并不完美的解决教育成就评价的实践问题的努力中缓慢地出现……”①

有人将正在出现的新的评价范式描述为“评价文化”。② 它强调真实的情境化的测验，强调运用多元评价，强调对高层次技能而不是知识的再生产的评价；不仅关注对认知的评价，而且包括对元认知、情感和社会维度以及心理动力技能的评价；关注将评价整合到学习之中；学生越来越多的承担评价过程中的责任；“对学习的评价”与“为学习的评价”的整合。在这种评价文化中，传统的智慧正被超越，新的智慧正在出现：

教学智慧——关注学习；

学习智慧——反思性的、主动的知识建构；

评价智慧——情境化的、解释性的、基于表现的。

二

柏拉克将教育评价中心理测量学基础的动摇看成教育评价“范式转换”的一个环节。的确，基于心理测量学的教育评价不能解决现实的教育评价中的一些“例外”，因而竞争性理论或实践模式出现并尝试排挤它就不可避免。就此而言，柏拉克的结论完全正确。

可是，柏拉克的视野也许狭窄了一些。当前教育评价中的范式转换也许不仅仅是因为以心理测量学为教育评价基础的观念被动摇，更是因为教育评价领域诸

---

① Berlak, H.. The Need for a New Science of Assessment [A]//Berlak, H., et al.. *Toward a New Science of Educational Testing and Assessment* [M]. State University of New York Press, 1992:12.

② Birenbaum, M.. New Insight into Learning and Teaching and Their Implications for Assessment [A]//Segers, M., Dochy, F. & Cascallar, E. (eds.). *Optimising New Modes of Assessment: In Search of Qualities and Standards* [M]. Kluwer Academic Publishers, 2003:15.

多信念、原理、实践方式的变化——在上一部分的粗略描述中，我们已经能够获得关于这种变革的一个图景。正是这一些变革使得教育评价真正发生了更大的范式转换。

范式(Paradigm)和范式转换(Paradigm Shift)是美国科学史家托马斯·库恩(Thomas Kuhn)在1962年出版的《科学革命的结构》(*The Structure of Scientific Revolutions*)一书中提出的概念。如今，尽管这两个远非清晰的概念(库恩本人也承认他对“范式”一词的使用出现了“弹性”)，却被广泛地套用到创新的乃至传统的领域。库恩没有对范式下过定义。他在《科学革命的结构》中给出了“范式”的21种用法，大致上可分三个层面：(1)哲学层面的范式，如信念、有效的思维方式、标准、公认的看法、条理化规则等。(2)社会学层面的范式，如公认的科学成就、具体科学成就、一套科学习惯、一套政治制度、司法裁决等。(3)人工科学层面的范式，如教科书或经典著作、工具、仪器、类比、格式塔图像等。但总体来说，一个科学的范式就是一套关于现实的假设，以及说明它所面对的事实的一套规则。具体来讲，范式的基本含义应包括以下几个方面：共同遵守的“科学共同体信念”；公认的范例；与共同信念和模型相适应的方法。换言之，范式就是共同信念、模型、方法三者的有机统一。

所谓范式转换，实质上是一个旧范式灭亡和新范式发生的过程，在库恩的话语体系中它等同于科学革命。按照库恩的观点，当已有的范式不能说明与解释新出现的事实与社会现象，直接导致了反常和危机——也即“例外”——的出现，于是会产生一些争论，这些争论可能导致基础范畴、理论体系的创新和新的分析问题和解决问题方法的产生，信念、理论、方法等重新组合，形成能够更好地解释现实和解决现实问题的新范式。这一范式转换的过程大致上可以简单地描述如下：范式1——常规科学(在范式1指引下积累的知识)——异例(即范式1不能全面解决的新现象)——危机(即范式1从根本上受到怀疑)——革命(即范式1全面崩溃)——范式2。

从第一部分所描述的评价变革看，原有的教育评价范式因为不能有效解决教育评价领域所出现的现实问题而受到根本的怀疑，一些基础的范畴，如评价的目的、评价的方式，甚至评价方法的基础都从根本上受到质疑。而且，当人们开始相信更重要的是“为学习的评价”而不是“对学习的评价”时，原本为“对学习的评价”而建立的那个范式从根本上崩溃也许不可避免了。因为在库恩的范式结构中，处于最高层次的是世界观和价值。范式之所以得到承认，是因为科学共同体成员有共同的价值观念和标准。这些价值观念和标准决定了范式的第二层次,范式的思想内容,也就是一个特定时代和特定领域中的基本定律和基本理论。柏拉克所称的"废墟"之外正在生长的东西就是在"为学习的评价"引导、规范之下生长起来的,这不仅表现在哲学层面,也表现在社会学和人工科学层面。这些新的东西正在得到教育共同体越来越多的成员的"选票",成为指导教育评价的基本原则。

然而,一种新范式的产生也必然会留下种种有待解决的问题。按照库恩的观点,能被称为范式的应当是常规科学(Normal Science),而且这种常规科学还必须具备两个特征:足以空前地把一批坚定的拥护者吸引过来,使他们不再去进行科学活动中各种形式的竞争;同时又足以毫无限制地为一批重新组合起来的科学工作者留下各种有待解决的问题。①

如何让评价有效地促进学生的学习?这也许是新的教育评价范式亟待我们去解决的问题。特别是,当新一轮课程改革以课程标准的方式对学生的学习结果作了清晰明确的规范之时,我们如何运用评价让学生更好地达成课程标准对他们所知和能做的期望,这就是我们迫切需要解决的问题。

教育有了课程标准之后,会是什么?国际经验已经告诉我们:随着我国课程标准的出台,随之而来的就是"基于标准"运动,如基于标准的课程设计、基于标准的教学、基于标准的评价、基于标准的问责、基于标准的资源开发,等等。《基础教育课程改革纲要(试行)》明确规定:国家课程标准是教材编写、教学、评估和考试命题的依据,是国家管理和评价课程的基础。然而,新课程进入实验区已经8年了,我们的课程标准却依然只是一个文本,未能对教学、评价产生明显的影响。原因在于,我们缺少这方面的知识基础,评价方面尤甚,而评价又恰恰被视为当前课程改革的瓶颈。

三

三年前,我们的团队由钟启泉教授领衔申报了教育部哲学社会科学研究重大课题攻关项目《素质教育课程评价体系研究》(课题编号:04JZD00025),我本人也申报了教育部哲学人文社会科学研究重点基地重大项目《基于标准的学生学业成就评价研究》(课题编号:05JJD880010),期望通过我们的工作获得关于评价的一些新

① [美]托马斯·库恩.科学革命的结构[M].金吾伦等译.北京:北京大学出版社,2003:8.

的知识基础。尽管这一领域的研究对我们而言极具挑战性,但我们的研究还是取得了丰硕的成果。本套丛书即为我们的成果之一。

本套丛书的编写者都是具有博士学位的高校中青年教师,在教育理论和教育实践方面具有较为丰富的经验,而且对我国的教育现实及中国教育的发展前景有一个比较清醒的认识,也都乐于在评价方面贡献自己的学识和智慧。他们在新的评价范式之下探究了基于标准的评价的诸多领域,既包括基于标准的评价体系、模式等宏观领域,也包括评分规则及学科领域的评价等微观领域;既包括外部考试、校内考试等传统的纸笔考试,也包括表现性评价等新型评价方式;既涉及基于标准的问责等政策问题,也涉及学校内部的发展性评价等制度问题;既涉及开放题编制、评分规则开发等技术问题,也涉及教师整体的评价素养问题。所有这些研究领域都源于我国当前教育评价的现实问题,也是我国课程改革乃至素质教育推进中必须解决的关键问题。我们相信,关于这些领域的研究必将为评价发展乃至教育发展提供重要的知识基础——至少提出了一些新范式关注的“有待解决的问题”。

在本套丛书出版之际,我感谢我们的研究团队成员为之做出的巨大努力,没有他们各司其职及团结协作,我们的研究任务不可能顺利完成;感谢教育部社会科学司对本项目提供的资助和华东师范大学“985”工程哲学社会科学“教师教育理论与实践”创新基地提供的平台;感谢华东师范大学出版社为本套丛书提供了出版机会,使我们的研究成果能与更多的同仁分享。

目录

引论

任何关于评价的讨论都会涉及一个关键性的问题，即评价的目的问题，而这一问题最终触及的是学校教育想要培养什么样的人的究极之问。随着社会的飞速发展，那种只能培养“解题”能力而培养不出“质疑”精神，只能培养打工仔而培养不出“老板”的教育模式已经无法满足社会的需要。知识经济对劳动者提出了新的要求，不仅要能够解决复杂问题，能在集体环境中进行独立思考，而且还要表现出领导特质等各种综合能力。这就给我们的教育提出了新的要求——培养具有创新能力的人才。人才培养的转型需要教育的系统变革，而被视为教育变革杠杆的评价自然也就成为了讨论、研究和变革的热点与焦点。

为了提高学校教育效能，确保教育质量，提升国家人才竞争力，20世纪80年代以来，在世界范围内掀起了一股以编制国家层面的课程标准来推动教育改革的潮流。其中，美国是推进基于标准的教育改革力度最大的国家之一。在这场声势浩大的改革中，美国在国家层面和州层面制定了高期望的内容与表现标准，施行了基于标准的问责和基于标准的评价等一系列基于标准的教育改革政策。这些改革背后的逻辑是：想要在基于标准的学校改进中获得成功，就必须明确什么是学生需要知道的，什么是他们能够做的，并且开发出与标准相一致的课程、教学与评价。评价必须与课程和教学整合，这是课程改革的一个基本前提。然而不同的是，当前基于标准的改革旨在聚焦于新的课程和复杂的、有价值的学生学习结果的界定与实现，这就必然导致对跨学科知识、高级思维、良好的写作能力、应用知识与运用概念解决实际问题的能力以及社会能力等的强调。而为了确保学生已经学到了我们期望他们学习的东西，必须要有一种评价体系，它能够切实地回答这样一个问题：“我们如何知道学生学会了什么？”也就是：“我们拿什么证明学生真正掌握了我们期望他们掌握的东西?”同样,在我国,第八次课程改革的亮点之一就是课程标准的颁布与实施。而课程标准中规定的三维目标——知识与技能、过程与方法、情感态度价值观要求我们对学生的学习进行全方位的检测,而不仅仅停留在某一个方面。在这一点上,传统的客观纸笔测验就显得无能为力了。因此,构建一种多元的、平衡的评价体系已经成为基于标准改革的一项重要任务。

另一方面,哲学、心理学等领域的最新发展为教育改革提供了新的知识理论基础。对“学习是怎么发生的”、“知识是怎么来的”等核心问题的不断追问促进了建构主义学习理论、多元智能理论等理论的不断发展,并为我们考察、审视和研究教育中的诸多问题打开了一扇更大的窗户。如建构主义学习观就强调,学习是一个积极主动的建构过程,学习者不是被动地接收外在信息,而是根据先前的认知结构主动地、有选择性地接收外在信息,建构当前事物的意义;知识是个人经验的合理化,而不是说明世界的真理等。而对“学习”、“知识”等概念的重新解读则带来了评价观的转变。也正是这些新兴理论的发展,为我们批判糟糕的现存评价体系提供了有力的武器。米斯勒维(R. Mislevy)就认为:“当今的教育评价面临着一个危机,这种危机正在威胁着它的基础。根本问题在于隐含在标准化测验理论中的能力观不符合认知和教育心理学中正在出现的观点。学习者不是靠简单地累计新的事实和技能,而是靠重构自己的知识结构,靠自动化程序和组织信息来减轻记忆负担,靠开发能告诉他们如何实施的相关机制来提高能力的。”①所有传统测验的批判者几乎都认为,选择性的常模参照测验破坏了教学,因为它必然是学生被动地选择而不是建构答案;而且标准化成就测验导致了这样一种印象——答案要么对要么错,它鼓励的是记忆而不是理解。他们的结论是,用评价促进我们教更有价值的知识和技能,借助评价让学生完成高质量的表现性任务将给教和学带来明显的积极变化。

对传统测验的批判与反思,新的学习观和知识观支持下的诸多教育信念、原理和实践方式的变化,以及基于标准的教育改革的推进都促成了新的教育评价范式的出现。人们将这一新的评价范式称为“评价文化”——相对于传统测验的“考试文化”。新的评价范式强调高层次学习所要求的批判性思维和知识整合,强调评价情境的真实性;注重评价与教学的统整,注重学生在评价中的主体作用以及在评价

① Mislevy, Robert J.. Foundations of a New Test Theory (1989)[EB/OL]. http://www.eric.ed.gov/?q=Foundations+of+a+new+test+theory&id=ED395015.

过程中的积极反思;要求评价能真正促进学生的学习,而不仅仅是审查(audit)学生的学习。

面对这样的一种形势,人们期望借助评价的革新来提升教师教学的品质和学生学习的成就。如美国自 20 世纪 80 年代末就掀起了一股评价范式转型的热潮。1990 年,美国测验和公共政策委员会(the National Commission on Testing and Public Policy)发表了一篇题为《从看门人到引路人:美国测验的转化》(From Gatekeeper to Gateway: Transforming in America)的文章。该委员会建议美国采取下列步骤来改进测验:重新构建教育测验,使之充分测查学生的智能;限制使用多项选择的测验形式,因为它缺少让孩子自由发挥的空间,导致了机会分配的不平等,这是违背重要的社会方针政策的;不再把测验分数作为评价个体及其能力的唯一指标;拓展传统测验的应用范围,使更新的评价形式能够促进全体美国人的进一步发展。① 在我国,随着素质教育的不断深入和课程改革的逐渐推进,在学生评价改革中,不乏闪烁着新的评价理念的思想,也不乏实践中的积极行动。这些探索和努力都是十分可贵的,但却远没有形成系统。一线的教育工作者渴望了解国际上先进的教育评价理论,关注已有的评价实践,但却缺乏这方面的系统引介与研究。因此,如何基于已有的相关研究,构建新型的评价理论,澄清一线教育工作者的困惑,探索符合我国学生发展的学生评价范式,是摆在我们面前的重要课题。

① [美]Ellen Weber. 有效的学生评价[M]. 国家基础教育课程改革"促进教师发展与学生成长的评价研究"项目组译. 北京:中国轻工业出版社,2003:208.

第一章
我们为什么需要表现性评价？

“当前，评价驱动着教育。它是一股最为强大的力量，不但控制、主导着学校里的各种行为，而且抵制着任何试图超越标准框架和先前定义的变化。”①毋庸置疑，评价的导向作用是客观存在的，关键是我们的评价到底将学校里的各种行为指向哪里，究竟把学生引到何方。如果我们期望评价能够成为学生进步的杠杆而不是障碍，就必须保证评价能够引导学生走向我们所期望的方向。然而，学生实际面对的评价又是怎样的？是否评价了我们期望学生所应获得的学习结果？是否真的促进了学生的学习？

第一节　我们追求什么样的教育结果

我们追求什么样的教育结果，也就是通过教育，我们想培养什么样的人。“学生核心素养”、“21 世纪核心技能”、“课程标准”、“学业质量标准”、“表现标准”……都是对我们所追求的教育结果在不同层面的表述。追求何种教育结果决定了我们将评价什么、如何评价。因此，在讨论我们究竟需要什么样的评价之前，首先需要明确我们追求的是什么样的教育结果。

---

① [美]帕特丽夏·F·卡利尼. 让学生强壮起来——关于儿童、学校和标准的不同观点[M]. 张华等译. 北京：高等教育出版社，2005：173.

一、满足社会发展需求的教育结果共识

在信息技术瞬息万变、经济全球化的脚步越来越快的时代,国家之间的竞争日益加剧。面对种种挑战,许多国家都把目光转向基础教育,以求通过教育质量的提升来提高国家竞争力。为此,各国都在不断地追问:我们的孩子需要学会什么才不会被未来社会淘汰,国家和民族才能屹立于世界民族之林?

经过多年教育实践和理论探讨,世界各国普遍认识到,过多注重事实性知识的做法已不能满足当今社会经济环境的快速变化,以及全球化竞争市场的需要;它同样无法满足终身学习、社会参与、公民责任等时代对现代公民的要求。在此背景下,强调实践能力和创新精神已成为教育改革的关键词。学者们也重新界定更有价值的教育结果,例如强调"理解"、"高阶思维能力"等。①

20 世纪 90 年代开始,一些国家和国际教育组织着手讨论 21 世纪所必需的技能。2002 年,作为教育和经济强国的美国在联邦教育部的主持下成立了"21 世纪技能合作组织"(the Partnership For 21st Century Skills, P21)。该组织将 21 世纪应具备的基本技能进行整合,制订了《21 世纪技能框架》,全面、清晰地呈现了各种技能以及它们之间的相互关系,并设计了系统的方案来保障计划的实施。那么,在 21 世纪成功地工作和生活需要什么技能呢? "21 世纪技能合作组织"给出的答案是:学习与创新技能,信息、媒介和技术技能,生活与职业技能。学习与创新技能具体包括批判性思维和问题解决能力、交流与合作能力、创新能力。信息、媒介和技术技能指的是能够正确地获取和判断各种信息,了解媒体传达信息的方式、工具等特点,合理使用数码技术、通信工具和网络。生活与职业技能要求能适应不同的角色和职责,展示领导能力并承担责任,表现创造性,进行有效的工作。更重要的是,该组织以合作伙伴的形式将教育界、商业界、社区以及政府领导联合起来,帮助 21 世纪技能的培养融入中小学教育,落实为学生可以带得走的能力。②

有关调查学生学业成绩和能力的国际评价项目,如 PISA 和 TIMSS 等,其考查的内容也同样反映出当前国际上所追求的教育结果。PISA 考查的是各国学生对于将来生活必备的知识与技能的掌握程度,其对作为教育结果的数学素养给出了

---

① Linn, R. L.. Criterion-referenced Measurement: A Valuable Perspective Clouded by Surplus Meaning [J]. *Educational Measurement: Issues and Practice*, 1994(13):12 - 15.

② The Partnership for 21st Century Skills [EB/OL]. http://www.p21.org/.

这样的界定:在复杂状况或情境中,能够使用数学提出问题、列式、解决、解释问题的能力。在评价框架的设计中,PISA将主动应对具体问题的能力归纳为组群(集合化、结构化),分为再现群(将经过练习所掌握的知识再现出来)、关联群(解决身边的实际问题)、深度思考群(策划、解决异地的实际问题)等几种类型。TIMSS把考查的内容分为内容领域和认知领域(学生在学习该内容时所表现出的,以及所被期待的行动)。比如在数学中,内容领域包括:数、代数、测量、几何、资料的呈现与分析、概率;认知领域则包括:认识事实与顺序(知)、运用概念(用)、解答规则问题(解)、进行推论(推论)。可见,运用知识解决实际问题的能力得到了突出的强调。

教育要培养能适应未来复杂社会、具备解决实际问题等实践能力的人,在这一点上各国已达成了广泛的共识,并且正在紧锣密鼓地通过各种教育政策加以落实。

二、新时期我国对教育结果的描述

20世纪末21世纪初,我国启动了新一轮的基础教育改革,首先探讨的就是新时期我们国家所期望的教育结果是什么的问题。在1999年召开的第三次全国教育工作会议中,中共中央和国务院做出了关于深化教育改革全面推进素质教育的决定,明确了素质教育的宗旨、重点和目标,也规定了素质教育所期望培养的学生素质的内涵:以提高国民素质为根本宗旨,以培养学生的创新精神和实践能力为重点,造就有理想、有道德、有文化、有纪律的,德智体全面发展的社会主义事业的建设者和接班人。培养目标重点突出了全面发展和实践能力、创新精神的养成。这体现了我们关于时代对人的素质之要求的认识:传统教育所强调的对事实性知识的记忆不能成为教育的全部或是最重要的部分;相反,获得知识的能力、运用知识解决问题的能力和知识创新的能力则变得更为重要。简而言之,我们期望培养的人是"全人",而不是片面发展的人。

第八轮基础教育课程改革的目的就在于构建符合新时期素质教育要求的新的基础教育课程体系,其中最为关键的是通过各学科课程标准描绘学生应知与能会的教育结果,通过课程的实施落实为学生的素养。很明显,这次课程改革做出了革命性的改变:实现原来注重"双基"——基础知识与基本技能的课程走向"三维目标"的全新建构,强调学生学习的过程与方法,反对忽略学生的学习方式和策略,通过死记硬背与题海训练而获得高分的做法;"强调形成积极主动的学习态度,使获得基础知识与基本技能的过程同时成为学会学习和形成正确的价值观的过程”。[①]这就要求我们的教育结果不只包括事实性知识，也包括如问题解决、批判性思考之类的高层次的认知技能；不仅包括学术性的知识和技能，也包括非学术性的成就，即所谓的知识与技能、过程与方法、情感态度价值观三大课程目标领域。

三维目标就是我国新时期素质教育所追求的教育结果的具体表述，三者融为一体，不可分割。具体而言，“第一维目标(知识与技能)意指人类生存所不可或缺的核心知识和基本技能；第二维目标(过程与方法)的‘过程’意指应答性学习环境与交往体验，‘方法’指基本学习方式和生活方式；第三维目标(情感态度与价值观)意指学习兴趣、学习态度、人生态度以及个人价值与社会价值的统一”[②]。可见，三维目标的具体内涵和当前国际上达成广泛共识的教育结果是一致的，教育所追求的不仅仅是知识和技能，更重要的是运用恰当的方法学会学习和生活的能力，培养全面发展的人。

三、对教育结果的理解决定着评价实践

评价是基于学生在人为创设的或自然的特定情境中的表现来对学生所知所能进行推断的过程[③]，是如何收集各种证据来支持我们所要做出的关于学生表现的种种推断的过程。在这个过程中，评价必须回答以下问题：(1)我们要对学生做出哪些推断？(2)进行这些推断的目的和价值是什么？(3)进行这些推断需要什么样的证据？(4)学生的哪些表现可以用来作为进行这些推断的证据？(5)什么样的任务或情境能有效地帮助我们观察到学生的这些表现？(6)我们根据这些证据做出这些推断的可信性如何，适用范围又是什么？这些问题中，选择所要评价的属性、确定可以用作推断证据的种种表现以及选择和设计合理的任务或情境(以便能观察到这些表现)贯穿于所有形式的教育评价中。[④] 而评价对学生所做推断的内容以及所寻求的证据主要取决于评价人员对学生学业成就的理解和评价目的这两大

---

① 钟启泉，崔允漷，张华主编.《基础教育课程改革纲要(试行)》解读[M]. 上海：华东师范大学出版社，2001：6.

② 钟启泉.“三维目标”论. 载于杨向东，崔允漷主编. 课堂评价[M]. 上海：华东师范大学出版社，2012：17.

③ Popham, W. J.. *Modern Educational Measurement*: *Practical Guidelines for Educational Leaders* [M]. Needham, MA: Allyn and Bacon. 2000

④ 杨向东. 素质教育课程评价的心理学和测量学基础. 载于钟启泉，崔允漷等著. 从失衡走向平衡：素质教育课程评价体系研究[M]. 北京：经济科学出版社，2014：58.

主要因素。[①] 这里所说的学生学业成就就是上文论述的教育结果。对教育结果的不同规定及其理解直接影响并决定评价人员认为什么样的推断是有价值的,哪些学生的表现可以成为进行推断的证据,以及什么样的任务和情境才是获取和观察学生表现的合理媒介。[②]

由此,倘若要实践与素质教育所追求的教育结果相匹配的评价,必须改变我国现有教育评价实践中的若干理念和做法。按照素质教育所追求的教育结果,评价应当在一定的社会生活情境中,而不是脱离学生的生活和学习实际的抽象的问题情境;考查学生在各种问题解决过程中所表现出来的认知过程和运用问题解决策略的能力,而不单纯是考查学生掌握孤立的、零散学科基本知识和技能的数量与质量;不仅关注学科学习成绩,更要关注通过学科学习,是否形成善于合作、敢于负责、勇于创新等素质。

评什么、怎么评的背后实际上就是我们对教育结果的理解问题;反过来,对教育结果的理解,决定着我们怎么评、评什么。对素质教育所追求的教育结果的正确理解,必然促使我们提出变革我国现有评价实践的要求。

第二节　传统纸笔测验的不足

传统纸笔测验主要是选择性反应题目(选择题、正误判断题、匹配题)和填空题、简答题,要求学生在提供的多个答案里进行选择或者对问题做出简短的回答。这类题目很有用! 我们可以利用它们有效地评价学生对事实信息、基本概念和简单技能的掌握情况。因为这类题目通常有一个正确的或者说最贴切的答案,评分者可以根据它来迅速而“客观”地判断学生的回答是对还是错。但是,也正是由于我们过多地考虑考试实施的可操作性和评分的客观性,无论我们期望的学生学习结果是什么,也无论我们的评价目的是什么,传统纸笔测验都占据了霸主的地位,不易于客观评价的内容往往被排斥在外。尽管有各种理论上的批评和实践中的替代性探索,单一的传统纸笔测验的主导地位依然难以改变,这无疑给学生的成长和

① Mislevy, R. J.. Test Theory Reconceived [J]. *Journal of Educational Measurement*, 1996(4): 382.

② 杨向东. 素质教育课程评价的心理学和测量学基础. 载于钟启泉,崔允漷等著. 从失衡走向平衡:素质教育课程评价体系研究[M]. 北京:经济科学出版社,2014:59.

教育本身的发展造成了巨大的阻碍。具体而言，面对一些重要的教育结果，传统纸笔测验显得无能为力，而这种无能为力又给学生的学习和教师的教学带来了严重的后果。

一、检测不了更重要的教育结果

从我们追求的教育结果来看，学生要培养的不仅是基本知识和基本技能，还有批判性思维、问题解决能力、交流与合作能力、创新能力，以及正确收集和运用信息、进行有效工作的能力等。因此，我们的评价必须检测学生掌握这些知识和能力的程度。然而，传统纸笔测验的致命弱点恰恰在于其检测的主要是与记忆、理解有关的狭隘的领域，而非基于真实情境的"实作"能力。

传统纸笔测验对检测一些重要教育结果的无能力为是众多学者批判其遭到滥用的一个主要因素。他们认为，传统纸笔测验"强调短期的、复制性的、肤浅的阅读，寻找零碎的信息，填充他人对问题的答案。这种回答必然是快速的非反思性的，判断、解释和深入的推断都被排斥于测验之外"①。"对于测量复杂的问题解决技能、发散性思维、合作和交流技能是无效的。"②"在通过教育活动所形成的整体学力中，客观性测验实际上只能测定、评价以与记忆、理解有关的部分为中心的极其狭隘的领域。"③美国学校管理者协会(American Association of School Administrators, AASA)也对高度依赖于标准化测验为唯一的或最重要的手段来检测我们的教育做得有多好予以批判。他们认为，大部分标准化成就测验测量了传统的基本技能，但对于测量21世纪十分重要的高级思维并不有效。④

传统纸笔测验检测不了更重要的教育结果的一个突出表现，同时也是最重要的原因之一，就是用孤立的、脱离情境的试题来进行测验。在测验中，学生被要求安静地坐在座位上，不能使用任何资料及相关资源，测验的当天才知道试卷题目，而这些

---

① Resnick, L. B. &Resnick, D. P.. Tests as standards of achievement in school [A]// *The uses of standardized tests in American education*: *Proceedings of the 1989 ETS invitational conference* [M]. Princeton, NJ: Educational Testing Service, 1989.

② Lipman, M.. Some Thoughts on the Formation of Reflective Education [A]// Baron, J. B. & Sternberg R. J. (eds.). *Teaching-Thinking Skills*: *Theory and Practice* [M]. New York: W. H. Freeman, 1987.

③ 梶田睿一. 教育评价[M]. 李守福译. 长春:吉林教育出版社,1998:37.

④ Allen, Russ. Performance Assessment [EB/OL]. http://www. weac. org/professional_resources/Testing/performance_assessment. aspx.

问题的答案又是早有定论的。“这样的测验到底能检测出什么东西呢？无非是学生死记硬背的能力和支离破碎的技能。虽说这些也是决定人生有成功表现的必要的智力因素，但它们并不是充分因素（也不是应该优先考虑的因素）。加德纳（H. Gardner）和斯滕博格（R. Sternberg）在多元智力理论中已经很清楚地讲明了这一点。”①

二、对学生学习与成长的影响

单一的传统纸笔测验导致了强调死记硬背的课程设计以及与之相伴生的应试教育，给学生的学习与成长带来了很多负面的影响。

一是只会考试，不会学习。在一次学术会议上，一位教育厅长给我们描述了这样的一种情景：快到高考了，家长们总希望孩子能加把油，进行最后的冲刺。按照惯例，学校在高考前一周放假，让学生自由安排。某一家长催促孩子在这一周再复习复习，争取考个满意的分数，孩子很乖顺地说：“拿题来。”做惯了十几年考题的学生，离开了考题，根本不知道自己该复习什么、怎么复习。难怪有人形象地指出，我们的教育培养的是“考生”，而不是“学生”。在整个学习和评价的过程中，学生始终不知道“我要到哪里”、“我现在在哪里”，更不知道“两者的差距在哪里”和“我如何到那里”。事实上，他们不需要思考这些问题，也没有时间思考这些问题；他们要做的就是试题，并且有做不完的试题——学校里给他们买的试题、老师给他们复印的试题……正如梶田睿一指出的，学生如果不明确自己应该学什么、应该怎样学，以及应该达到怎样的程度，只是盲目地跟着教师的教学跑，那不仅不能掌握“活的”学力，就连自主性、创造性等主体能力也会受到阻遏。② 自然，学生管理自己学习的能力也就无处培养了。

二是只会考试，不会思考。被滥用的传统纸笔测验以理解和反思为代价，对死记硬背的学习重视太多，继而给了学生这样的一种误导：对大多数问题来说，只有一个正确的答案。学生被训练成答题的机器——他们能很好地回答试卷上的问题，但缺乏解决实际问题的能力；他们只被要求记住试题的答案，而不是去建构解决复杂问题的知识和能力。质疑、批判、创造等高级思维能力的培养并不受重视，很多时候，教师仅仅为学生能选出正确答案而教，在教学中关注的只是什么是易于

---

① ［美］Grant Wiggins. 教育性评价［M］. 国家基础教育课程改革“促进教师发展与学生成长的评价研究”项目组译. 北京：中国轻工业出版社，2003：27.

② 梶田睿一. 教育评价［M］. 李守福译. 长春：吉林教育出版社，1998：73.

检测的,什么是会检测得到的,而非对学生的学习来说什么是重要的。为了提高考试分数,教师把更多教学的教学时间用来反复地练习。有时,他们甚至会在告诉学生如何备考时说:"不要思考!只要你选出正确的答案就行。"由此,学校成为工厂,生产出同一的产品;学生在学习中也只需要再认,而不是去建构答案和寻求解决方法。

三是只会考试,不会做事。不考虑情境的无休止的周考、月考、期中考、期末考……把学生培养成只会解题的"书呆子";而当面对真实情境的任务时,往往显得慌张而无能为力。阿奇博尔德(D. Archbald)和纽曼(F. Newmann)希望通过研究来挑战这样一个假定:在标准化测验中表现好的学生比同伴知道得更多,有更高级的思考技能,更守纪律。他们指出,尽管标准化成就测验上的表现与学校平均等级分有中度相关,但标准化成就测验中的分数与大学第一年的表现无关,与要求探究、知识整合、处理新的不常见的任务的能力无关。[①] 因此,天天为应付试题而忙碌的学生一旦面对不常见的任务,往往不知所措。被我们滥用的传统纸笔测验把学生培养成了只会考试,不会做事的人。

四是只会考试,不会做人。孤立的、非真实情境的试题以及围绕这些试题而选择的课程内容,严重地忽视或弱化、窄化了学科的育人价值。难怪有人把整个基础教育形象地概括为:只要分,不要人。"分,分,分,学生的命根!"分数挂帅,一切向分数看齐,学生成了生产分数的机器,成了分数的奴隶;分成了掌控、主宰人的理智、情感和命运的上帝。学生从黎明到夜晚、从身体到心灵无不在为分数而疲于拼搏,这就必然导致教育、教学的异化,即由为人的教育、教学异化为为分的教育、教学。为分的教育不仅危害了学生的身体健康,也扭曲了学生的心灵与人格。某地一次作文考试,题目叫"母爱"。一些学生为获取高分,突出母爱的"伟大和珍贵",不惜把自己身体健康的家长说成是"身患绝症",把自己健在的家长写成与世长辞……这样的作文一定"感天动地",一定很精彩,但是精彩背后所培养的是具有何等人格的学生呢?邹静之在《女儿的作业》中也描绘了同样的情景:女儿的作文几乎成了一些儿童八股的翻版。曾写过"圆珠笔在纸上快乐地蹭痒"这样句子的女儿,开始为作文编造她的故事。她的作文几乎是假话、假思想、假故事大全。她的同学几乎都写过扶老婆婆过街、给老师送伞、借同学橡皮那类的故事。她们共同编

① Archbald, Doug A. & Newmann, Fred M.. *Beyond Standardized Testing* [M]. Reston, Virginia: National Association of Secondary School Principals, 1988.

着一样的故事,然后套上时间、地点、人物三要素这样的格式,去到老师那儿领一个好分。[①] 因为考分压力,学生弑母、自杀事件屡见报端。黄玉峰甚至认为,在考试中体现的是一种专制主义:"高考指挥棒训练人揣摩出题人的意图,长久训练以后,明知这样答不对,但学生仍要去迎合,这样人格分裂对学生危害很大。"[②]专制主义的教育造成学生主体的缺失,也包括同情心、独立精神、自己的想法等等。最终,"人"消失了。

可见,对传统纸笔测验的滥用以及对复杂任务的忽视,都阻碍了我们对学生优异表现和健康成长的索求。

三、对教学的影响

在当前,传统纸笔测验在评价体系中占有过大比重,甚或成为唯一的评价方法的情况下,评价内容过于强调对基本知识和基本技能的操练,却很难触及学生身心的健康、人格的完善、高品质的思维能力、对未知世界探究的兴趣、高层次的思维。这样的评价体系,又把教学引向了何方呢?

一是考什么,教什么。布卢姆(B. Bloom)等人曾指出:"由于传授和评估知识简便易行,知识就通常被作为一个教育目标加以强调,强调的程度大大超出了知识对于个人发展的有用性或相关性。实际上,哪处灯光最亮,学校和教师就看哪处。"[③]对传统纸笔测验的过度运用,使得越来越多的学校为了能在外部测验中得到更为理想的结果,不惜牺牲有助于学生发展的活动,而只将教学与学习限制在狭小范围之内。"在升学竞争中,无论教师还是学生都只重视同提高升学考试分数有直接关系的学习,忽视了音乐、图画、手工、技术与家政、体育等科目的学习,在数学、语文、社会、理科、英语等科目中又偏重为客观测验所能把握到的学力领域,即个别知识的理解记忆以及单纯的应用,而忽视了这些科目中的高级认知能力、情意能力的培养。所以,在这种情况下,即使制定了比较均衡的学习计划,实际的教学与学习活动也会在升学考试的压力下失去了平衡。"[④]长期以来的实验教学就很能

---

① 王丽. 中国语文教育忧思录[M]. 北京:教育科学出版社,1998:9.

② 特级教师批教育弊端:五条绳索捆绑,孩子如何成人[EB/OL]. http://www.chinanews.com.cn/edu/jygg/news/2009/03-06/1590654.shtml.

③ [美]Grant Wiggins. 教育性评价[M]. 国家基础教育课程改革"促进教师发展与学生成长的评价研究"项目组译. 北京:中国轻工业出版社,2003:102.

④ 梶田睿一. 教育评价[M]. 李守福译. 长春:吉林教育出版社,1998:37.

说明这个问题:由于对学生实验能力的评价停留在纸笔测验的方式上,考察的重点是学生对实验原理、实验步骤、实验器材和实验现象的识记能力。换句话说,是把实验能力这种涉及知识性、技能性、情感态度等多个目标领域的学习成果只当成了知识性的学习成果。这就导致了这样的现象:很多学校发现考试只考实验知识、不考实验操作,因此平时的教学就是“黑板上画实验”、“课堂上讲实验”、“下课后背实验”,好一点的做法也不过是用实验录像来代替学生亲自实验。这样或许能使学生在考试中得到高分,但是我们期望学生获得的实验操作、科学方法、科学精神等学习结果又在何处得到落实呢?

二是怎么考,怎么教。传统纸笔测验产生于一个教给学生既定的知识系统是必要且符合逻辑的时代:许多人相信,当概念和观点被分解成较小的成分时,教和学最为有效。这种想法也符合传统纸笔测验的形式逻辑:每道试题检测的是一个孤立的知识点,而非需要学生综合应用多种知识来解决真实问题的能力。于是,教师中心、内容驱动的课堂就成为了主要的教学模式,新课改倡导的学生中心、探究驱动的课堂始终难以实现。一方面,老师担心学生中心、探究驱动的课堂太花费时间,同时学生学习的又不是考试要考的内容。另一方面,它不像把内容知识体系呈现给学生并希望学生掌握那样简单。因为学生中心的课堂需要转向一种建构性的方式——要求学生自己发现问题的道理和意义,通过自主、合作和探究来完成学习任务。当前的课堂教学虽然打破了原来“满堂灌”、“教师一讲到底”的局面,但仍更多地停留在教师中心的“点式课堂”上:整个教学过程是以“点对点”的方式推进的。① 从课堂评价的视角来看,“点式”首先体现在课堂评价方式上,其评价活动主要由课堂问答组成。课堂问答是很重要的一种课堂评价方式。问题在于:一则我们滥用了这种方式;再则问题本身质量堪忧,即便有些问题确实指向了课堂的核心目标,学生却没有足够的时间来深入地思考和完整地回答这个问题。于是,我们不难看到课堂上屡屡出现频繁的、肤浅的“一问一答”。其次,“点式”课堂所评价的目标是零碎的知识点。“一问一答”,以及一问急着要答案的“课堂推进”形式决定了有关学生表现的学习信息只能是指向低层次的零散的知识点。学生在课堂上没有完成一个完整任务的经历,没有经历知识深度建构的过程,也就谈不上有指向高级的、复杂的学习目标的表现。再次,是评价主体的“点对点”。教师问一个问题,请一位或几位学生回答,面对的是“一个”“一个”学生,而所谓的“好课”,往往也就取

---

① 张菊荣.表现性评价:“点式课堂”突围的一种路径[J].江苏教育,2012(11):30-33.

决于教师与几个“优秀学生”的精彩“对话”，大部分学生由于没有具体的学习任务，游离于课堂学习之外。

三是教学与评价分离。以教师为中心的，且教的主要是传统纸笔测验能考到的那些本来就有定论的内容，导致了课堂上教学和评价的分离。很多教师受传统评价的影响，认为教学就是教师传授给学生知识，而评价就是教学后对学生接受情况的一种检测。对教学与评价关系的这种理解在课堂上主要体现为以下几个方面。第一，在课堂教学中没有为学生提供经历并完成与目标相匹配的表现任务的机会，也就是上述所说的教师中心、内容驱动的课堂。第二，学生有完成任务的机会，但是这个任务并不一定是评价任务，有的可能是为了活跃课堂，有的可能缺乏评价标准。第三，即便教师为学生设置并实施了评价任务，但是并没有及时而又有针对性地收集学生的学习表现数据，没有为学生的表现做出有效的反馈。第四，很少有教师有意识有策略地基于学生在课堂中的表现信息而做出教学决策，亦即实施“数据驱动”(data-driven)的教学。因此，我们往往以下课铃响时教师是否讲完了课前准备的内容为好课的评判标准，而不是根据学生在课堂上的学习经历及其变化为评判依据。正如查普斯(S. Chappuis)等人指出的：“在评价什么、为何评价、怎样评价及如何使用评价结果来支持学习这些问题上，我们并没有达成一致的看法。截至 2005 年，几乎没有证据表明这六十多年来所使用的标准化测验对教育体系有什么重大的改进作用，这说明了我们在处理评价与教学改进的关系上是失败的。”①

早在 20 世纪 30 年代，美国教育家泰勒(R. Tyler)就提出了“从测量走向评价”的口号，并且指出，“对于评价来说，不是评价客观不客观的问题，而是教育目标是否实现了的问题。在目标之中，有容易考查的部分，也有难以考查的部分。倘若忽略了难以客观地考查的部分，那么，教育本身也就被扭曲了”②。只在驾照理论考试中得高分但未能通过实际路面考试的人如果在道路上行驶，必定是马路杀手；而只追求在传统的纸笔测验中得高分，忽视了其他教育目标的培养，危害的不仅是学生的全面发展，甚至是整个国家、整个社会的未来。陶行知先生在谈到考试异化的结果时曾说：“赶考首先赶走了脸上的血色，赶走了健康，赶走了对父母之关怀，赶

---

① Chappuis, Stephen; Stiggins, Richard; Arter, Juth & Chappuis, Jan. *Assessment for Learning: An Action Guide for School Leaders* [M]. Portland, Oregon: Assessment Traning Institute, 2005:27.

② 钟启泉. 击破学习评价的“软肋”[N]. 中国教育报，2007-10-20(3).

走了对民族人类的责任……”[①]想想我们现行的评价，又何尝不是如此。针对教育本身被扭曲的这一事实，钟启泉教授极力呼吁：“面对学生身心健康的问题，一味追捧升学率、‘高分低能’甚至‘高分缺德’的问题，我们该痛定思痛了。”[②]

面对现行评价体系的不足，曾出现过一些极端的观点，比如有人提出应取消考试。但如果没有考试，“那么对个人学习努力实施奖赏会更加困难，在教育项目中‘优秀’作为一个目标更不可行，并且难以实现。根据能力和品德得到的教育机会将更少，而更多的只能依靠家族血统及其影响。社会阶级屏障将会变得更加不可逾越。因为缺少可靠的证据，也更难以决定课程和方法等重要问题，而更多地只能依靠运气或者其他有偏见的因素。这些对我们而言都有可能带来更加有害的结果”。[③] 因此，问题的关键是，我们如何针对现行评价中的问题，来改进现行评价的不足，达成评价体系自身的完善与平衡，从而促进教与学。

第三节　对表现性评价的期许

上文所描述的传统纸笔测验的不足本质上并不在于传统纸笔测验本身，而在于我们不假思索地滥用该方法。事实上，传统纸笔测验对教育结果中的某些结果是最有效的评价方法，只是它检测不了应该处于课程核心地位的丰富而复杂的任务。因此，问题解决之道并不是要取消传统纸笔测验，而是要建立一个平衡的评价体系。其中“平衡”的核心内涵在于评价方法与教育结果之间的匹配程度。也正是为了实现这一平衡，人们积极地探索着超越传统纸笔测验的评价方法。

一、超越传统纸笔测验：积极的探索

随着对单一纸笔测验的不足的认识和批判日益加深，教育评价改革受到越来越多的重视。马道斯(G. Madaus)与得叶(L. Dwyer)在1999年指出，过去的8年可谓见证了教育评价领域中翻天覆地的变化，标准化多选测验的霸权地位已经摇摇

---

① 张彩霞. 改革考试制度是实施素质教育的关键[J]. 中州大学学报，2002(3).

② 钟启泉. 击破学习评价的“软肋”[N]. 中国教育报，2007－10－20(3).

③ [美]Robert L. Linn, Norman E. Gronlund. 教学中的测验与评价[M]. 国家基础教育课程改革“促进教师发展与学生成长的评价研究”项目组译. 北京：中国轻工业出版社 2003：17.

欲坠。[①] 新的评价方式试图抓住基准表现所要求的批判性思考和知识整合，要求评价任务本身是技能或学习目标的真实例子，而不是替代物；期望学生通过思考建构答案，而不是在多个选项中选出正确答案。另一方面，实践中的探索也如火如荼。下面让我们来看几个实践中的情景。

镜头一：课堂核心问题研讨。W 老师在教学设计的时候，特别关注学生应该知道的内容和在课堂教学过程之中和之后能做的事情，据此明确界定关键学习目标，并设计与之匹配的研讨问题。在课堂上，教学由开放性的研讨问题驱动，并鼓励每位学生都积极参与，这些问题没有"正确的答案"。核心问题研讨促使学生通过积极参与严密的批判性思维活动而进行学习，并在经历反馈和讨论之后举行实践性的活动，从而为学生创造一个共同合作、探究的小组。为了更好地评价学生在研讨中的表现，W 老师亲自开发或与学生一起开发具体的评分规则，同时还将这些规则教给学生或通过各种途径让学生更好地理解评分规则，让他们明确如何更好地参与其中并展开自评和互评，从而促进他们的表现。

镜头二：毕业档案袋评价。在美国纽约市东哈莱姆区的中央公园东方中学(Central Park East Secondary School, CPESS)，学校将其对学生的毕业要求用毕业档案袋的形式呈现给学生，并据此对学生进行评定，以确定学生是否达到毕业要求。[②] 学校强调，"设计学校水平的档案袋体系是为了创造一种环境，使学生从入学的那一刻起就对他们的学习有非常清醒的意识"。档案袋包含的作业有 14 个要求的领域：毕业后的计划、自传、学校/社区服务、道德和社会、优良的艺术和审美能力、大众传媒、实践技能、地理学、第二语言或双语、科学与技术、数学、文学、历史、身体素质。这些档案袋内容反映了每一个领域中的累积性知识和技巧，以及 CPESS 的具体心智习惯和工作作风。作业主体部分的完成要与档案袋可能的和应有的结果相联系，这些结果是学生在毕业班期间所从事正常学程的课程、研讨、实习和独立研究所可能和应有的结果。学生可以用多种方式完成和展示档案袋，而且具体的档案袋会因个别差异而具备个体风格。委员会成员集中起来，评价学生的作业展示、讨论和答辩。委员会使用的主要标准是：理解的质量和深度、良好地运用心智习惯、展示掌握适合每一特定领域的令人信服的证据的能力。由于每个

---

① Madaus, George F. & O'Dwyer, Laura M.. A Short History of Performance Assessment: Lessons Learned [J]. *Phi Delta Kappan*, 1999(5).

② 李雁冰. 课程评价论[M]. 上海：上海教育出版社，2002：223.

领域档案袋的特征在很大程度上反映了该领域的特点，因此每一科目都还设置了特定的评分规则。

镜头三：表现清单。Yorksylvania 州开发了教育标准，并且实施了全州范围的学生评价系统来监测学生在学业成就上所取得的进步。标准化的多项选择题受到排斥，因为他们认为这些考试导致了糟糕的教育。他们担心教师会为考试而教(teach down)，而不是为标准而教(teach up)。因此，教师委员会、家长和雇主形成合力，创建了一个新的评价体系。这一评价系统叫做"Yorksylvania 表现清单"(Yorksylvania Performance Inventory, YPI)。该州每一所学校的学生每年参与一次 YPI 评价。该评价由几个部分组成，通常要求三天完成。评价覆盖课程各个领域的复杂、高层次的任务，在有些任务中，学生单独研究并回答与地理、生物和历史相互关联的问题等；在有些任务中，学生小组合作设计汽车的发动机等。学校提供实践活动和课程指南来鼓励这样的评价活动渗透到学校课程之中。①

镜头四：为了提高基础教育质量，美国在 2010 年颁布了相当于国家层面的各州共同核心标准(Common Core State Standards, CCSS)。而后，国家划拨大量资金，由智能平衡评价协会(Smarter Balanced Assessment Consortium, SBAC)和"为就业与升学做准备评价同盟"(Partnership for Assessment of Readiness for College and Careers, PARCC)开发了与共同核心标准的目标相匹配的评价体系。这两大联盟开发的评价特别注重对学生高级思维能力和深层次的学习能力进行评价，强调学生将他们的知识和技能应用到复杂的真实情境中的能力，而这些能力是传统的评价任务检测不了的。因此，他们开发了一个多元的评价体系，尤其突出传统纸笔测验以外的评价方法的应用。如 SBAC 专门成立了智能平衡表现性任务工作小组(The Smarter Balanced Performance Task Work Group)，对传统纸笔测验以外的评价任务进行开发。以英语语言艺术学科为例，每个表现性任务通常由情境(stimulus)、信息加工与成果/表现(product/performance)组成，通过情境激发学生的思维，给学生提供加工与深入思考信息的机会，最后的成果/表现通常是论文、故事、报告或是演讲等形式。② 每个成果/表现、任务组成部分或是成果特性都设有

① McLaughlin, Margaret J.; Warren, Sandra Hopfengardner. Performance Assessment and Students with Disabilities: Usage in Outcomes-Based Accountability Systems (1994) [EB/OL]. http://files.eric.ed.gov/fulltext/ED375568.pdf.

② Performance Task for English Language Arts [EB/OL]. [2014-5-17]. http://www.smarterbalanced.org/smarter-balanced-assessments/item-writing-and-review/.

单独的评分信息。评分信息包括两部分，第一部分是评分规则，对学生回答的各个要素进行评分；第二部分则是样本答案与评分注意事项。

可见，无论是课程实验，还是各个层面的评价实践，都在积极探索着超越传统纸笔测验的有效方法。这种与传统纸笔测验相对的，或说是在整个评价体系中，作为传统纸笔测验补充的评价方法，就是当前在基础教育改革中特别受重视的表现性评价(performance assessment)。

二、表现性评价的潜力

事实上，“表现性评价作为一种评价方法并不是什么新鲜事，而引起人们关注的是在当前的评价改革中对表现性评价的强调，并以此来支持系统的改革目的，从而改变教学与课程、学生的学习。其假设是表现性评价能促进教与学的过程，并能提高学生的学习”①。的确，人们积极探索、努力实践表现性评价，也正是认为表现性评价具有这些潜力：能够检测传统纸笔测验难以检测的高级认知能力、情感、态度等重要教育结果；而且，在很多教育者看来，“相对于传统的纸笔测验而言，表现性评价更能对学生的学习和教师的教学构成积极的影响。如果在高利害评价中合理使用表现性评价，教师教学活动的中心将会发生积极的转变”②。

（一）检测传统纸笔测验检测不了的教育结果

传统纸笔测验反映不了学生在真实情境中运用已有知识做事的能力以及完成任务的过程表现。而“表现性评价关注的就是学生知道什么和能做什么，通过客观测验以外的行动、作品、表演、展示、操作、写作等更真实的表现来展示学生口头表达能力、文字表达能力、思维能力、创造能力、实践能力及学习成果与过程的测验”③。

1. 不仅评价学生“知道什么”，更重要的是评价学生“能做什么”

事实上，表现性评价的这一潜力在音乐、美术、体育等课程的评价中已经得到

---

① Khattri, Nidhi; et al. Assessment of Student Performance. Volume I: Findings and Conclusions [EB/OL].
http://www.eric.ed.gov/ERICWebPortal/custom/portlets/recordDetails/detailmini.jsp?_nfpb=true&_&ERICExtSearch_SearchValue_0=ED397532&ERICExtSearch_SearchType_0=no&accno=ED397532.

② [美]W. James Popham. 促进教学的课堂评价[M]. 国家基础教育课程改革“促进教师发展与学生成长的评价研究”项目组译. 北京：中国轻工业出版社，2003：138－139.

③ 吴维宁主编. 新课程学生学业评价的理论与实践[M]. 广州：广东教育出版社，2004：172.

了很大程度的体现。我们评价一位学生的音乐素养,主要看的是他的音乐表现才能如何,而不是他是否知道有关音乐的知识。相对于传统的选择式考试,表现性评价是对学生"能做什么"的直接评价。传统的选择式考试是通过学生在纸笔选择式考试上的表现来间接地测量他某一方面的能力,它只能测量学生"知道什么",但却不能评价学生"能做什么"。比如,通过多项选择题、完形填空等形式的选择式纸笔考试对一个人使用外语的能力做出测量,而事实上,这个学生在实际生活中运用外语进行表达和交流的能力到底如何却不得而知。正如林(R. Linn)等人指出的,多项选择等纸笔测验的价值主要在于它是其他有价值表现的征兆或相关因素。[①] 相反,表现性评价则绕过了作为预测或征兆的中间地带,直接对学生"能做什么"的行为表现进行评价。表现性评价要求学生完成的是我们确实想要评价的行为,而不是看上去像而实际上没有发生的行为。[②]

2. 不仅评价学生行为表现的结果,更重要的是评价学生行为表现的过程

当前,绝大多数学生学业评价都是结果评价,我们关注的只是学生最后取得了多少成绩。而表现性评价则强调学生的实际表现及历程。例如,在评价学生的实验能力时,我们不仅要对学生的实验成果及获得的数据进行评价,更重要的是要对学生在实验过程中对实验的设计、使用仪器和实验技巧等实验过程方面的表现进行评价。因此,典型的表现性评价不但关注如完成的课题、美术作品、研究报告等学习结果,而且关注这些学习结果得以产生的整个过程。事实上,有些学习内容没有形成最终的有形产物而只有过程,如演讲、唱歌、跳舞、讨论等。表现性评价既是对这些学习过程的评价,又是对其产物的评价,是全面的评价。

3. 不仅是对某个学习领域、某方面能力的评价,更重要的是对学生综合运用已有知识进行实作与表现能力的评价

表现性评价不仅仅局限于评价学生的记忆、认知能力,它更关注非认知因素,如与人合作的能力、参与社会活动的能力等,突出了情感、态度、价值观因素在学生发展中的重要地位。表现性评价理念下的学生不再只是跟书本、习题、考卷打交道的书虫,他们必须参与操作、实践表现,从而全面地发展能力。他们也必须综合而

---

① 王小明. 表现性评价:一种高级学习的评价方法[J]. 全球教育展望,2003(11).

② [美]Gary Borich, Martin L. Tombari. 中小学教育评价[M]. 国家基础教育课程改革"促进教师发展与学生成长的评价研究"项目组译. 北京:中国轻工业出版社,2004:180.

又灵活地运用所学知识，进行思维加工和判断，进行各种探究活动，有个性地展现自己的才能，从而培养创新能力。

（二）促进学生的学习与成长

当前对表现性评价的强调，除了它具有检测传统纸笔测验不了的教育结果的潜力，更重要的是，人们试图通过它来进行系统的改革，促进教与学。表现性评价对促进学生的学习与成长的潜力主要表现在以下几个方面。

1. 更清楚“我要去哪里”

教学的目的在于促使学生有效、高效地学习。要使学生有卓越的学习表现，首先应当让他们知道学习结果，要求他们改进不理想或令人不满意的结果。但事实上，很多“不幸运的学生可能经常在课堂上感到困惑，不知道学业优秀意味着什么。他们的教师对成功的认识也许并不充分或者关注了错误的方面，或者他们想把成功的秘诀保留起来，以保证自己对课堂的权威性和控制力。当他们的学生试图猜测真正的目标而又猜错时，他们在评价中就会失败。在这种情况下，他们的失败不是因为缺乏学习动力，而是根本不知道努力的目标和方向。如果有明晰的目标，这些学生可能本可取得学业上的成功的”[①]。而表现性评价中的评分规则清晰详细地描述了预期的目标，强调可以判断学生表现的指标，从而给学生提供了努力的方向，有助于激发学生的学习动机。

2. 更清楚“我现在在哪里”

表现性评价非常注重在学习过程中向学生提供反馈，以便于学生获取和利用可了解自己表现的各种机会，从而能不断地根据评价目标对自我表现进行自我评价和自我调整，逐步完善自己的表现。反馈是每个完整学习中的一个核心部分，只有持续的单项练习和测验，而没有与此同时进行的反馈，意味着学生的答案与学生在校学习的实际结果、原因和意图是相互脱节的。一个人只有知道了自己是如何表现的，他才能改进或学着改进自己的表现。听起来这好像是基本常识，但在传统的课堂中却并非如此。在表现性评价中，反馈贯穿于评价的整个过程，而不仅是评价后的事情；同时，教师改变了诸如评分、分等和简单的表扬等提供反馈信息的传统形式，而是为学生提供频繁的、持续的、经过证实的、有帮助的、关系到意图的证据，能使学生把当前表现与欲达到的结果（准则）进行比较。这些建设性的评

---

① ［美］Richard J. Stiggins. 促进学习的学生参与式课堂评价［M］. 国家基础教育课程改革“促进教师发展和学生成长的评价研究”项目组译. 北京：中国轻工业出版社，2005：17.

价反馈明确地告知学生学习上的优缺点，用学生能理解的语言描述学生表现的质量。表现性评价中，教师通过评分规则所提供的有效反馈极大地帮助了学生的学习。

3. *更清楚“我是学习的主人”*

“教是为了不教”，即是说教学应当发展学生自我学习的能力与责任。传统的测验导致了以教师为中心的评价模式，而表现性评价却旨在培养学生的自我评价能力，希望学生成为教室的主人，成为评价的主体。在这样的评价中，教师的主要角色是辅助学生使其对他们的学习负责，辅助他们成为熟练的自我评价者。表现性评价中清晰界定的目标图景和能为学生提供的有效的反馈信息，为学生对自己的学习做出客观的评价提供了可能，它能使学生逐渐习惯把持续性的评价作为所完成任务的一个自然的、有意义的过程来对待。在这一过程中，他们利用评价的指标来了解自己的进步、评判自己的成绩、监控自己的发展，也就清楚了自己要到哪里、现在在哪里、还有多少距离要完成、接下来要做什么……他们逐渐内化评价的标准，明晰自己的弱点和长处，并充分利用所学的知识来改善自己的表现。因此，也就有利于学生对自己的学习负起更多的责任，真正成为学习的主人。

（三）促进标准—教学—评价的一体化

在传统纸笔测验主宰教育评价的情况下，人们总是批判教师们“为测验而教”、学生们“为考试而学”。试想，如果我们采用的评价方法能检测多种学习结果，并能为教学决策带来丰富的有用信息，那么考什么教什么，怎么考怎么教，又何尝不可呢？在很多教育者看来，相对于传统的纸笔测验而言，表现性评价更能促进标准—教学—评价的一体化，从而为教师的教学带来积极的影响。

课堂教学中实施的表现性评价任务就是基于传统纸笔测验测不了的那些目标来设置的，这样的任务也就是检测处于课程标准的核心的目标。这样的任务不是简单地判断对错或选择是否，而是需要学生经历高级思维的建构。因此，学生完成评价任务的过程同时也就是一个很有价值的学习过程。另外，教师为了检测学生完成表现性评价的任务，事先要为学生提供必要的学习支持并组织相应的学习活动，而这些学习活动都是指向或为了核心目标的达成。这样，所有教与学的活动都是为了目标的达成，评价任务及其实施就是为了检测目标达成情况。而这里所说的目标就是在这个主题下传统纸笔测验测不了的目标。这样的教学设计与实施活动，也就更好地实现了标准—教学—评价的一体化。当然，其前提是教师要能有效地设计与实施表现性评价，因此我们说，这是表现性评价的潜力所在。

评价促进教学的最关键因素是,在“教学决策链”中,教师根据课堂评价的情况来推论学生达到目标的程度,从而基于数据做出下一步决策,此即为“数据驱动的教学”。在传统的课堂评价中,课堂评价结果更多的是关于对与错或笼统的好与不好的信息,这样的信息对教学决策没有什么意义,因为笼统呈现评价结果无法让教师清楚地了解学生学习的具体情况。而表现性评价却可以提供丰富且完整的关于学生知道什么和能做什么的信息。① 因为表现性评价根据学习结果所设计的表现性任务和明确规定的评分规则使得教师的推论简单易行,并且可靠有效。教师可以利用这些推论的结果重新审视自己的教学,从而调整教学。可见,课堂中的表现性评价实际上融合了诊断、推论、反馈和评价等多个教学过程,从而为教师的教学决策提供了高质量的信息。

表现性评价镶嵌于课堂教学,从而促进教学。这一点也得到了很多研究者的认同。邦尼(A. Bonnie)就认为,统整的表现性评价不仅能评价学生不断靠近标准的进步过程,而且在天衣无缝的方式中将基于标准的课堂教学与评价实践连接起来,两者不断地相互渗透,从而提高教与学的质量。② 奥尼尔(O'Neil)也指出,表现性评价给教和学带来较大的进步,给教师、学生和决策者带来许多收获。(1)对学生的能力的描述将更为完整;(2)教师将有更多的机会参与到学业评定过程中去,并把它直接与教和学联系起来;(3)给学生带来取得更好成绩的动力;(4)将会得到家长的理解和欣赏。③ 当然,表现性评价的这些潜能是基于清晰的评分规则和与课堂教学目标相匹配的评价任务,并且能在课堂中进行有效地实施等前提的。

---

① Elliott, Stephen N.. Creating Meaningful Performance Assessments (1995). [EB/OL]. [2014-2-20]. http://ericae.net/edo/ED381985.htm.

② Adair-Hauck, Bonnie; et al. The Integrated Performance Assessment(IPA): Connecting Assessment to Instruction and Learning [J]. *Foreign Language Annals*, 2006(3).

③ [美]科林·马什. 初任教师手册[M]. 吴刚平,何立群译. 北京:教育科学出版社,2005:276.

第二章
表现性评价的理论基础

尽管当前教育领域对表现性评价的强调和研究是 20 世纪 80 年代末 90 年代初才兴起的,但从时间上看,表现性评价却绝不是近几年,或近二三十年才出现的。今日的表现性评价在新的时代背景和理论发展背景下呈现出新的面貌,不是其历史形态的简单复活,而是在当前有关学习、教学和评价理论发展基础上的重构和再造。了解表现性评价的理论基础可以帮助我们深入理解当下表现性评价兴起的背景和意义,也为我们进一步明确表现性评价的内涵做好准备。

第一节　人是如何学习的

“也许没有哪个领域能比评估从有关人如何学习的知识中的获益更大”①,但另一方面,“目前大多数课程、教学与评价的方法所依据的理论和模式,落后于当代有关人是如何学习的知识”②。

对学生学习的评价,不像测量高度或重量那样直截了当,要测量的属性都是无形的心理表征和过程。因此,评价是一种被设计用以观察学生行为的工具,并产生能用于得出关于学生所知的合理推断的证据——基于证据的推理。收集证据用以

① 詹姆斯·W·佩里格里诺. 复杂学习环境:连接学习原理、教学设计与技术[A]//[德]诺伯特·M·西尔,[荷]山尼·戴克斯特拉主编. 教学设计中课程、规划和进程的国际观[M]. 任友群,杨蓓玉,王海芳,刘娟娟,鲍贤清译. 高文审校. 北京:教育科学出版社,2009:35.

② Shepard, L. A.. The Role of Assessment in a Learning Culture [J]. *Educational Researcher*, 2000, Vol. 29, No. 7.

推断学生知道些什么的过程，表征了一系列根据有关学生学习的证据所做出的推论，所有的评价都具有这个特点。因此，有关人是如何学习的理论是我们设计评价的理论依据。具体而言，新近的有关人是如何学习的研究，比如专家—新手研究(expert-novice research)、情境认知/学习理论(situated cognitive/learning theory)、脑科学的相关研究成果等为表现性评价提供了学习理论方面的基础。

一、专家—新手研究：从一般“学习”过程到具体领域的“表现”

学习理论始于对人类一般学习过程的研究，试图发现适用于人类学习的一般规律，其假设是从一般的学习原理推断人们的具体表现。例如，行为主义学习理论就是试图把人类学习还原为一个在物理刺激和行为反应之间建立联结的过程，并且遵循着通过简单的、分散的事实和技能的叠加，逐渐掌握复杂的事实和技能的过程。可是这种学习理论应用的结果显示，彼此孤立、缺乏联系的事实和技能既不好记，在许多真实的实践情境中也无法应用。除了行为主义心理学本身的局限外，是否存在超越不同领域的一般学习规律也值得怀疑。于是，到了认知科学盛行的时期，人们开始从研究人类在具体领域中的表现入手，探究人们在具体领域中的专长和才能，在此基础上分析和思考人类学习的机制。[①] 也就是说，与最初相比反其道而行之，从具体领域的表现理解学习机制。

作为认知科学中一个重要研究领域的专家—新手研究，为我们从具体领域专长的角度透视学习与评价提供了重要的启示。[②] 专家—新手研究试图通过比较专家和新手在面对复杂任务时表现的差异，探讨具体学科领域专家专长的特点。研究表明，真正有意义且能应用的知识是有组织的。认知科学家相信，理解一门学科等同于拥有高度组织化的该门学科的知识体系，而专家是依靠高度组织化的知识解决他们专长领域中的问题的。尽管任何领域的专家都拥有大量该领域的基础知识，包括事实和技能，并且知道何时以及怎样使用该领域的知识，但专家知识最突出的特点还在于，它们是围绕相对而言数量少得多的一些“大观念”，例如基本概念、原理、理论或主题组织起来的。这使得专家在解决问题的过程中能够用该领域的基本原理而非表面特征去解释问题，从而提高解决问题的效率。显然，掌握围绕某一学科

---

① 杨向东. 浅析评价人员关于“学生才能的理念”对教育评价实践的影响[J]. 全球教育展望，2008(12).

② Niemi, D.. Cognitive Science, Expert-novice Research, and Performance Assessment [J]. *Theory into Practice*, 1997(4).

领域的基本概念、原理组织起来的知识体系比掌握彼此孤立的事实和技能更有用。

当然，这并不是说要培养中小学生在各学科领域获得专业人员的水平，但这至少为我们指出了方向。相应地，评价的任务也发生了改变，即不仅要确定学生是否获得了该领域的事实、技能，而且要判断学生是怎样组织知识的，以及他们的知识最终是否是围绕着相关的概念原理组织起来的。而要实现这样的评价，首先就要找出一个学科领域中作为组织中心的概念和原理，以及围绕它们组织起来的学科领域的其他知识，开发出相应的任务和活动，这些任务和活动需要借助前面找出的各个知识要素，且只有在理解了各要素之间的关系的情况下才能完成。换言之，围绕一个学科领域中的基本概念和原理组织起来的各知识要素及其相互之间的联系将成为评价、测试和评分的焦点。表现性评价在评价这些深度理解和真实能力上有独特的优势。而有关专家—新手研究本身就是在对其在具体领域中的"表现"进行评价的基础上进行的。

二、元认知理论：自我主导的学习

近二三十年来，元认知理论成为心理学研究的热点之一，并对教育实践产生了较大的影响。元认知(metacognition)一词最早出现自美国儿童心理学家弗拉威尔(J. H. Flavell)在1976年出版的《认知发展》(*Cognitive Development*)一书。元认知是关于认知的认知，是个体对自己的认知加工过程的自我觉察、自我反省、自我评价与自我调节。元认知策略是利用认知过程中获得的知识，通过确立学习目标与计划、监控学习过程和评估学习结果等手段来调节行为。

学习并非只是简单地记录和解释信息。善于学习者往往具有良好的元认知策略。在一项要求专家们在工作时叙述他们的思考过程的研究中，研究者发现专家们很仔细地监测着自己的理解。当需要额外的信息来支持理解时，无论新信息是否与他们所知道的相一致，无论可以获得哪种类比来增进他们的理解，他们都会作上记录。这些元认知的监控活动是所谓适应性专家知识的一个重要组成部分。[①] 新近的一些研究也都强调元认知在帮助学生进行探究中的角色，以及对自己和他人主张的监控和评论做出反思的作用。学会如何学习实际上就是掌握学习的元认

① 詹姆斯·W·佩里格里诺. 复杂学习环境：连接学习原理、教学设计与技术[A]//[德]诺伯特·M·西尔，[荷]山尼·戴克斯特拉主编. 教学设计中课程、规划和进程的国际观[M]. 任友群，杨蓓玉，王海芳，刘娟娟，鲍贤清译. 高文审校. 北京：教育科学出版社，2009：33.

知知识和监控学习过程的问题。

元认知理论研究的进展，以及对元认知的进一步理解，使得人们更加坚信：通过“元认知”方法来教学可以帮助学生学会在达成学习目标的过程中，通过定义学习目标及监控进程来调控他们自身的学习，从而培养学生自主学习的能力。然而，由于元认知往往表现为内部对话的形式，这又给我们提出了一个问题：元认知策略是否可教，如何教授，如何提升学生的元认知能力？研究表明，一些策略可以教授给个体，比如预测结果、为促进理解而作自我解释、记录下错误以增进领悟等能力。学生能学会激活背景知识、事先作计划及调配时间和记忆。当然，元认知策略的教授必须整合到各领域的课程中去。这些策略并非通用于各种情况，如果把它们作为通用的解决办法予以教授的话，会导致迁移失败。因此，要在一定的境脉中教授元认知策略，从而提升学生将所学迁移到新场景和事件中的水平。①

对于评价来说，要充分发挥元认知在学生学习中的作用，使学生成为积极的自我评价者，通过自我评价来规划和管理自己的学习。在促进学习的评价范式下，人们已经渐渐达成共识：评价最重要的意图不是为了审查，而是为了改进。为了实现这种“改进”，在实施评价时必须依据目标对活动的过程与结果进行诊断，进行调节与控制，并促进活动向着预定的目标行进。所以，为了促进学习的评价包含着学习主体对于活动的导向与控制、审视与诊断、促进与激励。这种认知活动，就是元认知。而在这个过程中，让学生知道并理解目标是至关重要的。“目标促使了对与以下三方面有关的内容进行过程回顾：预期的学习结果；学习的过程；运用的学习策略。”②因此，目标不仅为完成任务，同时也为对达到的中期目标和最终目标进行自我评价确立了具体的程序。

三、大脑：学习的基础

学习是如何在大脑中发生的，这是一个神秘的问题，也是人们热衷于研究的问题。神经科学和认知科学领域的不断发展在满足人们关于人如何思维和学习的基

---

① 詹姆斯 · W · 佩里格里诺. 复杂学习环境：连接学习原理、教学设计与技术[A]//[德]诺伯特 · M · 西尔，[荷]山尼 · 戴克斯特拉主编. 教学设计中课程、规划和进程的国际观[M]. 任友群，杨蓓玉，王海芳，刘娟娟，鲍贤清译. 高文审校. 北京：教育科学出版社，2009：33.

② 格哈德 · 斯坦纳. 教育学习理论[A]//[美]罗伯特 · D · 坦尼森，[德]弗兰兹 · 肖特，[德]诺伯特 · M · 西尔，[荷]山尼 · 戴克斯特拉主编. 教学设计的国际观：理论 · 研究 · 模型(第 1 卷)[M]. 任友群，裴新宁主译. 高文审校. 北京：教育科学出版社，2007：100.

本好奇心方面起了推波助澜的作用。

在教育领域，关于大脑研究成果与人类学习的观点，往往存在着两种比较流行的误解。第一种是，认为大脑两个半球完全以不同的方式进行思维，左脑是理性的脑，右脑是感性的脑。于是人们将左右脑的差异无限地夸大，割裂了大脑功能的整体性，盲目地进行左右脑开发。第二种是，认为人仅仅利用了大脑20%的功能。

神经科学的不断发展，尤其是将高端的成像技术运用到脑研究中，让研究人员能直接观察到人的学习过程，从而加深对人类学习机制的理解，揭示出我们的“身体大脑的协同”(bodybrain partnership)是如何进行学习的。科瓦里克(Kovalik)等人梳理了到目前为止有关大脑研究的6个有力概念。这些研究结论是学习理论的重要内容，同时也为评价的研究与设计提供了知识基础。它们是：(1)情感是学习和实作的看门人。从遍布人体的各个细胞中进入身体的所有感官信息，都受到大脑结构的监控，这个大脑结构的设计就是为了能监测到随时可能产生的危险。需要教育工作者理解的一个主要观点是，课堂或学校中那些被认为会产生威胁的事情，无论是心理上的威胁还是身体上的威胁，都有干扰学生情感的危险，并且这又会进一步妨碍新的学习或减少其产生的可能性。让学习者感到放松、警醒以及安全的环境才能始终促进新的学习。(2)智能是经验的一项功能。神经科学家研究表明，儿童在真实世界中的经验在大脑中会被逐步地结构化、网络化，并以此为生活中的大部分任务作好准备。通过丰富环境的刺激，神经元间的联系不断增加。这种不断丰富的生长使得学习者能够“联系”观念，产生更加完全的理解，并且变得更加聪慧。(3)处于各种不同文化中的人使用着多元智能去解决问题、创造产品。(4)大脑对意义的搜寻是对有意义的模式的搜寻。(5)学习是对有用的心智程序的获得。学习需要通过实践来生成心智程序，这些心智程序能使他们在超越了学校界限的真实世界的情境中使用新的信息。新的情境可能类似于学校中的某些情境(在这些学校情境中，心智程序首先得到练习)，但却需要以一种创造性的或新颖的方式进行应用。当心智程序被彻底掌握后，就能够在独特的情境中灵活调整其运用。(6)个性——一个人的基本性情——会影响到学习者如何接收信息、如何组织和使用信息以及如何对其做出决策，也会影响他根据世界以及其他学习者的情况来调整自己方向的方式。①

---

① 苏珊·杰弗里斯·科瓦里克、简·拉斯普·麦吉翰. 整合性主题教学：从脑研究到应用[A]//[美]查尔斯·M·赖格卢斯主编. 教学设计的理论与模型：教学理论的新范式(第2卷)[M]. 裴新宁，郑太年，赵健主译. 高文审校. 北京：教育科学出版社，2011：461.

脑科学的研究成果提示我们要创设与脑相容的学习活动及其评价。这就要求我们在设计学习活动或评价任务的时候注意以下几点：首先，在环境的创设上，一方面要去除那些对身体或心理安全产生影响的恐惧与焦虑，让学生经历全面的幸福感以及对学习经验的积极情感；另一方面则要强调该环境的真实性——真实的地点、真实的人和真实的物体。其次，在内容和方法的选择上，要能够激发学生的兴趣，要能够帮助学生理解和影响他们周围的世界；要为学生提供学什么以及如何学的多重选择，关注多元智能、高级思维以及个性倾向。再次，要让学生享有充足的时间，以对概念、信息和技能进行彻底的探究、理解和使用。可见，正是这样一些要求在不断催促我们超越纸笔测验的限制，因为它需要学生将所获得的知识应用于真实情境中。

第二节 学与教的重要原则

"无论意识到与否，有三个元素处于教育的中心：课程、教学与评估。"①并且，这三者紧密联系，相互影响，其理想的状态是达成三者的一致。因此，对其中任何一者的理解与认识，都会影响到其他两者。在这样一个境脉下，转而考虑一些对评价实践有明显影响的有关学与教的研究，尤其是近几十年来关于学与教的那些重要研究成果就显得十分必要了。具体来讲，比如建构主义理论、多元智能理论和元认知理论等。当然，这些理论同时也回应了我们上面所论"人是如何学习的"之问，在这里讨论它们，主要侧重在教的原则上。

一、创设环境引导学生进行意义建构

建构主义并不完全是新的东西，它在哲学、心理学方面有诸多来源，特别是杜威、皮亚杰和维果茨基等人的理论对其贡献颇多。在建构主义流派兴起的潮流中，著述的理论家经常将他们的观点与客观主义传统的认识论假设进行对比。与客观主义观点相比，建构主义理论基于如下假设：学习者不是有待填充的容器，而是积

① 詹姆斯·W·佩里格里诺. 复杂学习环境：连接学习原理、教学设计与技术[A]//[德]诺伯特·M·西尔，[荷]山尼·戴克斯特拉主编. 教学设计中课程、规划和进程的国际观[M]. 任友群，杨蓓玉，王海芳，刘娟娟，鲍贤清译. 高文审校. 北京：教育科学出版社，2009：29.

极寻求意义的有机体；知识是学习者在试图理解其经验的意义时构建出来的。因此，建构主义观中的教学不是以传统的面对集体讲授的方式进行，而是倡导让学生自己进行操作或进行互动，从而主动参与学习。这样的教与学的活动强调学生进行观察、收集数据、生成和验证假设、与他人合作等。学生在学习的过程中扮演了一个主动的角色。

建构主义视野下的教师，不像行为主义那样为学生提供带有强化的练习，而后采用小步骤的频率对学生进行强化；而是为学生创设学习环境，提供具有一定认知难度的学习项目，为学生的学习搭建脚手架。建构主义理论十分注重为学生的学习创设支持性的环境。他们主张，“为最大程度地促进问题解决技能，学习者必须应对非常复杂的情境”①，因此，要选择真实或模拟真实的任务，不能对其做过于简单化的处理。大多数建构主义者都认为，“不能指望学生学会处理复杂的问题，除非他们有机会这样做”②。他们还进一步认为，对学习任务的简化会妨碍学生学会解决他们将在现实生活中遇到的复杂问题。

基于这样一种对学与教的理解，建构主义者反对教学与学生学习评价的分离，反对几乎全部采用纸笔测试的方式对学生的学习进行评价。相对应的，他们主张的评价理念是：(1)学生学习评价要和教学相结合。教师要通过观察学习状态中的学生学习，以及学生的展示及个人作品档案来进行评价。(2)学习结果与学习过程并重。儿童对于概念和知识的学习不是直线积累的，而是基于已有经验，调节“科学知识”与“生活知识”、“学校知识”与“日常知识”之间的关系，不断重新排列进行的。评价不仅要关注学习的结果，也要关注学习的过程，及时确定学生已经达到的水平，持续不断地、发展性地观察学生，而不终止这一过程。(3)开发能检测真实情况的评价方法。只能解答“标准化考试”中出现的再生法、再认法以及多项选择的问题，并不代表对事物的真正理解，只有能在现实的背景中动态地把握知识，才可说是对事物有了真正的理解。因此，要创设含有真实问题的情境，结合知识和能力表现的多面性，探索开发能够掌握真实情况的评价方法。(4)评价主体多元。知识并不是灌输到每个人的头脑中去的，而是通过与自己身边的人和事的“对话”与“沟通”逐渐建构起来的。在评价中要实现学生和同伴、教师以及家长的“共同参与”。

---

① [美]马西·P·德里斯科尔. 学习心理学——面向教学的取向(第三版)[M]. 王小明等译. 上海：华东师范大学出版社，2008：332.

② 同上注.

二、为理解而教

传统的智力测量理论认为，智力具有单一的性质，而且语言和数理逻辑智力起决定性的作用。因此，传统考试可以测出每个学生语言和逻辑方面的水平，也就可以断定其智力的高低。如何判断儿童的聪明与否呢？最后的手段就是统一的标准化考试。

与传统智力理论不同，美国当代著名的发展心理学家和教育家加德纳（H. Gardner）教授提出了多元智能理论。该理论因对智力做了迥异于以往的定义而倍受关注，并对世界范围内的学校教育改革产生了广泛的影响。在该理论的奠基之作——1983年出版的《智力的结构》（*Frames of Mind*）中，加德纳把智力描述为“在一定的社会文化背景下，个体用以解决自己面临的真正难题和生产及创造出社会所需要的有效产品的能力”。在1999年出版的新著《智力的重构——21世纪的多元智力》（*Intelligence Reframed: Multiple Intelligences for the 21st Century*）中，加德纳重新把智力的定义表述为“在一种文化环境中个体处理信息的生理和心理潜能，这种潜能可以被文化环境激活以解决实际问题和创造该文化所珍视的产品”。与1983年的定义相比，除了强调了智力是一种生理、心理潜能，以及特定文化下的环境和教育对智力的激活作用外，还强调了智力表现为解决实际问题的能力和创造社会需要的有效产品的能力。

加德纳提出，人类用以解决实际问题和创造有效产品的智力不仅仅是以往被学校教育定为重点的言语—语言智力和逻辑—数理智力，还包括音乐—节奏智力、视觉—空间智力、身体—动觉智力、自知—自省智力、交往—交流智力等，这些智力相对独立、相互平等，每一个个体都是多种智力形式的独特组合。但以往的考试、测验，乃至整个学校教育都建立在以言语—语言智力和逻辑—数理智力为主的智力观基础上。它们虽然能对学生的在校表现做出较好的预测，但却无法对学生在校外实际解决问题和创造有效产品的能力做出有效预测，以致出现许多在校表现出众的学生走向社会后却没有什么大的成就，而被学校老师视为调皮捣蛋的学生却能成就一番事业这一令学校教育尴尬的现象。

由此，倡导多元智力观的加德纳自然要求改变学校教育的现状，提出“个别化教育”和“为理解而教”的教育模式，即通过“个别化教育”促进学生的理解。他强调“教什么”的关键性和“怎样教”的多种可变性；帮助学生提高各种智能；调整教学，适应学生智能的个体差异，以及非程式化的教学方法。进而，到具体的操作层面，他建议要选择较少的主题；更深入地进行探讨，仅仅选择那些能恰当地与一些重大的论题相联系的主题。在展开教学的时候,一定要触及主题的核心,使用多元表征表达对主题的核心理解,提供多种类型的表现机会,包括辩论、访谈、论述、实验、讨论、艺术作品、设计等。

在评价上,这一教育模式也一改以往智力测验式的评价,转而提倡一种更具真实性和可信性的方式,让具有不同智能的人直接展示他们所知道的和所能做的。因为,"真正重要的是个人或者集体用智力来完成某个社会所珍视的任务,因此我们应该评估人们能否成功地完成那些需要运用某些特定智力、并且为社会所珍视的任务"①。在完成任务的过程中,我们就可以考察学生是否理解知识。换句话说,"当考察理解的时候,可以恰当地将重点放在可被观察、评价和改进的实作表现上"。"关注实作表现的实际决定立刻使重点发生了变化,即从对内容的掌握转变为思考为什么要教这一内容,以及如何最好地以公认的方式展现一个人对这一内容的综合理解。当学生意识到他们将不得不以公开的形式运用知识和观点时,他们就会对学习材料采取一种更为积极的立场,试图在任何可能的时候运用他们'实作表现的肌肉'。"②

三、基于真实情境进行教与学

情境认知理论(situated cognitive theory)是当代西方学与教理论领域研究的热点,也是继行为主义"刺激-反应"学习理论与认知心理学的"信息加工"理论后的又一个重要的研究取向。情境认知理论在对学与教的研究中,超越了学校教育情境的限制,把研究的视野扩展到更广阔的人类学习现象中,试图由此去发现人类学习的本质。研究和日常经验表明,基于背景线索解决问题和依靠所受的正式训练解决问题的人在学习和问题解决上的表现是很不同的。市场上的小贩能快速准确地进行复杂的乘法计算,往往连学校中数学成绩优秀者都难以企及。那么为什么会这样呢?在雷斯尼克(L. Resniek)具有里程碑意义的论文《学校内外的学习》(Learning In and Out of School)中,她分析了日常生活情境与学校情境之间的三个主要区别,并指出了校内学习和校外学习的不同在于:校内的学习是个体化、抽象

---

① [美]Howard Gardner. 智力的重构——21 世纪的多元智力[M]. 霍力岩,房阳洋等译. 北京:中国轻工业出版社,2004:254—255.

② [美]霍华德·加德纳. 通往理解的多种路径[A]//[美]查尔斯·M·赖格卢斯主编. 教学设计的理论与模型:教学理论的新范式(第 2 卷)[M]. 裴新宁,郑太年,赵健主译. 高文审校. 北京:教育科学出版社,2011:91.

的;而校外的学习则具有合作、情境化、具体等特点与优势。① 显然,在学校中学习的知识并不能自动迁移到日常情境中,乃是情境的差异所致,这就揭示了情境对于学习的重要性。

因此,情境认知理论提出,学习是植根于情境中的,而不是像传统认为的那样可以在"去情境的"条件下进行;知识也不是一个独立于情境的客观实体,而是学习者建构知识的背景及学习者在建构知识时所从事的活动的一个有机组成部分。心理学取向的情境认知理论的代表人物布朗(J. Brown)等人曾把概念比作工具——和工具一样,概念只有通过使用才能得到充分理解。人们有可能获取了一个新工具但却不会使用;同样,学习者也可能获取了一个概念、规则、算法的口头定义,但却不会应用。情境认知理论家把这种获得了却不会使用的知识称为"惰性知识"(inert knowledge)。由此看来,在学校中学得的诸多知识技能之所以无法应用,根源恰恰在于其"去情境化"的传授方式导致所获得的知识技能常常以"惰性"的方式存在。

情境认知理论对教学和评价提出了新的看法。在教学上,情境认知理论家提倡"认知学徒制"(cognitive apprenticeship)的教学方式。在这种教学中,学生在真实的情境活动中与更有经验的学习者或导师一起工作,构建对新的概念和技能的理解,同时学习共同体成员的行为和信念系统。而对于评价,情境认知理论十分注重评价的真实性和情境性。基于"知识是镶嵌于具体的情境与活动中"的知识观,情境认知理论显然不满于传统评价采用缺乏与真实生活联系的孤立的问题和测验项目的做法,认为由此得到的测验分数对学生在未来生活中的表现难有预测价值,而更注重对学生在解决真实情境中的问题时的表现进行评价。

第三节　评价范式的转变

以量化为主要特征的心理测量评价范式的出现极大地推动了评价理论与实践的发展,它克服了传统考试主观性强、低效的缺点,适应了教育规模扩大及教育公平发展的要求。但心理测量评价范式的缺点也是明显的,当代评价理论的发展几乎都是朝着超越心理测量评价范式的方向进行的。正如著名的评价专家吉普斯

---

① 王文静. 情境认知与学习理论研究述评[EB/OL]. http://www.etc.edu.cn/articledigest14/qingjing.htm.

(C. Gipps)所指出的,目前评价正面临着某些转型:从心理测量学范式转向教育性评价范式,从测验与考试文化范式转向评价文化范式。这些范式的转变带来的是教育中评价的多元化发展趋向,首先在评价方式上就突破了以往的纸笔测试,代之以教师实施的评价、表现任务、课程作业、成绩记录表、表现性评价等。①

一、从测量范式走向教育性评价范式

在美国,自 19 世纪 20 年代以来,标准化的、常模参照的成就测验就一直主导着美国的教育评价,尽管这种测验具有前述种种优点,如效率高、便于管理、花费小等,但它同时也有两个根本性的缺点。第一,它是"审查"学习而非"促进"学习的,其主要目的是测量某个学生或学校与其他学生或学校相比做得好还是不好,而不是反映课程、教学的内容或标准,为教师和学生今后的努力指明方向和目标。如果一个学生得了 95 分,表明其对测试内容已掌握得很好,但却可能因为其他同学得了更高的分数而不被认为是个令人满意的学生。第二个缺点是它对于知识、能力的假设是不正确的。标准化的成就测验背后秉持着这样一种知识观与能力观,即知识技能是由一系列可拆分的心理联结或刺激—反应联结组合而成的,掌握部分便能拼装出整体;而能力则是内化知识的功能,测验的目的是试图鉴别出某些"特质"和能力,它们本质上与特定的背景情境无关,具有一般性。这样的知识观、能力观随着专长理论、情境认知理论、多元智能理论的出现已经受到了根本性的挑战。

除了对标准化测验进行一般意义上的反思外,一些著名的课程实验和课程学者也在突破单一的标准化测验对教育评价的垄断,在评价范式的转换方面起到了先驱性的作用。例如,著名的"八年研究",其评价部分建立在八项假设基础上。其中的一项假设指出,人类行为是如此复杂,以至于无法用某个单一角度或维度对其充分描述或测量;要想充分表征学习行为的复杂性,需要开发多种评分或描述的方法。与此相关的另一项假设指出,评价的方法不应限于纸笔测验,任何能提供有效证据,证明学生朝向教育目标进步的方法都是适合的。在可用于评价的更广泛的技术中,八年研究便采用了包括观察记录、轶事记录、问卷、访谈、检核表、活动记录、作品等等。至于具体选用哪种评价技术,则需根据这些技术是否适合所要评价

① Gipps, Ceroline V.. *Beyond Testing: Towards a Theory of Educational Assessment* [M]. London: The Falmer Press, 1994: 1 - 12.

的那种行为来决定。[①] 领导八年研究评价小组的著名课程学者泰勒后来在其经典作品《课程与教学的基本原理》(*Basic Principles of Curriculum and Instruction*)中进一步阐发了上述评价原理。基于八年研究中的经验,泰勒认为,教育的目标在本质上是人类行为的改变,故"评价是决定这些行为上的改变实际上在何种程度上正在发生的过程"。因此,在泰勒看来,评价必须要检测学生的行为,因为这些行为上的改变正是教育所要寻求的东西。对此,有学者认为,泰勒这种以学生行为为核心的评价理念在本质上和现代意义上的"以表现为本"(performance-based)是一致的。[②] 泰勒指出,有许多种方法来获取行为改变的证据,当我们思考评价的时候,并不是在谈论一种或者两三种特定的评价方法。除了纸笔测验之外,泰勒还提出观察儿童的活动、访谈、问卷、搜集真实作品等常用的方法。

在不断批判和积极的探索中,新型评价方式受到越来越多的重视,相关文献快速增长。教育评价领域发生了翻天覆地的变化,标准化多选测验的霸权地位已经摇摇欲坠;表现性评价,也即"真实"或"新"评价和"3p"——表现(performance)、档案袋(portfolios)和成果(products)评价正大行其道。[③]

在这一评价范式转变的过程中,人们深入反思标准化客观纸笔测验、探索新型评价方式的同时,也不断寻求相关理论的支撑,发展教育性评价自身的理论根基。其中,最突出的一点是对评价的教育性和妥善性的追求。梶田睿一在《教育评价》一书中指出:"特别是对于那种将评价客观性本身加以目的化,以致造成了和使教育活动取得更大效果这个大目标相矛盾、相对立的现象,以及在考查教育成果之际经常以难以把握为理由而不去顾及那些在教育目标中应占有核心地位的内容的现象,应予以更加充分的注意。(1)从测评走向评价,强调从整体上去把握评价沿着教育目标发展的观点。(2)教育目标体系的明确化,教育目标分类学的实验。(3)提倡依据达到标准的测定评价,从心理测定的原则走向教育测定的原则。(4)追求作为决定教育工具的评价机能,从总括评价走向形成评价。不是追求测定评价方法本身的教育性,而是追求对测定评价结果的利用方法——测定评价机能

---

① Smith, E. R. & Tyler, R. W.. *Appraising and Recording Student Progress* [M]. NewYork: Harper, 1942: 76.

② Wraga, W. G.. *Performance Assessment: A Golden Opportunity To Improve the Future* [M]. NASSP, 1994: 563.

③ Madaus, George F. & O'Dwyer Laura M.. A Short History of Performance Assessment: Lessons Learned [J]. *Phi Delta Kappan*, 1999(5).

的教育性。”[①]

对“测定评价机能的教育性”的追求也即前文所述的“评价不仅要为了学习，而且更重要的是能促进学习”。这种评价至少要有两大要素：其一，使用真实性任务，也就是能使学生了解并从事成人在实际工作中要处理的任务；其二，为教师和学生提供便于利用的反馈和机会，使他们可以改进在完成真实性任务或类似任务时的表现。[②] 在传统的“知识传授—死记硬背—标准化测验”的线性关系中，教学就是知识的灌输；学习就是重复的训练；评价就是运用由去情境化的、以心理测量学为基础设计的选择题构成的标准化测验来区分学生，并按成绩来排列的定量的方法——教学和评价被认为是相互分离的活动。而教育性评价提倡的是“教学—学习—评价”的循环模式，评价是教学与学习过程中不可分割的一部分，需要在真实或模拟真实的情境中让学生展示并不断改进自己的表现。这种范式既关注结果评价也关注过程评价，多维反馈贯穿于评价的整个过程，学生成为评价的主动参与者，促进学习则成为评价的核心功能。

事实上，从测量范式到教育性评价范式的转变，体现了人们对学习和评价的观念的转变。赫尔曼(Herrmann)等人认为这一观念的转变主要体现在：(1)学习和评价的观点从行为主义观点转向了认知观点：由原来的一味强调学生学习的结果转向关注学习过程；由被动反应转变为积极的意义建构；从评价具体的、独立的技能转变为整体和跨学科评价；注重元认知(自我监控和学会学习的技能)和认知技能(动机和其他影响学习和成功的因素)；转向注重知识和技能的应用——从零散的事实积累和技能转变为强调知识的应用。(2)从纸笔测验到真实性评价：强调与学生有关的、有意义的问题；强调情境化的问题；强调复杂技能；强调问题不止一个正确答案；强调事先知道的公正的标准；强调个人化的步伐和进度。(3)从一次性评价到成长档案袋：强调从一次性评价到定期取样作为老师评价的基础；作为学生自我评价的基础；作为其他人(如父母等)评价的基础。(4)单一归因到多维度评价：认识到学生的多种能力与才能；逐渐认识到学生的潜力；给予学生发展和展示各种能力的机会。(5)从近乎只强调个人评价到对群体合作技能与合作结果进行

---

① 梶田睿一. 教育评价[M]. 李守福译. 长春：吉林教育出版社，1998：33.

② [美]Grant Wiggins. 教育性评价[M]. 国家基础教育课程改革“促进教师发展与学生成长的评价研究”项目组译. 北京：中国轻工业出版社，2003：前言.

小组评价。[①] 威尔逊(Wilson)和戴维斯(Daviss)也指出:“评价在传统意义上的功能是测量,以决定替换、提升或评分,而现在评价的功能已经扩展到包括测查学生思考、分析、适应以及整合知识和技能的能力。它是任何学习过程的必要组成部分,即观察学生的学习过程、共同合作解释资料、制定标准、描述进展、收集结果、记录反思和表现、发现学生的优点以帮助他们改正缺点的过程。”[②]

二、从考试文化走向评价文化

如果说,从评价范式的角度看,学生评价经历了从基于科学主义的测量到教育性评价的发展,在关注重心上,则从目标取向的工具理性发展到过程取向的实践理性,最终到达主体取向的解放理性。那么,从本体论的角度看,学生评价经历了从本体与价值的异化到本体与价值的分离,最终达到本体与价值的融合。

伴随人们对学习的情境性与复杂性的认识,学生评价从考试文化走向评价文化。评价文化指的是以建构主义为基础的,与教学取向相一致的评价取向,它与传统的考试文化是相对的[③],其核心思想是把评价作为促进学生学习的一个重要动力。而传统的考试文化以标准化测试为标准,通常采用只有一个正确答案且去情境化的方式,其检测的对象主要是低级的认知技能与知识,其目的主要在于甄别、选拔学生。

传统的考试文化反映了心理测量—定量的范式,而评价文化则体现了情境—定性的范式。后者强调评价与教学的整合,不但注重对学习结果的评价也注重对学习过程的评价。这种评价采用多种形式,且所有形式都是镶嵌于教学之中,并不像标准化测试那样游离于教学之外。评价文化反对考试文化对学生进行排名的做法,提倡向学生提供促进学习的多维度反馈。在这种评价文化中,学生的地位从被动、无权的对象转变为一个共享评价责任的主动参与者。

比伦鲍姆(M. Birenbaum)在前人研究的基础上归纳了这种评价文化的发展趋

---

① Weber, Ellen. *Student Assessment That Works: A Practical Approach* [M]. Boston: Allyn and Bacon, 2002:67.

② 同上书:73.

③ Birenbaum, Menucha. New Insights Into Learning and Teaching and Their Implications for Assessment [A]// Segers, Mien; Dochy, Filip & Cascallar, Eduardo. *Optimising New Modes of Assessment: In Search of Qualities and Standards* [M]. Kluwer Academic Publishers, 2003:23.

势(见表 2-1)。①

表 2-1 七维度评价特征变化连续体

考察评价领域变迁的变量	变迁的连续体
真实性	非情境、机械化⟶情境化/应用技能
测量的方式	单一化⟶多样化
评价对象的综合程度	低阶能力⟶高阶能力
智能的维度	片面智能⟶多元智能
与学习过程的关系	孤立性⟶整合性
谁对评价负责	教师为主⟶学生为主
评价的目的	评价学习⟶对学习的评价与为学习的评价之间的平衡

第一个连续体表明评价从非情境化、机械化测试转向真实的情境化测试，即从传统上的主观测试(如简答题、填空题、选择题、是非题)向表现性评价等转换。

第二个连续体展示了从用单一测量的方法描述学生能力转向用多样化测量方法来描述学生的能力。

第三个连续体描述了从评价学生低阶能力向评价学生高阶能力的运动。

第四个连续体则指出所要评价的智力维度是多元的，智力并不仅仅意味着认知维度，它同时包含一定的元认知、情感和社会方面的维度，有时还包含精神上的技能。

第五个连续体关注的是评价被整合进学习过程，在很大程度上，评价作为一种促进学习的工具的作用得以强调。

第六个连续体显示了责任的变换，即学生不但要在学习过程中，还要在评价过程中对自己的学习负责。目前不断被应用的“学生自评、同伴互评”就是一个很有说服力的例子，它表明学习的责任正从教师转向学生。

最后一个连续体则指出了从对学习的评价向对学习评价与促进学习评价的平衡的转换。这种平衡是非常重要的，我们不但需要利用定期的评价来确定学生是否达到了既定的学习目标(即对学习的评价)，也需要连续地利用一系列评价来帮

① Birenbaum, Menucha. New Insights Into Learning and Teaching and Their Implications for Assessment [A]// Segers, Mien; Dochy, Filip & Cascallar, Eduardo. *Optimising New Modes of Assessment: In Search of Qualities and Standards* [M]. Kluwer Academic Publishers, 2003:23.

助学生完成学习任务(促进学习的评价)。有充分的证据显示,利用评价的学习结果向学生提供良好的、适时的反馈会产生更好的学习结果。

新型的评价体系需要具体而真实地体现上述评价文化的要求,在七个维度上极大地促进评价范式的转化。具体到课堂层面,它使得教学与评价融为一体,发挥评价对学习的促进作用。

三、从测量描述走向协商建构

第四代评价的倡导者古巴(E. Guba)和林肯(Y. Lincoln)并不把评价看作一个科学的过程,因为在他们看来,把评价看作一个科学过程将使之完全丧失其根本性的社会、政治和价值取向的特点。他们试图提出一种新的评价方式,超越仅仅将其视为科学的界定,而涵盖其所涉及的大量人性、政治、社会、文化和背景因素。古巴和林肯把这种新的评价方式称作"第四代评价"。①

所谓"第四代"的称谓标志着这种新的评价方式超越了之前存在的测量取向、描述取向和判断取向的三代评价。测量取向的评价是在心理学刚刚兴起并显示出强大生命力的时期占据主导的评价方式,其突出特点是"测量即评价的全部"。描述时期则从 20 世纪初期延续至 20 世纪中期,其基本特点可以概括为几点:评价过程是将教育结果与预期教育目标相对照的过程,是依据预期目标对教育结果进行客观描述的过程;评价的关键是确定清晰的、可操作的行为目标;评价不等于"考试"与"测验",尽管二者可以成为评价的一部分。② 判断取向的评价对描述取向的评价最大的超越在于,它走出了教育评价"价值中立"的禁锢,把教育评价作为价值判断的过程,而不仅仅是"反映"学生的学习结果。这一时期的教育评价在相当程度上就是对泰勒模式的反思与补充,可以从 4 个方面来对其进行归纳:(1)目标体系不是中立的,而是评价的对象;(2)评价项目不应完全按照预设目标体系进行;(3)课程系统不是封闭的、一成不变的,而是开放的;(4)课程评价要反映多方的利益和要求。③

第四代评价具有如下性质:(1)第四代评价的立场是,评价结果不是对事物实际是什么样子、如何运作或某些真实事态的描述,而是对行动者个人或群体对自身

---

① Guba, Egon G. & Lincoln, Yvonna S.. *Fourth Generation Evaluation* [M]. London: SAGE Publications Inc., 1989:8.

② 钟启泉,李雁冰主编. 课程设计基础[M]. 济南:山东教育出版社,2000:494.

③ 张雨强. 开放题编制的理论与技术研究[D]. 上海:华东师范大学博士学位论文,2006:33-34.

所处情境之意义的建构。(2)这种对情境之意义的建构在很大程度上是由建构者的价值所塑造的。(3)这些建构与其形成的具体的物理、心理、社会和文化背景密切相关。(4)这种评价形式伴随着以各种方式对利益相关群体权利的赋予和剥夺。(5)必须有一个大多数利益相关人同意的行动过程以供遵循。(6)因为评价涉及很多人,如客户、利益相关人、信息来源等,因此评价者应当尊重他人,考虑整体性和采用适宜的方式与其互动。

第四代评价的意图和承诺若想完成,必然要求这样一种评价:它承认评价的建构特点,考虑不同的价值和背景,包括物理的、心理的、社会的和文化的;赋权和解放;评价的行动与后续的活动融为一体;具有充分的参与性,并对所有的利益相关人采取政治上和概念上的平等。可见,第四代评价抛弃了对"定于一尊"的所谓评价客观性的要求,承认评价是一个不同价值观之间的协商过程,这为表现性评价的效度问题提供了新的思想支点。第四代评价对于多元评价主体,尤其是学生作为评价主体的合法性的肯定无疑也是有力的,为弥补以心理测量范式为主导的评价体系的探索和新的评价体系的确立提供了理论基础。

第三章
表现性评价的概念框架

出于对传统纸笔测验的不满,也由于传统测量对教学的消极影响和认知心理学、学习科学等的发展,20 世纪 80 年代以来,在学生学业评价领域,表现性评价受到了特别的关注。人们试图通过它来带动整个课程与教学的改革。在不断探索与实践的过程中,表现性评价被赋予了越来越多的教育意义,其意涵也在不断地丰富。

第一节　相关概念辨析

在学生学业评价改革的浪潮中,与表现性评价同时涌现的还有备择评价(alternative assessment)、真实性评价(authentic assessment)、档案袋评价(portfolio assessment)等。它们经常被混在一起使用,虽然不同的人使用不同的概念,甚至是同一个人使用不同的概念,但有时候实质上都是在说同一个内容。那么,它们到底指的都是什么,彼此之间的联系和区别到底何在?

一、备择评价

备择评价(alternative assessment),很多人将其译为"替代性评价"或"另类评价",我国台湾地区则将其称作"变通性评量"。在我看来,在汉语语境中,"另类"带有浓厚的贬义色彩,不宜用在此处;而"替代"则不能准确表达"alternative assessment"的角色,因为"alternative assessment"是对传统的客观纸笔测验的补充与丰富,而非取代。"备择"意味着根据不同的评价目的、情境和学习目标在多种评价形式中做出选择。

其实,使用什么样的语言去翻译它,就已经对这个概念的内涵做出了选择。主张备择评价,就是对传统客观纸笔测验的反思,强调使用多元的评价方法。它所指向的内涵着重于评价方式应有别于传统评价中的纸笔测验,认为评价应与生活中的真实情境、实际表现等结合。赫尔曼(Herman)、阿施巴赫尔(Aschbacher)和温特斯(Winters)就认为备择评价是任何传统纸笔评价以外的形式。[①]

二、真实性评价

真实性评价(authentic assessment),其译法比较统一,但对"真实性"的涵义却理解不一。概括起来,主要有两种不同的理解。

第一种,也是对"真实性"的理解最具代表性的一种,强调的是评价内容与生活经验的贴近程度。"它呼应人们对生活世界的关注,教育对学生解决真实性问题能力的重视。"[②]在这里,"真实性"是一个表程度的词,它是一个连续体,有不同的程度,实际上并不存在完全真实或完全不真实的评价。纸笔测验的论述题,具有真实的要素,可能需要与真实的生活情境相联系;而真实情境中的驾驶执照路考,也并非完全真实,因为旁边有考官的监视,有特定的路段限制。而最近二三十年来对真实性评价的特别关注,就是针对传统纸笔测验所测的内容与真实生活的脱离。因此,真实性评价的"真实"指的就是评价任务来自真实的生活世界。

对真实性评价的第二种理解,是将"真实性"理解为有效性、可靠性、一致性。台湾学者吴毓莹就将"真实性"定义为教师希望学生会什么,就测他什么,也就是课程目标在培养学生什么样的能力,就挑战他那样的能力。她指出,真实存在于教与评之间的接近,亦即课程与评价的统一,不同于我们通常所认为的真实性存在于评价与生活应用之间的接近。[③] 有学者将"真实性"界定得更为宽泛:"所谓真实性,包括以下几个方面:学习任务的真实性;评价信息的真实性;评价标准的真实性;评价环境的真实性;评价方式的真实性;评价内容的真实性。"[④]"只要能够提供真实地

① 李端明. 简介变通性评量. [EB/OL]. http://www.nani.com.tw/nani/eteacher/etlibrary/article_list.jsp?no=13&A_FILE=D_4_3_5_13&select1=1&topage=2.

② 王凯. 真实性评价:建构性课堂中的评价方式[J]. 教育科学,2003(6):46—50.

③ 吴毓莹. 评量的蜕变与突破——从哲学思潮与效度理论思考起[EB/OL]. http://w2.nioerar.edu.tw/basis3/13/gm17.htm.

④ 组媛媛. 真实性学生评价研究[D]. 上海:华东师范大学博士学位论文,2007:导言.

反映学生实际表现的信息,促进学生的发展,所有评价都是真实性评价的一部分。"[①]按照这样的理解,任何有效评价都是真实性评价,这里的"真实性评价"并非评价的一种方法,而是有效评价应具备的特征。事实上,"authentic"本来就有"可信的"、"可靠的"之意。在汉语语境中,应该根据情境脉络的不同做出不同的理解。

三、档案袋评价[②]

档案袋评价(portfolio assessment),也叫成长记录袋评价、卷宗评价、历程档案评价等,也是近二三十年来学生学业评价领域最受关注的评价方法之一。然而,正如美国课程评价专家约翰逊(Johnson)所说,如果要求五个不同的教师给档案袋评价下定义,很可能会得到五个不同的答案——其中每一个都没有"错"。以下就是常见的五个档案袋评价的定义:

(1) 档案袋评价着重收集学生的作品或学生对作品的感想的学习记录;学生与学校人员所收集的资料载满了学生重要学习结果的进展过程。

(2) 档案袋评价是"有目的地收集一些能陈述学生的努力、进步或成就的作品"。档案袋评价须包含学生的参与。

(3) 档案袋评价不能只是一些产品或由教师收集的东西。它应该包含有系统地收集一直被大部分或全体(跨越课程内容领域和跨越学区的)师生使用的学习数据,这些数据是用于确认学生的成长与能力的。

(4) 档案袋评价不是无所不包的容器;档案袋评价收集师生用来观察学生在特殊主题领域的知识、技巧、态度的成长证据,有系统且有组织。

(5) 当档案袋评价用来作为评量架构时,是师生所做的系统化汇集;档案袋评价可成为检验"努力、进步、过程和成果,以及满足更正式的检测过程所能达到的责任或要求的基准"[③]。

从上述所描述的内容来看,档案袋评价的内涵主要包括:它是学生作品有目的、有计划、有组织的汇集;它能反映学生学习的进程与成果;它要有详细的评价规则;它是一个反思和促进教与学的过程。也正是因为基于这些要素的考虑,斯蒂金

---

① 俎媛媛.真实性学生评价研究[D].上海:华东师范大学博士学位论文,2007:79.

② 王少非主编.课堂评价[M].上海:华东师范大学出版社,2013:158.

③ 李子建,梁振威,高慕莲编著.中国语文课程与教学:理论、实践和研究[M].北京:人民教育出版社,2005:414.

斯(R. Stiggins)说他所见到过的对档案袋评价所下的最好定义是:一份学生档案袋就是"一个学生作业和表现的专业收容库,可以告诉你关于这个学生的努力、进步或学业成绩的经历",它涉及一个或者更多的学科领域。要想增强档案袋的交流潜力和对教学的益处,我们就要努力做到:让学生参与选择具体的内容;根据既定的要求来选择使用的教材和资料;制定好判断学生作业和表现的质量的评价准则;让学生在这个过程中进行定期思考。就像艺术家用他们的作品档案来展示他们的艺术才华,记者用他们的作品集表现他们的写作技能一样,我们的学生也是通过收集他们表现的样本来讲述自己的学校学习经历的。①

在平时的研究与讨论中,人们经常将档案袋与档案袋评价混为一谈,"作为评价媒体的档案袋(收集物),是经过长期有目的、有计划地收集关于学习信息的容器,它能够为档案评价提供信息源"②。档案袋只是作为收集信息的一种工具或手段,而不具备评价的功能。只有在收集档案之前确定明确的评价目标,开发具体的评分规则,并对档案袋中的信息做出一定的分析处理,这样才会使得这个档案袋具备评价的功能。

如果要给档案袋评价下一个定义的话,那就是:根据特定的目的,学生持续一段时间针对特定的学习目标,系统地收集、组织和反思学习成果的档案,评价者依据评分规则对学生的努力、进步和成果表现进行评价的过程。

四、表现性评价与备择评价、真实性评价和档案袋评价的关系

从与其他事物的关系中来理解一个事物的本质,是我们认识事物的一条重要途径。比如,妻子和丈夫,男人和女人。然而,人们对表现性评价、真实性评价、备择评价和档案袋评价之间关系的理解莫衷一是。有的认为表现性评价是真实性评价的一种,有的认为表现性评价是档案袋评价的又一称呼,有的认为表现性评价等同于备择评价,甚至有人提出"要将表现性评价、真实性评价、备择评价、档案袋评价一起归纳为广义的表现性评价"③。

---

① [美]Richard J. Stiggins. 促进学习的学生参与式课堂评价[M]. 国家基础教育课程改革"促进教师发展和学生成长的评价研究"项目组译. 北京:中国轻工业出版社,2005:358.

② 熊梅,马玉宾. 试谈研究性学习的档案评价[J]. 教育发展研究,2002(Z1).

③ Elliott, Stephen. Creating Meaningful Performance Assessments: Fundamental Concepts[EB/OL]. http://www.eric.ed.gov/ERICWebPortal/custom/portlets/recordDetails/detailmini.jsp?_nfpb=true&_&ERICExtSearch_SearchValue_0=ED375566&ERICExtSearch_SearchType_0=no&accno=ED375566.

(一) 表现性评价与真实性评价的关系

1. 同等关系。认同表现性评价任务必须来自真实世界的看法,同时也就意味着肯定了表现性评价与真实性评价的同等关系。旗帜鲜明地表达这一观点的缪勒(J. Mueller)就指出,事实上,所有的表现性任务都应当是真实的,这一点使得表现性评价与真实性评价之间的区分变得没有必要。① 鲍里奇(G. Borich)和汤巴里(M. Tombari)认为②,表现性评价运用具有挑战性的真实世界的评价任务来测定学生是否做到了对事物的深层理解。这种任务不仅要求学生回忆信息,而且要求学生具备高级思维技能和元认知的知识结构组织进行问题解决,又称为真实性学习评价。艾拉逊(P. Airasian)也表达了相同的观点:"表现性评价也被称作真实性评价,它要求学生在真实的情境中展现他们能做的。"③将表现性评价等同于真实性评价的观点凸显了表现性评价中任务情境的真实性特点,它表明表现性任务要来自真实世界,学生要在真实情境中完成任务。同时,这一观点窄化了表现性评价的外延,它要求"所有的表现性任务都应当是真实的";反之,对非真实或模拟的任务进行的评价就不是表现性评价了。按照这一说法,"表现性评价"这一术语就没有存在的意义和必要了,真实性评价反而显得更加直接和形象。事实上,同等关系说中真实性评价之"真实",强调的就是真实世界和真实生活,比较容易理解。

2. 包含与被包含关系。真实性评价是表现性评价,但反过来就不成立了。这一观点在威金斯(G. Wiggins)那里得到了充分的论述,他指出,不是所有的表现性评价都是真实性评价。只有当表现性评价在真实的生活情境中发生时,才是真实性评价。真实性评价方法评价的是社区里、工作中或班级中人们的一些日常行为,而不是专门为评价而设计的某个任务中的行为。他说,在许多人眼里,真实性评价似乎等同于替代性评价或表现性评价。但是,不真实的任务也可能是以表现为基础的。不能仅仅因为一项设计是一个表现性任务型的,我们就说它是真实的。同理,并非所有的表现性任务都是真实的。不能仅仅因为一项设计涉及动手的操作,

---

① Mueller, J.. The Authentic Aassessment Toolbox [EB/OL]. [2005 - 08 - 01]. http://jonathan.mueller.faculty.noctrl.edu/toolbox.

② [美]Gary D. Borich, Martin L. Tombari. 中小学教育评价[M]. 国家基础教育课程改革"促进教师发展与学生成长的评价研究"项目组译. 北京:中国轻工业出版社,2003:281.

③ Airasian, P. W.. *Classroom Assessment: Concepts and Applications* [M]. New York: McGraw-Hill, 2001:21.

我们就说它是真实的；不能仅仅因为一项设计是一个建构反应任务，我们就说它是真实的甚至是表现性任务。真实的任务是所有表现性任务的一个子集。[①] 吉普斯直截了当地指出，真实性评价指的是真实情境中的表现性评价。并非所有的真实性评价都是表现性评价，也很难想象一种不是表现性评价的真实性评价。也就是说，真实性评价是表现性评价的一种特殊形式。[②] 这一观点中的真实性评价与同等关系说中的真实性评价是相同的，指的都是真实生活情境中的评价，而动手操作、建构反应的任务不一定是真实性任务。然而，跟同等关系说不同的是，它扩大了表现性评价的范围，任务不真实的评价不一定不是表现性评价。因此，真实性评价是表现性评价的一个子集。相反的是，有人认为，真实性评价包含了表现性评价。王景英就曾指出："真实性评定是目前国际上比较流行的一种学生成绩评定方法，具体方法很多，表现性评定和档案袋评定是真实性评定策略中的两种形式。"[③] 俎媛媛也认为，真实性评价不仅包括另类评价，而且还包括了设计合理的考试及小测验。也就是说，只要能够提供真实地反映学生实际表现的信息，促进学生的发展，所有评价都是真实性评价的一部分。这时，考试是作为真实性评价信息的来源之一存在的，它属于真实性评价过程的一部分。[④] 从这一观点的表述中，我们不能得知表现性评价的内涵和外延；但清楚的是，"真实性评价"是一个包罗万象，范围很广的概念。据此，表现性评价是真实性评价的子集，它们被包含于真实性评价。

（二）表现性评价与档案袋评价的关系

在当前有关学生评价的专业著作或文章中，档案袋或档案袋评价和表现性评价经常被放在一起讨论。有的学者认为档案袋评价是表现性评价的一种类型，另一些学者认为档案袋评价是表现性评价的又一称呼，还有的学者认为档案袋评价是表现性评价和真实性评价的结合。事实上，档案袋是有目的有计划地收集学生学习信息的容器，它可以是需要进行表现性评价的学生的作品，可以是选择性等客观纸笔测验信息的汇集，也可以是课堂观察所记录的学生轶事等信息。因此，用于

---

① [美]Grant Wiggins. 教育性评价[M]. 国家基础教育课程改革"促进教师发展与学生成长的评价研究"项目组译. 北京：中国轻工业出版社，2003：123.

② Gipps, Ceroline V.. *Beyond Testing: Towards a Theory of Educational Assessment* [M]. London: The Falmer Press. 1994：98.

③ 王景英. 教育评价理论与实践[M]. 长春：东北师范大学出版社，2002：186.

④ 俎媛媛. 真实性学生评价研究[D]. 上海：华东师范大学博士学位论文，2007：79.

档案袋评价的档案袋的内容不限于表现性评价的结果，也包括了其他形式的评价的结果。可见，"档案袋评价并不是表现性评价的又一称呼"①。当然，在近些年的评价改革中，人们强调运用档案袋评价，往往着力于对学生"核心技能"的考察，主要是收集和展示学生在真实或模拟真实情境中完成的作品及其过程表现，从而揭示他们的学习历程及其进步情况。也正是从这个意义上，有人认为"档案袋评价是'表现性评价'(performance assessment)与'真实评价'(authentic assessment)的结合"②。

(三) 表现性评价与备择评价的关系

有人将表现性评价等同于备择评价，常常将两者混用。赫尔曼、阿施巴赫尔和温斯特关于学生学业评价的著作中就将表现性评价和备择评价同义使用，以泛指表现性评价的各种形式，大凡要求学生用实作的方式而不是选择的方式来反应者即是。③ 林和格朗兰德(N. Gronlund)则认为不能将表现性评价与备择评价混用④，理由是，备择评价是相对于传统纸笔测验的其他评价方法，而表现性评价则是执行一项工作时展现出的过程与成果。所以，这就看我们怎么来界定表现性评价的内涵与外延。表现性评价与备择评价的两个关系，其本质就在对表现性评价的界定不同。

不同的学者从不同的侧面和关系中来理解表现性评价、真实性评价、备择评价和档案袋评价及其他们之间的关系。虽然答案不同，却丰富了我们对表现性评价的理解和对不同评价方法的思考。这些在 20 世纪 80 年代末涌现的评价方法，其兴起的理由或出发点都是相同的：对选择式测验的不满，认为选择式测验能测量学生知道什么，但无法测量学生能做什么。此外，它们还认为标准化测验扭曲了教学的面貌，窄化了学生的学习结果。然而，"另类评量、真实评量和表现评量这三个评量改革的新名词，各有自己强调的角度，如同一件事物的不同面向，我倒不觉得有如此冲突，但是我也不认为三者可以交互使用。另类评量形容的是评量改革所着

---

① [美]W. James Popham. 促进教学的课堂评价[M]. 国家基础教育课程改革"促进教师发展与学生成长的评价研究"项目组译. 北京：中国轻工业出版社，2003：137.

② 王咏. 教学创新多元评量——档案评量评析[J]. 中等教育，2002(8)：56. 转引自：钟启泉. 建构主义"学习观"与"档案袋评价"[J]. 课程·教材·教法，2004(10)：20.

③ 李端明. 简介变通性评量. [EB/OL]. http://www.nani.com.tw/nani/eteacher/etlibrary/article_list.jsp? no=13&A_FILE=D_4_3_5_13&select1=1&topage=2.

④ 转引自：李端明. 简介变通性评量. [EB/OL]. http://www.nani.com.tw/nani/eteacher/etlibrary/article_list.jsp? no=13&A_FILE=D_4_3_5_13&select1=1&topage=2.

重的方式，突破了以往的传统纸笔测验，涵盖面很广，强调的是评量方式的弹性；真实评量从情境的角度着眼，强调评量项目的情境如果越符合真实生活情况(real life)或是教育目标，则学生越能活用他所学的知识与能力；表现评量则强调评量的依据乃是学生创作或学习过程的表现”①。林和格朗兰德也持这一观点，他们指出，替代性评价、真实性评价、表现性评价强调了评价的不同方面：“真实性”强调评价任务要来自教室之外的真实世界；“替代性”强调这种评价与我们所熟悉的选择题测验不同；“表现性”强调学生要实际完成某一项任务(如写一篇论文或动手做一个实验)，而不是进行再认或知道一个正确答案。② 他们进一步指出，表现性评价强调的是做，而不只是知道；在表现性评价中，过程与结果一样重要。他们更倾向于使用“表现性评价”的表述，因为它比“替代性评价”更形象，同时又不像“真实性评价”那样难以理解。

第二节　表现性评价的涵义

表现性评价(performance assessment)，有人译为“表现性评定”、“表现性测验”、“基于表现的评价”、“表现为本的评定”，台湾学者将其译为“实作评估”或“实作评量”。尽管表现性评价在实践中使用已久，并且近三十年来成为评价改革领域的热点话题，但它至今仍无确切的涵义。表现性评价到底是什么呢？

一、众说纷纭的表现性评价

表现性评价是什么，真可谓众说纷纭，言人人殊。不同的教育者在使用“表现性评价”这个词时，由于侧重点的不同，揭示的往往是不同的内涵。

(一) 需要建构反应

持这一观点的人从学生对试题反应的形式来界定，认为需要学生进行“建构反应”形式的作业均属于表现性评价的范畴。如：

美国技术评价办公室(Office of Technology Assessment)搜集了 20 世纪以及

① 吴毓莹.评量的蜕变与突破——从哲学思潮与效度理论思考起[EB/OL]. http://w2.nioerar.edu.tw/basis3/13/gm17.htm.

② [美]Robert L. Linn, Norman E. Gronlund.教学中的测验与评价[M].国家基础教育课程改革“促进教师发展与学生成长的评价研究”项目组译.北京:中国轻工业出版社,2003:6.

之前测验史上最具综合性的测验，深刻审视测验技术进步方面的变化，并于1992年2月出版了《美国学校中的测验：提出正确问题》(*Testing in American Schools: Asking the Right Questions*)一书。在书中他们将表现性评价界定为："要求学生创造答案或成品展示他们所知和能做的。"①

瑟洛(M. Thurlow)指出："表现性评价是要求学生去创造一个答案或成品来展示他们的知识或技能。"②

萨克斯(G. Sax)认为，所有表现性评价的一个普遍特征就是强调被试执行一项任务的能力，而不是回答问题的能力。是非判断、多项选择和论文测验并不适合于所有的测量。举例来说，从事艺术、音乐、体育、语言和理科教学的教师常常需要在学生作画、弹奏乐器、打篮球、写信、说英语或者做实验的时候进行观察。这些观察可以通过表现性评价进行。③

阿特(Judith Arter)和麦克泰(J. McTighe)把表现性评价界定为，需要学生建构一个答案，创作一项作品，或进行一个论证。既然表现性评价不只有一个唯一正确的答案或解题方法，对学生的作品或表现的评价就要以标准的判断为基础。④

(二) 检测历程与结果并重的复杂任务

从试题内容与所检测的知识层次来界定，人们认为除了建构反应的要求外，表现性评价评的是复杂与高层次、历程与结果并重的能力。如：

国际教育成就评价协会把表现性评价定义为：利用综合的实践作业去评价学生的内容知识(content knowledge)和程序知识(procedural knowledge)，以及学生运用这些知识进行论证或解决问题的能力。⑤

有人认为，"表现测验(performance assessment)是根据观察个体完成一个复杂

---

① U. S. Congress, Office of Technology Assessment. *Testing in American Schools: Asking the Right Questions* [M]. Washington, D. C.: U. S. Government Printing Office, 1992:204.

② Thurlow, Martha. National and State Perspectives on Performance Assessment [EB/OL]. http://www.ericdigests.org/1996-1/state.htm.

③ [美]吉尔伯特·萨克斯，詹姆斯·W·牛顿. 教育和心理的测验与评价原理[M]. 王昌海等译. 董奇审校. 南京：江苏教育出版社，2002:161.

④ [美]Judith Arter，[美]Jay McTighe. 课堂教学评分规则——用表现性评价准则提升学生成绩[M]. 国家基础教育课程改革"促进教师发展与学生成长的评价研究"项目组译. 北京：中国轻工业出版社，2005:4.

⑤ Harmon, M. & Zuzovsky, R.. Introduction[J] *Studies in Educational Evaluation*, 1995, Vol. 25: 173.

任务的实际行为表现进行的评估过程，比如在阅读、写作或者解决问题过程中进行观察和评估”[①]。

英属哥伦比亚教育部提出，表现性评价“这个术语用来描述既评定过程又评定结果的学业评定方式”[②]。

萨克斯等人将表现性测验(performance test)界定为要求被试执行某一任务而不是回答问题的测验。[③]

林和格朗兰德认为，表现性评价包括文章写作、科学实验、语言表达与运用数学解决问题，强调做而不仅是知道，兼顾过程与结果。[④]

斯特朗(R. Strong)认为，表现是探索学生理解的核心。他宣称：“表现是评价的基础。评价要求学生做出一个反应，而不是去选择一个反应，要求他们整合新旧知识及相关的技能，主动完成复杂的任务。”[⑤]

(三) 直接检测表现

从评价结果到推论范围的关系的角度出发，有些人认为表现性评价是直接的评价，可以直接测得复杂的认知能力，缩短作业本身与评价结果欲推论的范围之间的距离。如：

萨克斯和牛顿(J. Newton)将表现性评价界定为：通过直接观察个体在音乐、美术、体育训练、实验科学等方面的行为所进行的评价。[⑥]

黛安·哈特(Diane Hart)认为，表现性评价是基于学生的表现或表现样本及既定的标准而进行的直接、系统的观察和评价。[⑦]

在霍华德·加德纳看来，评价要直接针对表现：“我们所看重的是表现本身，不

---

① [美]Scott Paris, Linda R. Ayres. 培养反思力[M]. 袁坤译. 张厚粲审校. 北京：中国轻工业出版社，2001：213.

② [美]科林·马什. 初任教师手册[M]. 吴刚平，何立群译. 北京：教育科学出版社，2005：277.

③ [美]吉尔伯特·萨克斯，詹姆斯·W·牛顿. 教育和心理的测量与评价原理[M]. 王昌海译. 南京：江苏教育出版社，2002：660.

④ 转引自：李坤崇. 多元化教学评量[M]. 台北：心理出版社，1999：134.

⑤ 转引自：[美]哈维·席尔瓦，理查德·斯特朗，马修·佩里尼. 多元智能与学习风格[M]. 张玲译. 北京：教育科学出版社，2003：84.

⑥ [美]吉尔伯特·萨克斯，詹姆斯·W·牛顿. 教育和心理的测量与评价原理[M]. 王昌海译. 南京：江苏教育出版社，2002：660.

⑦ [美]Diane Hart. 真实性评价——教师指导手册[M]. 国家基础教育课程改革“促进教师发展与学生成长的评价研究”项目组译. 北京：中国轻工业出版社，2004：176.

管是语言的、逻辑的、艺术的表现,还是社交方面的表现。”①

(四) 接近真实情境

从习得能力迁移或转换至真实生活的角度出发,人们认为表现性评价应是真实性的评价,其关注的是评价的内容与实际生活的接近程度。如:

艾拉逊(P. Airasian)、派克(Patrick)、莫里森(Morrison)以及威金斯主张表现性评价要求学生完成一个活动,或制作一个作品以证明其知识与技能,此评量让学生在真实情境中表现其所知与所能。②

“表现性评价:教师让学生在真实或模拟的生活情境中,运用先前所获得的知识解决某个新问题或创造某种东西,以考查学生知识与技能的掌握程度,以及实践、问题解决、交流合作和批判性思考等多种复杂能力的发展状况。”③《新课程与学生评价改革》一书给出了这样的定义。

钟启泉则认为,所谓“表现”,是指通过姿势动作和语言等媒体表露自己的认识和感受。这是通过学生挑战“真实的课题”,来把握他们借助五官的“表现”所表达的种种学习状态的一种评价方法。这里可以采取种种的表现手法,诸如语言表现、歌唱表现、绘画表现、造型表现、体态表现、动作表现等等。具体说来,包括讨论、会话、演说、写作、书法、歌唱、演奏、作曲、描绘、造型、烹饪、裁缝、游戏、舞蹈、体操、演技等。④

(五) 需要专业判断

从计分方式区别客观纸笔测验与表现性评价,人们认为后者不同于前者之处在于它涉及复杂的专业判断,而非采用对或错的二元计分。如:

艾巴彻(Aschbacher)认为在教学情境中的实作评量系指教师依据专业判断来评量学生的学习表现,学习表现包括题目反应、作品、学习过程。⑤

史维特(D. Sweet)指出⑥,表现性评价要求学生去表现一个任务,而不是从已经列好的清单中选择一个答案。比如,一个学生或许会被要求解释一个历史事件,

---

① 转引自:[美]哈维·席尔瓦,理查德·斯特朗,马修·佩里尼. 多元智能与学习风格[M]. 张玲译. 北京:教育科学出版社,2003:84.

② 转引自:李坤崇. 多元化教学评量[M]. 台北:心理出版社,1999:134.

③ 教育部基础教育司,师范教育司. 新课程与学生评价改革[M]. 北京:高等教育出版社,2004:70.

④ 钟启泉. 教育评价改革:视点与方法[J]. 全球教育展望,2004(11).

⑤ 转引自:李坤崇. 多元化教学评量[M]. 台北:心理出版社,1999:134.

⑥ Sweet, David. Performance Assessment [EB/OL]. http://www. ed. gov/pubs/OR/ConsumerGuides/perfasse. html.

产生一个科学的假设,解决数学问题,用外语交流,或是根据布置的主体开展研究。有经验的评分者(或是老师,或是其他经过培训的人员)基于事先设计好的规则判断学生表现任务的质量。

上述归类是为了凸显表现性评价各方面的特点以及便于阅读。事实上,很多定义并非只论及某一点,更多时候,人们在阐述表现性评价的内涵时都会对其进行总体描绘。如:

马扎诺(Marzano)等人将表现性评价定义为:(1)与各种任务情境有关,学生在这些情境中获得机会,表达他们的理解,在各种情境中创造性地运用他们的知识、技能和思维方法。(2)经常随着实践的推移而进行,会产生切实的结果或可见的成就。(3)鼓励自我评定和自我改正。(4)有时包括合作。(5)需要用分数判断。(6)用已经确立的标准来判断熟练程度。(7)公开评分标准。①

波帕姆(J. Popham)认为,表现性评价通过让学生学会完成某一特定任务来测量学生的状态,在这一过程中,要求学生建构一种原创的反应。除此之外,评价人员还要观察这一建构的过程,不仅要观察学生的表现,还要对学生的表现做出评判。②

斯蒂金斯认为:"表现性评价为测量学习者运用先前所获得的知识解决新异问题或完成具体任务能力的一系列尝试。在表现性评价中,常常运用真实的生活或模拟的评价练习来引发最初的反应,而这些反应可直接由高水平的评价者按照一定的标准进行观察、评判,其形式包括建构反应题、书面报告、作文、演说、操作、实验、资料收集、作品展示。"③

尼克(A. Nitko)指出,表现性评价要求学生参加一项活动,运用来自多种学习目的的知识和技能解决所呈现的任务,同时运用清晰界定的规则来评估学生的表现有多好。④

有台湾学者给出了这样的解释:表现性评价,就是由教师设计相关的情境,由此情境,针对学生所应达到的学习成果(learning outcomes),设计一些问题,让学生

---

① 转引自:[美]科林·马什.初任教师手册[M].吴刚平,何立群译.北京:教育科学出版社,2005:277.

② [美]W. James Popham.促进教学的课堂评价[M].国家基础教育课程改革"促进教师发展与学生成长的评价研究"项目组译.北京:中国轻工业出版社,2003:135.

③ Stiggins, Richard J.. Design and Development of Performance Assessments [J]. *Educational Measurement: Issues and Practice*, 1987(6).

④ Nitko, Anthony J.. *Educational Assessment of Students* [M]. Upper Saddle River, New Jersey: Prentice Hall, Inc., 2004:237.

在情境中或实际参与实验操作或观察之后，以分组活动或个别思考的形式，进行问题的解决，同时针对学生在过程中的表现，以客观的标准加以评分的一种评量方式。①

二、表现性评价：一个尝试性界定

"performance"一词经常被理解为"绩效"、"业绩表现"或"行为表现"。然而，在学生学业评价领域，"performance"有着独特的内涵，我们需将它置于教育发展和教育改革的特定背景中来理解。

（一）定义的演进

20世纪中前期，表现性评价这个术语多数情况下是与不需要书面写作的实践性测验联系在一起的。在教育领域，指的则是检测个体在特定任务情境中的能力，大都运用于职业课程中的实践领域，如工程、打字、音乐、美术等。在校外，诸如此类的实践表现测验被运用于求职面试和相关的培训中，如二战期间的士兵培训。在心理学领域，表现性测验更多的是指非文字测验，这些测验检测的是具有语言障碍者的能力倾向②。这些"历史遗产"当然仍旧是表现性评价的基本意涵；然而，现在，情况并没有这么简单。

20世纪80年代以来掀起的表现性评价热潮，赋予表现性评价以新的内涵，主要表现在：(1)在核心学术课程中的运用；(2)运用评分规则影响与解释表现；(3)鼓励学生自我评价。③ 现在，学校的学术性科目，如数学、语言和科学等，成为表现性评价的重要内容。对表现性的不断关注，并将其更多地聚焦于学术性科目，是源于滥用多项选择题而引发的不满。它不能检测复杂的表现、高级的思维，并对教学和学习带来了很大的负面影响。④ 当人们寻求一种更合适的评价来

---

① 张敏雪．教室内的实作评量[EB/OL]. http://awk. caes. tpc. edu. tw/sci_edu/sci_assessment/.

② Ryans, D. G. & Frederiksen, N.. Performance Tests of Educational Achievement [A]// Lindquist, E. F. (Ed.). *Educational Measurement* [M]. Washington, D. C.: The American Council of Education, 1951:24.

③ Elliott, Stephen. Creating Meaningful Performance Assessments: Fundamental Concepts [EB/OL]. http://www. eric. ed. gov/ERICWebPortal/custom/portlets/recordDetails/detailmini. jsp? _nfpb=true&_&ERICExtSearch_SearchValue_0=ED375566&ERICExtSearch_SearchType_0=no&accno=ED375566.

④ Kane, M.; Crooks, T. & Cohen, A.. Validating Measures of Performance [J]. *Educational Measurement: Issues and Practice*, 1999(2).

实现这些要求时，表现性评价被认为是一种合适的选择。因此，当前，表现性评价(performance assessment)中的表现(performance)已经增添了特定情境下的意义。

李雁冰在她主译的《表现性评定手册》译者前言中写道："对于'performance'一词，开始考虑到传统习惯，我们仍把它译成了'学业成就'(它本身在汉语中也有成绩、成就的意思)，但在翻译过程中，我们越来越体会到它与传统'学业成就'(academic achievement)一词的区别，因此，我们重新把它改作'表现'，以更好地传达出评定改革的本意。"[①]可见，这里的"表现"是指符合评价改革理念，与传统学业成就评价相区别的特定术语；这不仅与国际视域中的评价改革理念相一致，同时也顺应了我国第八次课程改革中评价改革的要求。

(二) 尝试性界定

从表现性评价内涵的演进及其兴起的背景来看，通过与传统客观纸笔测验的比较来理解表现性评价将是一条有效的路径。总结众多的相关研究，表现性评价和传统的客观纸笔测验的区别主要体现在以下几个方面：任务的真实性、复杂性、需要的时间和评分的主观性上(见表3-1)。

表3-1 客观纸笔测验和表现性评价的特点比较[②]

客观纸笔测验		特点	表现性评价	
选择式试题	补充型试题		限制性表现	扩展性表现
低←——	较低←——	任务真实性	——→较高	——→高
低←——	较低←——	任务复杂性	——→较高	——→高
短←——	较短←——	需要的时间	——→较长	——→长
低←——	较低←——	评分主观性	——→较高	——→高

事实上，各种评价方法是一个连续的存在(见图3-1)，连续体的左边是传统的客观纸笔测验，它只需要学生做出选择—反应；而连续体的右边是表现性评价，它需要学生进行建构—反应。

---

① [美]比尔·约翰逊.学生表现评定手册[M].李雁冰主译.上海：华东师范大学出版社，2001：译者前言.

② Gronlund, N. E.. *Assessment of Student Achievement* (Sixth Edition) [M]. Boston: Allyh and Bacon, 1998: 15.

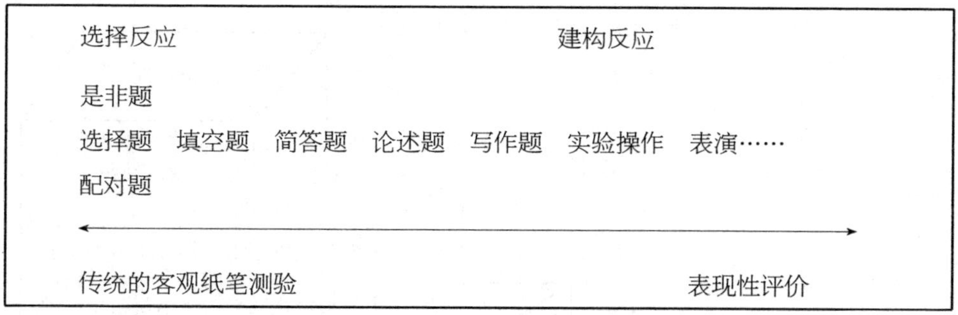

图 3-1 评价方法的连续体

也正是基于这样的理解，陈英豪、吴裕益主张表现性评价处于一般认知结果的纸笔测验和将学习结果应用于未来真实情境的实际活动之间，是模拟一些标准情境的测验，其模拟的程度高于一般纸笔测验。余民宁也认为，表现性评价乃介于评价认知能力所用的纸笔测验和将学习结果应用于真实情境中的表现二者之间，在模拟各种不同真实程度的测验情境下，提供教师一种系统地评量学生实作表现的方法。[①] 举个例子来说，有个教师指导学生用合作的方式解决各种问题，他想评价学生是否习得了合作技能。这里要考查的是每一个学生掌握合作技能的程度。依据评价的结果，教师可以决定某一学生是否需要额外的指导，是否可以开始新的教学任务。实际上，就在这里教师真正感兴趣的是学生能否与其他学生合作，一起找到解决问题的方法。下图列举了五种用以评价学生合作技能的方法(见图 3-2)。但你会发现，1 和 2 两种方法都是选择—反应评价，它们没有让学生建构任何反应。其他三种(3、4 和 5)虽然都是建构—反应评价，但所提供的任务与教师教学目标相一致的程度有明显的不同。具体地说，第 5 种方法与教学目标所要求的行为最接近，而第 4 种方法与第 3 种方法相比就更具有表现性评价的意味。[②]

我们再来举一个关于语文口语交际评价的例子来说明这个问题。语文课程标准在总目标中指出，要使学生“具有日常口语交际的基本能力，在各种交际活动中，学会倾听、表达与交流，初步学会文明地进行人际沟通和社会交往，发展合作精

---

① 李坤崇. 多元化教学评量[M]. 台北：心理出版社，1999：135.

② [美]W. James Popham. 促进教学的课堂评价[M]. 国家基础教育课程改革“促进教师发展与学生成长的评价研究”项目组译. 北京：中国轻工业出版社，2003：135.

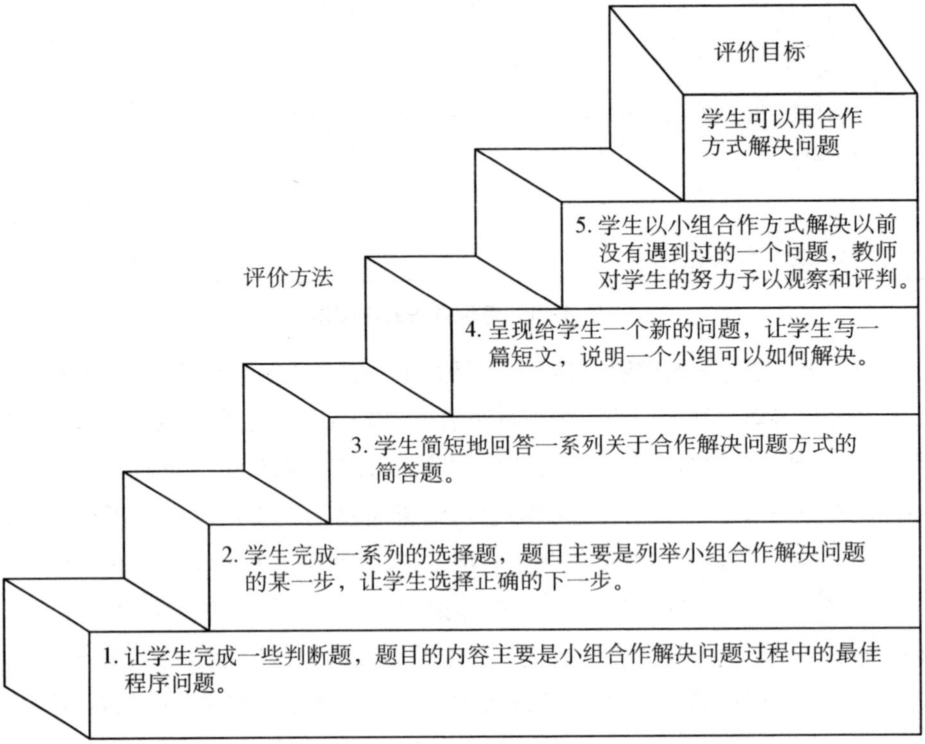

图 3-2　学习任务与评价行为接近程度不同的几种评价方法

神"①,因此,培养与评价学生的口语交际能力已成为语文教师的重要任务。在评价学生口语交际能力的时候,教师可以设计和使用各种不同的评价方法,常见的方法有:(1)让学生完成一些判断题,题目的内容主要是关于倾听、表达与交流的基本要求。(2)让学生完成一系列选择题,学生选择在某一特定的口语交际情境下如何表现或如何说话。(3)让学生简短地回答几个关于口语交际要求与技巧的问题。(4)提供一个模拟口语交际情境,要求学生写一篇短文,说明一件事情(如怎样寄包裹)或说服某个人(如选修某门课)。(5)提供一个模拟情境,必要时由教师和学生配合,让学生完成一个模拟口语交际任务(如打 119 火警)。(6)要求学生完成一个比较真实的口语交际任务,如与同学讨论某一主题或向不知情者陈述某个事件。结合表现性评价的特点,我们不难发现,第 6 种方法是典型的表现性评价,在任务

① 中华人民共和国教育部制订.全日制义务教育语文课程标准(实验稿)[Z].北京:北京师范大学出版社,2001.

真实性、复杂性、所需时间和评分主观性等方面都符合表现性评价的特点。相对而言,4 和 5 也可以算是表现性评价,但 1、2 和 3 就不符合要求了。①

上述所举的两个例子,就犹如我们在驾驶执照考试中所遇到的情况那样:理论考试相当于传统的客观纸笔测验,只需要记忆就行了,路考就属于表现性评价,而场地考试界乎两者之间,与理论考试相比更具有表现性评价的特点。几年前,《机动车驾驶证申领和使用规定》在“实际道路考试”中新增了“通过人行横道线”“通过学校区域”“通过公共汽车站”“夜间行驶”等 4 项内容②,这就使得驾驶执照考试更具有真实性的特点。

至此,我们可以给表现性评价下一个尝试性的定义:在尽量合乎真实的情境中,运用评分规则对学生完成复杂任务的过程表现或/与结果做出判断。

第三节　表现性评价的结构

从表现性评价自身来看,其构成要素是什么?在教—学—评的系统中,表现性评价及其要素与教和学又是什么关系?最后,一个完整的表现性评价概念框架应该是怎样的?

一、表现性评价的构成要素

表现性评价要求学生生成些什么,而不是选择一个答案,是一种观察学生是否积极地参与到完成某项任务之中的评价,这样的任务经常是一个人在实际现场可能做出的表现或模拟,它代表了学习的目标或标准的成就,而这些成就没有一个标准的答案,需要通过观察,基于评分规则进行判断。可见,实施表现性评价,一要有要求学生执行表现性任务,二要有用以判断结果和表现的评价标准。而表现性任务和评分规则都是依据我们期望学生能表现出来的学习结果来设计和开发的。因此,目标、表现性任务和评分规则,就构成了表现性评价的三个核心要素。

---

① 赵德成. 表现性测验及其在中小学课堂评价中的应用[J]. 语文建设,2002(11).

② 机动车驾驶证申领和使用规定[EB/OL]. http://news. sina. com. cn/c/2007 - 01 - 06/234511969252. shtml.

（一）居于课程核心的目标

表现性评价不是让学生对知识做简单回忆，而是对学生完成任务的能力的展示。学生必须综合而又灵活地运用所学知识，进行思维加工和判断，进行各种探究活动，有个性地展现自己的才能，从而创造性地解决问题。因此，表现性评价要检测的是那些居于课程核心的，需要持久理解的目标。这些目标是学生学习的重点部分，对于它们所指向的内容，学生不仅应当熟悉，还应当能够切实应用，以实现持久的理解。对于具体的课程而言，核心的、需要持久理解的目标，就是那些具有超越课程内容的持久价值的大观念，并且这些目标必须是学生通过自主发现与探究才能达成的，而不是教师教了就会的。这些目标的获得将为学生终身学习能力和心智的养成提供活力。

（二）真实情境中的表现性任务

"真实"，要求我们将评价所测的能力直接与生活中复杂的能力相连接，以提高学生习得的能力迁移至学校学术情境之外的生活中的程度。传统的选择式考试是通过对学生在选择式考试上的表现来间接地测量他某一方面的能力，它只能测量学生"知道什么"，但却不能评价学生在实际生活中"能做什么"。比如，通过多项选择题、完形填空等形式的选择式纸笔考试可以对一个人使用外语的能力做出测量，而事实上，这个学生在实际生活中运用外语进行表达和交流的能力到底如何却不得而知。一个大学英语六级成绩超过 520 分的学生，却不能进行基本的英语口语交际，是很常见的事。表现性评价旨在改变这种局面，不仅评价某个学习领域、某方面能力，更重要的是评价学生综合运用已有知识进行实作与表现的能力。表现性评价不仅仅局限于评价学生的记忆、认知能力，它更关注非认知因素，如与人合作的能力、参与社会活动的能力等。因此，不论何种形式的表现性任务均应尽量接近真实生活中的复杂情境，为培养学生"带得走"的能力提供各种各样的机会。

（三）判断学生表现的评分规则

由于表现性评价要求学生建构反应、完成任务、展示能力，而不是选择一个现成的答案；并且表现性评价不仅评价学生行为表现的结果，同时也关注学生行为表现的过程。评价者必须观察学生的实际操作、表现（如学生的口头陈述、表演或舞蹈等在问题解决过程中的外显行为）或记录学业成果（如论文、方案设计等），以此评价学生的能力。因此，真正的表现性评价与选择题的评分不同，它没有一个统一的标准答案，而只有答案的标准，需要评价者根据事先设置好的评分规则，依靠自身的经验和智慧来决定学生表现的可接受程度。

链接

表现性评价的一个例子

本案例来自美国米尔沃基帕布里克学区，它由三个部分组成：第一部分为目标，第二部分为表现性任务和一位学生的作业，第三部分为评价学生问题解决水平的评分规则。①

该表现性评价指向于小学数学学科的问题解决。在评价之前，该学区统一制定了问题解决的五个关键要素，即：

策略的选择：数学中常使用的策略包括画图表、制作模型、猜测和检查、将信息分类、制作清单、将问题划分为几部分、逆向推理和简化问题。评价的重点在于学生是否能够将先前的知识运用到问题中，将知识与恰当的策略选择联系起来，并对策略的恰当性做出回应。

问题的组织：恰当地组织问题有助于对问题的思考。“问题组织”的评价重点在于是否能确定问题中的必要信息，并通过图表等方式阐述相关的信息。

用数学交流：在解决问题的过程中，解释和阐述“如何看待数学问题”，可以加深学习者对数学概念的理解，提供解决问题的灵感。因此，是否对其所选择的策略和解决问题的思路提供充分的说明是该指标的评价重点。

问题解决的方案：善于解决问题的人常常会反省自己所做的尝试，分析所采用策略的有效性，检验例外和证实结果。该指标的评价重点为是否通过有效地使用运算、图表和阐述等方式，获得对该问题的正确解决方案，并做出验证。

运用数学：数学能力的增长应该与恰当地运用数学术语及数学推理的能力的增长同步。因此，是否能使用恰当的数学语言进行数学推理和数学运算即是评价的重点。

事实上，上述问题解决的五个要素就是我们期望学生掌握的学习结果，也即要评价的目标。设置表现性任务和评分规则都应当紧紧围绕这五个维度展开。

① 罗丹. 美国小学数学科中表现性评价档案袋的收集与实施——以米尔沃基帕布里克学区为例[J]. 外国中小学教育，2007(10). 此处略作修改。

表现性任务及一位学生的作业

三年级:商店里的食物

请使用下列菜单回答问题,并说明你是如何获得该答案的。

汉堡:\$1.5;比萨:\$1.47;奶昔:\$0.95;冰激凌:\$0.68;小甜饼:\$0.29

你只有10美元,但需要为你自己及两个朋友购买午餐:1. 确定你们想买些什么?2. 总共花费多少钱?3. 在购买了午餐后,你还剩下多少钱?

我		吉姆		迪姆	
汉堡	\$1.5	比萨	\$1.47	奶昔	\$0.95
奶昔	\$0.95	小甜饼	\$0.29	冰激凌	\$0.68
	\$2.45		\$1.76	小甜饼	\$0.29
					\$1.92

用去多少钱?

\$2.45 + \$1.78 + \$1.92 = \$6.15

还剩多少钱?

\$10.00 − \$6.15 = \$3.85

解释一下你是如何解决这个问题的:

首先我用加法得到答案,然后再用加法看花了多少钱,再用减法看剩余多少钱。

表现性评价标准(小学数学科)

要素＼等级	0	1	2	3	4
策略的选择	未做任何尝试、离题、不清晰	没有尝试使用策略或使用策略不清晰	尝试使用策略,但不完全或未能实施	能使用恰当的策略,并加以证明	能有效地使用恰当的策略,并加以充分证明
问题的组织		信息反馈缺乏组织和条理	信息反馈的条理性差,缺乏有效的证明	有条理地反馈信息并加以证明	反馈的信息组织出色,条理清晰,并有充分的证明
用数学交流		反馈信息的陈述表明思路和对实施方案的阐述具有随意性	反馈信息的陈述模糊,表明对问题的理解不确切	反馈信息的陈述清晰,可理解	所有反馈信息的陈述都恰当有效
问题解决的方案		未能呈现出信息反馈或信息反馈较少	所呈现的问题解决方案不完整或不正确	所呈现的问题解决方案基本正确	所呈现的问题解决方案完全正确
运用数学		几乎未能表现出恰当地使用数学知识的能力	一些数学知识的运用不恰当或有问题	能恰当地运用数学知识,且只有细小的错误	在整个问题的解决过程中都有效、准确地运用了数学知识

二、教—学—评系统中的表现性评价

弗彻斯(L. Fuchs)认为,表现性评价的一个主要驱动是重新连接大规模评价与课堂评价,从而积极地影响学习、促进教学的需要。[①] 那么,表现性评价到底是在怎样的一种关系与结构中实现这些功能的呢?

(一)表现性评价与课程标准的共生关系

开发和实施表现性评价的过程,就是对课程标准的核心目标进行不断分解细化,进一步清晰界定,并通过表现性任务和评分规则落实目标的过程。首先,适用于表现性评价的目标即课程标准中的核心目标。当然,需要针对具体的内容和特定的学生进行具体化。其次,教师要求学生通过完成表现性任务来实现课程标准中的核心目标。事实上,“标准和表现性任务维系着一种共生的关系,他们彼此互相依赖,分别是综合评价体系的必要组成部分”[②]。再次,评分规则依据内容标准和表现标准而开发,在教学实践、教学评价中,为广大教师提供了一种重要工具,它是对表现标准的描述,也是对内容标准的进一步描述。“不管课程标准、课程结构或教材是如何规定的,评分规则的内容规定了教师和学生借以决定要采取什么措施来获得成功的依据——他们所看到的就是他们需要去做的。”[③]表现性评价与课程标准的共生关系,使得表现性评价成为落实课程标准的有效途径。从这个意义上看,开始和实施表现性评价与基于课程标准的教学与评价两者存在许多相吻合的地方。

(二)表现性评价与教和学的一体化关系

理想的表现性评价同时也是一项有效的教学活动。[④] 表现性评价具有教学性成分,学习和评价能同时执行,并能很好地与教学统整在一起。例如,当实施一个舞蹈单元时,学生可以创编一个舞蹈序列,来表明对某些舞蹈概念和原理的理解。

---

① Fuchs, Lynn S.. Connecting Performance Assessment to Instruction: A Comparison of Behavioral Assessment, Mastery Learning, Curriculum-Based Measurement, and Performance Assessment[EB/OL]. http://www.ericdigests.org/1996-1/based.htm.

② Marano, Robert J.; Pickering, Debra & McTighe, Jay. *Assessing Student Outcomes: Performance Assessment Using the Dimensions of Learning Model* [M]. 1993:56.

③ [美]Judith Arter, Jay McTighe. 课堂教学评分规则[M]. 国家基础教育课程改革“促进教师发展与学生成长的评价研究”项目组译. 北京:中国轻工业出版社,2005:50.

④ [美]Gary D. Borich, Martin L. Tombari. 中小学教育评价[M]. 国家基础教育课程改革“促进教师发展与学生成长的评价研究”项目组译. 北京:中国轻工业出版社,2003:180

当学生编舞时，他们学习关于舞蹈的种类、动作造型、流畅性、水平等内容。然后，通过评分规则来对他们呈现的舞蹈进行评价。因为学生有评分规则，当他们完成任务时，可以进行自我评价或同伴评价；当学生完成任务以后，教师基于评分规则指导学生并向学生说明教师的期望，也能提供具体的描述性反馈。给予学生的评分规则是教师用以评价最终的学习成果的标准。这样，学生的学习任务和评价变得不可分割，不同的教学类型可以和评价融合在一起。

三、表现性评价的概念框架

基于上述分析，我们可以描绘出表现性评价的概念框架(图 3－3)：表现性评价由目标、表现性任务和评分规则组成；多种不同类型的表现性评价任务的综合运用构成了表现性评价体系；而表现性评价与课程标准的共生关系，以及与教学的统整，将这个系统连接起来，从而促进教与学。

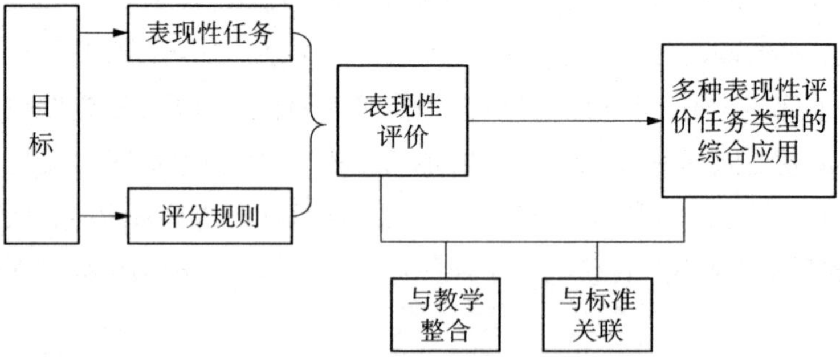

图 3－3　表现性评价概念框架

表现性评价的三个核心要素互相关联，互为因果。适用于表现性评价的目标是居于课程核心的目标，这些目标需要通过真实情境中的任务来落实并加以检测，传统的纸笔测验无能为力。反过来，表现性任务必须要基于目标，要与目标匹配，才能实现落实目标和检测目标的使命。正是因为表现性评价的任务是真实世界中的任务，具有情境性、复杂性，评价的是复杂的学习结果，所以学生在完成任务时必须进行建构反应，而不是简单的选择反应。复杂的任务、建构性的反应使得传统的二元对错评分方式无能为力，需要基于评分规则的主观判断。和表现性任务一样，评分规则也必须是源于目标，与目标一致，是目标在内容维度和表现维度上的具体化。

根据目标和课程内容的不同，表现性评价任务的类型也多种多样，包括各种跨学科的评价任务和跨时间的评价任务。多种表现性评价任务类型的综合应用，就形成了一个综合的表现性评价体系。在综合表现性评价体系运作的过程中，表现性评价各要素及其相互间的关系又促成了表现性评价与课程标准的紧密关联，以及与教学的统整。

第四章
评价目标的界定

评价目标,也就是"评什么"中的"什么"。这个"什么",指的就是我们期望的学生学习结果。人们使用各种术语来指代对学生的学习期望。如目标和目的,熟练程度和能力,标准和基准。所有这些术语都具有相同的基本含义:我们期望学生应知和能做的。如果没有对学习结果的清晰界定,就不可能设计出良好的评价,也不可能有效地评价它们。我们提倡在学生评价中实施表现性评价,呼吁创建一个平衡的学生评价体系,这也就说明了,每一种评价方法都有适合其评价的对象,同时也具有局限性——不能或不适合检测其他内容,表现性评价当然也不例外。那么,表现性评价适合检测哪些类型的目标?又如何来界定这些评价目标?

第一节　为目标选择匹配的评价

尺子测量长度,钟表测量时间。针对不同的评价目标,我们该怎么来选择合适的评价方法呢?回答这个问题首先要知道,在学校里,我们期望的学生学习结果都有哪些不同的类型,然后才能根据这些结果自身的特性和习得的认知过程来选择适切的评价。

一、学习目标的分类

划分学习目标的框架有许多种,但对评价与教学领域影响最深远的可能是布卢姆的目标分类学和加涅的学习结果分类。

（一）布卢姆的目标分类学

为了指导对学习结果的评价，布卢姆及其同事创造了一套目标分类体系，帮助教师确认他们期望学生所进行的学习的类型。在其分类体系中，教育目标分为认知、情感和心因动作三大领域。其中，认知领域又细分为知识、领会、应用、分析、综合、评价六级；①情感领域分为接受、反应、价值判断、组织和价值与价值体系的个性化；②心因动作领域分为知觉、准备、有指导的反应、机械练习、复杂的外显反应、适应和创造。③

随着心理学关于认知、学习和知识等重要研究的逐步深化，以及课程与教学理论研究与实践探讨的不断深入，人们日渐意识到修订目标分类学的必要。安德森(L. Anderson)等人组建团队，经过多年的深入研究，对布卢姆的目标分类学进行了修订，于2001年出版了《学习、教学和评估的分类学——布卢姆教育目标分类学修订版》(*Taxonomy for Learning, Teaching, and Assessing: A Revision of Bloom's Taxonomy of Educational Objectives*)。新修订的目标分类学提供了一个二维的目标分类框架：知识维度和认知过程维度(见表4-1)，并将知识维度划分为事实性知识、概念性知识、程序性知识和元认知知识等四种类型。④ 这一划分明显吸收了四十多年来，认知心理学发展取得的成果，尤其是陈述性知识与程序性知识的划分，以及元认知研究的成果。

表4-1　修订版布卢姆认知目标分类框架⑤

知识维度	认知过程维度					
	记忆	理解	应用	分析	评价	创造
事实性知识						
概念性知识						
程序性知识						
元认知知识						

① [美]布卢姆等编.教育目标分类学·认知领域[M].罗黎辉等译.上海:华东师范大学出版社,1986.
② [美]克拉斯沃尔,布卢姆等编.教育目标分类学·情感领域[M].施良方,张云高等译.上海:华东师范大学出版社,1989.
③ [美]哈罗,辛普森编.教育目标分类学·动作技能领域[M].施良方,唐晓杰译.上海:华东师范大学出版社,1989.
④ Anderson, L. W. &Krathwohl, D. R.. *A Taxonomy for Learning, Teaching, and Assessing: A Revision of Bloom's Taxonomy of Educational Objectives* [M]. NewYork :Longman ,2001.
⑤ 同上书:29.

新修订的分类框架为我们提供了一个准确描述目标的框架,将目标置于二维目标框架中,更能增进对目标的理解。它不仅适用于指导学生学习和教师的教学活动,同时也适用于对学习结果的评价。在设计评价时,我们首先要明确,我们希望学生学会的东西在框架中处于哪个位置,然后再来思考,这样的目标需要什么样的评价方法。

(二) 加涅的学习结果分类

和布卢姆等人一样,加涅也试图从学习的基本思维过程出发,编制一套关于学习目标的体系,并按从简单到复杂的顺序对其分类。加涅学习结果分类的提出与形成年代较晚,吸取了现代认知心理学的最新成果。他将学习活动的表现分为五个领域:言语信息、智慧技能、认知策略、态度和动作技能。其中,言语信息又分为符号学习、事实学习和有组织的言语信息学习三类;智慧技能又分为辨别、概念、规则、高级规则四类,而且这四类之间存在一种层次关系。表 4 - 2 描述了每类学习结果及其相应的行为表现,这将有助于我们确定相应的评价类型及其范围。

表 4 - 2 加涅的学习结果分类及相应的行为表现①

性能	性能动词	例子
智慧技能		
辨别	区分	通过比较来区分法语 u 和 ou 的发音
具体概念	识别	通过说出代表性植物各部分的名称来识别根、茎、叶
定义性概念	分类	运用一个定义将概念族系分类
规则	演示	通过解答口头陈述的例子来演示正负数加法
高级规则	生成	通过综合可应用规则,生成一段描述一个处于害怕情境下行为的文章
认知策略	采用	采用想象美国地图的策略,用列表的形式回忆各州州名
言语信息	陈述	口头陈述 1932 年总统竞选的主要事件
动作技能	执行	通过将一辆小轿车倒入行车道来执行一项任务
态度	选择	选择打高尔夫球作为一项休闲活动

布卢姆等人的目标分类学和加涅的学习结果分类在三个大领域的划分上完全相同,所不同的只是用词上的差异。布卢姆的认知领域与加涅的认知领域所

① [美]加涅等著. 教学设计原理[M]. 皮连生等译. 上海:华东师范大学出版社,1999:151.

涉及的范围完全一致，只是认知领域内部亚类的划分有所不同。布卢姆讲的情感即加涅讲的态度，布卢姆的心因动作也就是加涅讲的动作技能。这两大系统对我们理解学习活动包含哪些内容有重要贡献，并且都能支持认知学习理论中确定的一些结果表现。布卢姆体系中的知识和理解水平表明，陈述性知识在建构高级思维活动的基础中非常重要，而分析、综合和评价水平则代表着认知策略的产生。新修订的目标分类学和加涅的分类与现代的认知学习理论就更为接近了。目标分类学的这些成果帮助我们澄清了学习的内涵及学习结果的分类依据，并发展出检测学生学习结果的有效指标，或为我们设计有效评价的理论前提。

二、匹配：有效评价的核心

评价是基于证据的推理。其中，前提性的条件是我们需要采用合适的评价方法收集到有效的证据。那么，什么样的评价方法才是合适的呢？泰勒给出了原则性的答案："由于评价涉及获得学生行为变化的证据，所以，获得任何有关教育目标所期望的行为的有效证据，都是一种合适的评价方法"。[①] 泰勒的这一观点至少包含了两层意思：第一层意思是，我们应该通过许多途径获取有关学生行为变化的证据，当我们考虑评价时，不能局限于某一种评价方法。纸笔测验确实为收集有些学生行为的证据提供了一种切实可行的方法，但许多作为教育目标的其他受期望行为是难以用纸笔测验来评价的。例如，考察习惯和某些操作方面的技能，就需要在实际生活或实践操作中进行观察，获得有效证据；评价学生的绘画技能，就需要观察学生的绘画过程或收集绘画作品，获得有效证据。第二层意思是，使用特定的评价方法所获取的证据必须是有效的，这里的"有效"，主要指的是证据能代表反映目标达成情况的学习信息。这就必然要求所采用的评价方法与所要检测的目标的一致性，也即两者之间的匹配。正如一个人不会愚蠢到"用斧子去剥葡萄皮"或"用剪刀去除草"一样，我们不会设计一个配对题去检测学生的创造能力，也不会为考察事实性知识而设计写作题。否则，我们获取的证据将是无效的，更不能对评价结果做出正确的解释。

目标与评价的匹配必然涉及以下三个方面的一致性：(1)评价与目标的内容主

---

① [美]拉尔夫·泰勒. 课程与教学的基本原理[M]. 施良方译，瞿葆奎校. 北京：人民教育出版社，1994：86.

题是相一致的。我们总不能让学生完成素描作品来检测他们的色彩感。(2)评价与目标的认知类型是相一致的。也就是说,完成评价任务所需的认知要求与目标的要求是一样的。我们不能通过对事实性知识的记忆来考查学生的问题解决能力。(3)评价设定的掌握水平应与界定的目标的要求一致。评价结果出来后,我们需要有一个标准来解释和判断学生水平的评价结果,需要确定何种水平才是“可以接受的水平”。这种用以解释和判断评价结果的掌握水平其设定应当与目标的要求相符合。

三、目标与评价方法的组合

一方面,目标的类型不同,其自身的特性和学生的习得过程也不一样;另一方面,有效的评价必须建立在评价与目标的一致性上。因此,为不同的目标获取有效的证据,就必须在不同的评价方法中做出恰当的选择。而选择的方法必须能有效地、准确地评价所期望的学习结果,尽可能以最少的题量来最大限度的评价出学生的实际表现水平,用最低的成本获得最大的信息量。

罗德(G. Roid)和哈拉迪(T. Haladyna)提出了一个对学习结果与评价方法的三维分类模型(图 4-1),三个维度分别是内容维度、任务维度和反应类型维度。其中,内容维度分为事实、概念与原理,反应类型根据试题答案的产生方式分为选择与建构,而任务则分为六种水平:重现、概括、展示、预测、评价与应用。[①] 我们可以结合新修订的目标分类学来理解这一模型。内容维度对应于目标分类学中的知识维度,任务维度相对应于认知过程维度。对于不同层次的目标来说,评价方法也应该不一样,而且随着认知思维的加深和复杂化,评价方法的选择将更加情景化。低水平的认知思维(记忆/重现、理解/概括)可以通过比较容易的测量和客观评价手段而得到评价,但高水平的认知思维(应用、分析、评价、创造)则需要更加复杂的和真实的评价方法。例如,需要记忆与重现的事实性知识适合以选择反应类型的评价进行检测,而需要创造与应用的程序性与元认知等原理性知识无疑就需要用建构反应类型的评价进行检测。根据需要评价的目标,我们能较容易地在三维模型中找到其相对应的位置,从而设置相匹配的评价。

---

① Roid, Gale H. & Haladyna, Thomas M.. *A Technology for Test-Item Writing* [M]. London: Academic Press Inc. Ltd., 1982:161-171.

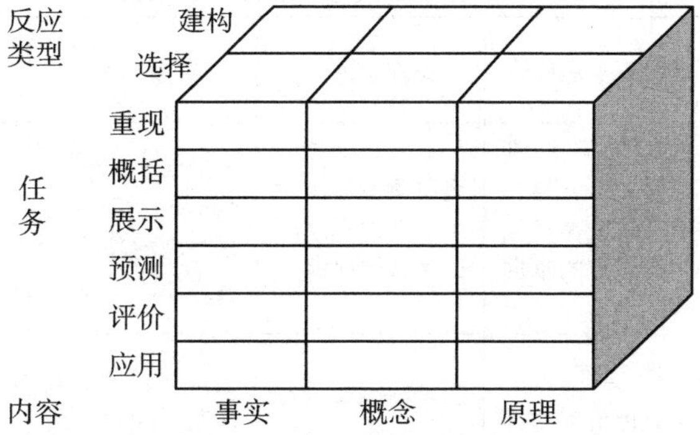

图 4－1　学习结果与评价方法的三维分类模型

我国学者皮连生则以加涅的学习结果分类为依据,探讨了针对每一类结果类型的评价方法。[①,②]言语信息主要是通过回忆提取的知识,它以命题、表象等形式存储在人脑中。若学生能用自己的话陈述出某类信息或再现某类信息,那么就证明学生已经掌握了该类知识,因此适宜用填空题、选择题和概念图等评价方式进行。对辨别和具体概念应该采用选择题、是非题、判断题和解释题,而定义性概念和规则应采用问答题和应用题,高级规则的测评必须是开放性和真实性较强的问题。可以通过口语报告或从学生解决问题和完成其他任务的情况对认知策略进行推测。情感领域以自我陈述问卷、投射测验、轶事记录法和评定量表法进行评价。动作技能通过直接观察进行评价。

美国评价专家斯蒂金斯更直接地从目标与评价方法的匹配程度对两者进行组合。(见表 4－3)他认为,我们要根据特定的目的和学业目标来选择合适的评价方法,这是合理评价的效度指标问题。比如,对乐器演奏水平的评价和对理科知识理解的评价就是截然不同的。在前一种情况下,评价者要先倾听然后做出自己的判断;而在后一种情况下,一般是通过对一系列试题判断正误来给出一个分数,这个分数就代表了学生的理解程度。因此,目标不同时,使用的评价方法也不同。

① 皮连生主编. 学与教的心理学[M]. 上海:华东师范大学出版社,2003:336－346.
② 皮连生主编. 实施《基础教育课程改革纲要(试行)》的心理学基础[M]. 上海:上海教育出版社,2004:324.

表 4-3 学习目标与评价方法的组合①

评价方法 学习目标	选择式反应评价	论述式评价	表现性评价	交流式评价
知识和观点	选择题,正误判断题,匹配题和填空题能够考查对知识点的掌握程度	可以测量学生对各个知识点之间的关系的理解	不适用于评价这种学业目标——优先考虑其他三种方法	可以提问,评价回答,并推断其掌握程度,但是很费时间
推理能力	可以评价某些推理形式的应用	对复杂问题解决的书面描述,可以考查推理能力	可以观察学生解决某些问题或通过成果推断其推理能力	可以要求学生“出声思考”或者通过讨论问题来评价推理能力
表现性技能	可以评价对表现性技能的理解,但不能评价技能本身	可以评价对表现性技能的理解,但不能评价技能本身	可以观察和评估这些技能	非常适于评价口头演讲能力;还可以评价学生对技能表现的基础知识的掌握
产生成果的能力	只能评价对创作高质量产品的能力的认识和理解	可以评价对产品创作的背景知识的掌握情况;简短的论文可以评价写作能力	可以评价创作产品的步骤是否清楚,产品本身的特性	可以评价程序性知识和关于合格作品的特点的知识,但不能评价作品的质量
情感倾向	选择性反应问卷可以探测学生的情绪情感	开放式问卷可以探测学生的情绪情感	可以根据行为和产品推断学生的情感倾向	可以跟学生交谈,了解他们的情绪情感

上述这些已有的研究成果为我们思考如何为目标选择匹配的评价方法提供了很好的参考。的确,不同的目标具有不同的学习过程和条件,评价它们的内容、标准和方法也应当不同。对陈述性知识的评价主要看学生能否正确回答“是什么”的问题,当然并不是让学生机械复述书本上的概念定义,而是要求学生陈述符号或语词表达的意义。选择类型的题目(如是非题、多项选择题、匹配题等)可以评价学生对概念的辨别和理解,可以评价学生能否在各种变式下运用规则。简单建构反应

① [美]Richard J. Stiggins. 促进学习的学生参与式课堂评价[M]. 国家基础教育课程改革“促进教师发展和学生成长的评价研究”项目组译. 北京:中国轻工业出版社,2005:77.

题(如简答题、填空题)适合评价学生运用几个规则创造一个新规则的能力。[①] 对程序性知识的评价,不在于检测学生是否正确复述,而在于考查学生面对各种必须应用学过的概念与规则的情境时,能否顺利进行运用和操作。[②] 程序性知识和认知策略针对的是"怎么做"和"为什么这样做"的问题,因此,对它们的检测应当在一些具体的情境中进行。总之,不同类型的目标各自的特性不一样,在选择评价方法时需要依考查的类型不同而定。

第二节　适合表现性评价的目标

表现性评价强调真实情境中知识和技能的运用;要求学生必须自己创造出问题解决方法(答案)或通过自己的行为表现来证明自己的学习过程和结果。因此,与表现性评价相匹配的目标也必然是那些具有情境性、复杂性的高级的目标。

一、复杂的学习目标

表现性评价的一个主要优势是其能对涉及校内外自然情境中复杂表现的教学目标的实现情况进行评价。[③] 它可以检测传统纸笔测验检测不了的复杂的学习结果。艾拉逊用归纳的方法概括了多年来表现性评价所涉及的学习领域(表4-4)。

表4-4　运用表现性评价的五个学习领域及其范例[④]

学习领域	范　　例
沟通技能	论文写作,演讲,外国语的应用,听从口头提示
操作技能	握笔,实验室仪器设备的安装,使用显微镜,解剖青蛙
运动技能	射击,接球,单脚跳,游泳

---

① 丁家永. 国外有关知识测量与评价研究的新发展[J]. 外国中小学教育,2000(2).

② 高民. 论知识的分类测量与评价[J]. 教育理论与实践,1999(9).

③ [美]Robert L. Linn, Norman E. Gronlund. 教学中的测验与评价[M]. 国家基础教育课程改革"促进教师发展与学生成长的评价研究"项目组译. 北京:中国轻工业出版社,2003:183.

④ Airasian, P. W.. *Classroom Assessment: Concepts and Applications* [M]. New York: McGraw-Hill, Inc, 2001:237.

续 表

学习领域	范　　例
概念获取	构建开闭合电路，为任务选择适当的工具、解决办法，辨认不知名的化学物质，对实验数据资料进行归纳
情意技能	与别人分享用具，在合作小组里一起工作，服从学校规章制度，保持自制

在沟通、操作、运动、概念获取和情意技能等领域，表现性评价成为收集、评价学生学习信息最重要的方法。所有的学校都期望学生去展示沟通技能，因此阅读、写作、说话等技能是表现性评价涉及的最普遍的领域。同样，操作技能，如更为复杂的实验室仪器设备的安装也是学习生活的重要组成部分。另外还有运动技能、概念的获取和情意技能等，同样是表现性评价运用非常普遍的领域。这五个领域的目标都需要学生通过建构知识或展示技能——不是“是什么”的陈述性知识，而是要在具体的情境中运用的复杂知识。如，沟通技能，知道或记住良好沟通的方法和原则并不能达到这类目标的学习要求，而在真实的情境中运用这些方法和原则实现一定的沟通意图才是最终目标。因此，客观纸笔测验就显得力有不逮，需要能检测复杂学习目标的表现性评价。

与艾拉逊的研究方法不同，绝大多数学者用演绎的方法来阐述适合表现性评价的复杂的目标。其中，上文提及的斯蒂金斯关于目标与方法的匹配的观点，比较具有代表性。为了突出说明表现性评价所适合的目标，表 4 - 5 将它们的匹配结果单独呈现出来。在斯蒂金斯看来，知识和观点不适宜用表现性评价来评价，但是其他一些更复杂的学习目标就需要通过表现性评价去评价。更进一步，他将这些复杂的学习目标与具体的学科相结合，罗列了一些需要运用表现性评价的目标样例（表 4 - 6）。这些样例都是技能或成果目标的运用，需要复杂的高级的任务去实现。

表 4 - 5　表现性评价：对学业目标的评价①

要评价的目标	表现性评价
知识和观点	不太适合评价这种目标——其他评价方法更好
推理能力	可以通过观察学生解决一些问题的过程，或者通过审视他们的成果来推断他们的推理能力

① [美]Richard J. Stiggins. 促进学习的学生参与式课堂评价[M]. 国家基础教育课程改革“促进教师发展和学生成长的评价研究”项目组译. 北京：中国轻工业出版社，2005：162. 此处略作修改.

续 表

要评价的目标	表现性评价
表现性技能	在学生实际操作的同时观察和评估他们的技能
创建成果的能力	可以评价执行某种成果创建过程的能力和成果本身的特点
情感倾向	可以通过行为和成果推断学生的情感倾向

表 4-6　适合表现性评价的学习目标①

评价内容	程序或技能目标	成果目标
阅读	口头阅读的流畅性	
写作	书写技能,敲键盘的熟练程度	写出的文章
数学	移动物体,编写数学题	描述数学原理的模型
理科	安全的实验操作	实验研究报告
社会学	辩论	学期论文
外语	口语能力	写作样例
艺术	材料运用	艺术作品
体育	运动技能	
技术教育	计算机操作	设计出的软件程序
职业教育	执行指定的程序	把机器修理好
团体合作	每个成员的贡献	
儿童早期	社会交往技能	艺术作品

可见,能够并需要使用表现性评价的学习结果都是一些不能用简单的客观纸笔测验进行检测的复杂学习结果。例如,沟通能力、情感倾向和创建成果的能力等。这些复杂的学习目标只有通过表现性评价才能取得学生表现的有效证据。

二、需要持久理解的目标

在众多的学习目标中,由于目标层次的不同,有的目标所指向的知识内容只需要学生熟悉,而有的则需要持久理解。“持久理解”中的“持久”,不是局限在课堂中,也不仅仅局限在学校生活中,而是延伸到整个社会生活,延伸到每一位学生的

① [美]Richard J. Stiggins. 促进学习的学生参与式课堂评价[M]. 国家基础教育课程改革“促进教师发展和学生成长的评价研究”项目组译. 北京:中国轻工业出版社,2005:157.

终身学习。相对应的,“持久理解”中的“理解”,即“学生拥有超越教科书知识与技能的某种东西——那就是学生真正‘得到’的,它是指一种在具体环境中灵活运用知识和技能的能力,而不是像在考试中以一种照本宣科的方式输出知识”①。

需要持久理解的目标往往是那些居于课程核心的目标(见图4-2)。它是学生学习的重点部分,对于这些内容,我们不仅应当熟悉,还应当能够切实应用;学生必须实现持久的理解。在实践中,如果我们把注意力集中于学生的持久理解上,课程内容的安排就不能只停留在简单的记记、背背上,而是需要经历实践性任务来实现,即通过表现性任务来反映学生对课程内容的掌握情况。因为,这种评价方法可以证明,学生是否能够灵活地运用所学的知识,这是评价持久理解最为重要的依据。传统的评价方法(比如客观纸笔考试)却常常致力于基本知识或技能的评价,此时,作为实践能力基础的知识和技能与实践能力本身被混为一谈。图4-2中间的那个圆代表的是通过我们的选择而确定的,需着重知道和理解的知识(事实、概念、原则)与技能(过程、策略、方法)。而最大的圆涵盖的是学生应当宽泛了解的知识,对于这部分的内容,我们并不要求学生利用种种手段进行细致深入的掌握,只要求他们能够大致了解一下,因此这种程度的掌握完全可以通过传统的填空或简答等评价方法进行证明。

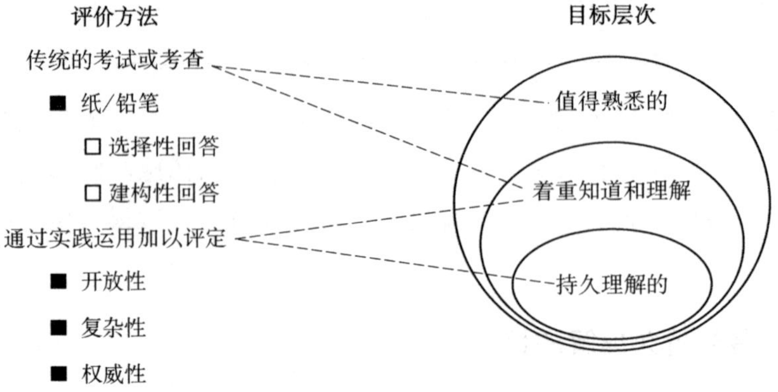

图4-2　目标层次与评价方法关系示意图②

① [美]Grant Wiggins, Jay McTighe. 理解力培养与课程设计:一种教学和评价的新实践[M]. 么加利译. 北京:中国轻工业出版社,2003:7.

② 同上书:23.

那么，我们怎么确定哪些具体的目标是值得学生去持久理解，需要通过设置表现性任务去验证学生是否真正达到要求的？从事课程、教学、评价的理论研究者与实践工作者都必须回答这个问题。因为对这个问题的回答，关涉课程核心内容的选择、教学组织的安排以及我们这里重点阐述的评价方法的确定。不同的视角、不同的侧重点，给出答案的表述方式往往也不一样。我比较喜欢的是威金斯的回答。他认为，符合以下四个方面的目标是值得学生持久理解的：第一，“大观念”，此观念具有超越课程内容的持久价值；第二，居于课程的核心地位；第三，应当通过学生自主发现的；第四，能为学生提供活力。①

具体到我们平时的教学和评价活动，当决定选择什么评价方法来检测学生学习情况时，我们应当问三个一般性的问题：第一，对学生理解学科材料来说，什么知识或内容(如事实、原理、规则)是最重要的？第二，对学生来说，使用这种知识或内容所必需的智力技能是什么？第三，学习者要成功地表现这种知识或内容，哪些心理习惯和态度是重要的？源于回答第一个问题的目标通常以传统评价方法的纸笔测验进行测量，由回答第二和第三个问题而来的目标，尽管我们常常通过客观题或论述题进行测量，但是它们能更真实地用表现性评价来测量。这样综合起来，我们设计的某单元评价方案中既有传统纸笔测验对内容的掌握测量，又有表现性评价对核心技能和关键态度的测评。②

三、整合多种智能的目标

我们曾多次强调，每一种评价方法都有自己的特征和特定的内容，从多元智能理论的角度看也是如此。传统的纸笔测验主要针对的是语言智能、数理逻辑智能的一部分，有时也会涉及视觉空间智能。反过来，真实情境中的任务是复杂多样的，仅凭语言智能和数理逻辑智能是完成不了的。表现性评价关注的是对学生表现的直接观察，并且在任务中表现出来的能力是能迁移到校外生活中去的。因此，旨在实现学生的能力迁移的表现性评价，不仅涉及语言智能、数理逻辑智能，同时也涉及视觉空间智能、身体运动智能、音乐智能和人际交往智能，并且后面几种智能在表现性评价中得到更充分的表现。多元智能和评价方法的具体组合

① [美]Grant Wiggins, Jay McTighe. 理解力培养与课程设计——一种教学和评价的新实践[M]. 么加利译. 北京：中国轻工业出版社，2003：42. 此处略作修改。

② [美]加里・D・鲍里奇. 有效教学方法. 易东平译. 吴康宁审校. 南京：江苏教育出版社，2002：388.

见表4－7。

表4－7　多元智能和评价方法组合的三维评价模式[①]

三维评价模式			
多元智能	评价	目的	特征
语言智能 数理逻辑智能 视觉空间智能	传统评价	分数和等级	课堂练习 家庭作业 准则参照测验 常模参照测验
语言智能 数理逻辑智能 视觉空间智能 自我认识智能 人际交往智能	档案袋评价	成长和发展	收集 选择 反思 检查
语言智能 数理逻辑智能 视觉空间智能 人际交往智能 身体运动智能 音乐智能	表现性评价	适当和迁移	评分规则 标准 准则 指标

也正是由于表现性评价自身的特点，它能够有效地评价多种智能，因此，在探讨多元智能与学习的文章或论著中，都特别强调采用表现性评价来检测学生的学习，促进学生的学习。席尔瓦（H. Silver）、斯特朗（R. Strong）和佩里尼（M. Perini）认为，表现性评价、学习风格和多元智能三者之间的交汇点在于：我们希望学生能够发现自己的才能、能力和兴趣所在，并在课堂外的客观世界中学会如何应用这些才能。他们指出，在表现性评价的哲学观中，学生物就应该像生物学家那样思考、行动和表现——进行探索、检验想法、形成论点、分析资料、比较和对比有机体，等等，这些活动要比背诵原生物的种类来应付考试要深广得多。基于这样的理解，他们深入探讨了表现性评价及其与学习风格、多元智能的关系，并对其进行整合，形成了一套真实的、基于表现性评价的任务菜单。[②] 针对多元智能的评价，学

① ［美］罗宾・福格蒂，朱迪・斯托尔．多元智能与课程整合［M］．郅庭瑾主译．北京：教育科学出版社，2004：204．

② ［美］哈维・席尔瓦，理查德・斯特朗，马修・佩里尼．多元智能与学习风格［M］．张玲译．北京：教育科学出版社，2003：85，101．

者们突出强调了表现性评价的适用性及其功能,但并不是要把传统的评价从学校中彻底取消,而是要创造一种整合的评价。整合的评价致力于为现有的评价带来一个平衡的体系,这样,我们不仅可以通过学生的日常表现来评价学生,也能够对学生的技能、知识面等有更全面的了解。也只有这样,才能实现多元智能本身的诉求。

上述三点从不同的方面阐述了适合于表现性评价的目标类型和特质,三者之间互相关联,互为补充。我们可以看到,适合于表现性评价的目标分布在认知、情感和动作各个目标领域。当然是各个领域中比较复杂的那些目标,比如复杂认知过程中的获取、组织、运用信息的能力和创作诗文、绘画和展品的能力等;情感目标领域的心理习惯、合作等;动作目标领域的舞蹈、体操等。从课程的视角看,适合于表现性评价的目标是居于课程核心的,需要持久理解的那些目标。明确了这点,我们也就明确了我们重点要教的是什么,而这个"什么"正是需要通过表现性任务来实现的。这些不同的视角可以在我们为特定的目标选择评价方法时提供有益的帮助与参考。同时,我们也看到,上述三种回答虽然角度不同,但是它们却有一个明显的共同点:在创建一个平衡评价体系的前提下来思考到底什么样的目标更适合表现性评价。

第三节　明确界定评价目标

表现性评价应该也可以评价复杂的、需要持久理解的、整合多种智能的目标。那么,在具体的评价实践中,我们又该如何来确定表现性评价目标呢?一般而言,需要明确以下三个问题:评价的目的是什么?如何分解内容标准,使其成为具体化的评价目标?学习的证据是什么?

一、确定评价目的

任何合理的、高质量的评价必须首先要有一个明确的目的。在着手设计具体的评价之前,我们必须知道我们为什么要实施这个评价——谁将使用这个评价,以及如何使用。因此,我们要考虑两方面的问题,一是评价信息的使用者,一是评价的用途,当然,这两者往往是紧密捆绑在一起的。

不同的使用者在不同时期需要不同形式、不同类型的评价信息,以满足他们的需要或完成他们的工作。也就是说,每个评价都必须满足特定评价使用者的需要。有时候,评价信息的使用者就是学生自己,他们想确定自己是否在向目标靠近,他们想明白下一步需要怎么做,他们想知道自己为学习所付出的努力和汗水是否值得,等等。有时候,评价信息的使用者是教师,他们想了解学生是否在不断进步,是否需要什么帮助,他们想收集在家长会/教师会上要发表的关于学生学习的信息,他们想评定学生报告卡上的等级,等等。有时候,评价信息的使用者是家长、校长、其他的教育行政管理者,等等。总之,不同的评价信息使用者对评价有着不同的信息需求。

和评价信息使用者紧密相关的是评价的用途,也即评价是要促进学生的学习,还是对学生的学习进行评价,或者二者兼而有之。如果是为了报告学生学业成就的目的(如在期末获取学生分数或等级),或为了问责的目的(如交流学生学业成就的水平),那么就需要考虑任务的使用是为了获得结果,也就是对学生的学习进行评价。促进学生学习的评价则可能表现于以下方面:教学前分析学生的学习需求或确定如何对学生进行分组;确定学生已经掌握了什么,从而明确是否需要采取复习或分层教学。因此,教师经常会问自己:我的学生需要什么帮助?我的教学策略有效吗?我的教学进度是过快还是过慢,教学内容是太难还是太容易?特别值得强调的是,在促进学生学习的评价背景下,学生同样使用信息来明确自己掌握了什么,以及自己还需要在哪些方面继续努力,从而学会自我控制,并对自己的学习负责。我们想收集关于单个学生对特定知识的掌握情况的连续性信息,还是定期收集用于成绩比较的信息;想收集服务于学生和老师的教与学的信息,还是为学校、学区和教育行政部门作决策的信息,这些选择都是要在开始设计评价前必须考虑清楚的。

二、界定评价目标

评价所要评的就是学生达成学习目标的程度,评价目标必须与学习目标匹配。[①] 因此,在界定要评价的目标时,首先面临的是以下这些问题:(1)我将要评价哪一个重要的学习目标?(2)任务将聚焦于哪一个方面的内容?(3)我应关注哪一个复杂思维技能?当然,我们也可以换一个角度来思考:客观纸笔测验中漏掉了哪种类型的基本任务、成就或其他重要能力?本学科领域的那些专业人员(历史学

---

① 王少非主编.课堂评价[M].上海:华东师范大学出版社,2013:35.

家、作家、科学家、数学家)所达到的重要成就,哪些没有被传统测验方法所测量?那些在我所教的学科领域中的成功人士在专业共同体中具有什么样的倾向、态度和价值特征?优秀科学家、作家、演讲家、历史学家、数学家、音乐家以及其他领域的优秀人才具有什么样的性格特征和思维特征?对于一位成功的杂志编辑、天气预报员、公园管理员、历史学家、经济学家……来说,哪些社会技能是与他人相处所必需的?简而言之,我们正在力图达到怎样的特定变化,并且当我们成功地引起这些变化时,学生们应有怎样的表现?各科的课程标准为思考这些问题提供了参考与依据,它们规定了预期的学生学习结果,即学生应知与应会的内容。

但就我国目前的情况来看,课程标准中的目标往往是概括的、笼统的,为了更具体地界定目标,并正确引导制定评价的具体过程,还需要对课程标准中的课程目标进行分解。[①]

(一)目标的逐级具体化:美国课标给我们的启示

为提升美国基础教育质量的整体水平,确保学生做好"升学和就业的准备",美国国家管理者协会(National Governors Association, NGA)和重点州学校管理者委员会(Council of Chief State School Officers, CCSSO)于2010年6月2日颁布了《各州共同核心英语语言艺术标准》(Common Core State Standards for English Language Arts & Literary in History/Social Studies, Science and Technical Subjects)和《各州共同核心数学标准》(Common Core State Standards for Mathematics)。为了确保标准的质量,标准研制组在制订标准时就规定了一系列标准制定准则(standards-setting criteria),其中要求标准必须是"清晰且具体的"和"可测量的":"标准应当是清晰的,容易被大众理解的";"标准是精准的,且提供充分的细节以呈现期望表现的水平";"标准所描述的学生成就应当是可观察、可测量,并可用于开发更宽泛的评价框架的"。[②] 下面我们以英语语言艺术标准为例,呈现他们是如何把课程目标逐级具体化为清晰的、可测量的目标的。

从结构呈现与表述方式上看,该标准既规定了各年级"学生应该知道和能够做什么",即内容标准,也规定了相应的表现水平的要求——在特定的年级应该做到什么程度。从整体来看,标准在横向上依学科内容大类不同分成内容标准,纵向上

---

① 崔允漷主编. 有效教学[M]. 上海:华东师范大学出版社,2009.

② Common Core State Standards Initiative Standards-Setting Criteria [EB/OL]. http://www.corestandards.org/about-the-standards/

按年级分为不同的表现水平，表现水平渗透于内容标准之中。横向上的内容标准的呈现，先是选取该学科最为核心、公认的知识内容，分不同的内容领域来呈现标准中大的内容条目，然后进行逐级细化(见表 4-8)。标准将英语分为读、写、听与说、语言四大领域，继而确定各领域的关键概念、内容与范围。英语读的领域确定了四个方面：主要观点与细节、风格与结构、知识与观念的整合、阅读范围与文本复杂性，共十条标准；写的领域也是四个方面十条标准；听与说是两个方面六条标准；语言领域是三个方面六条标准。这一框架与具体的标准内容跨越了 K-12 所有的年级。

表 4-8　逐级细化的英语内容标准——以“读”为例

领域	核心概念与要点	具体标准
读	主要观点和细节	1. 仔细阅读，能明确文本所表达的内容并做出相关的逻辑推理；在使用文字和语言来表达对文本所得结论的支持时，能引用特定的文献依据。
		2. 确定文本的中心思想或主题，并分析观点和主题的发展；概括重要的支持性细节与观点。
		3. 分析文本资料中个体因素、事件和观点的发展方式与原因，以及它们的相互作用。
	风格和结构	4. 解释文本中的词汇与短语，包括确定其技术性的、隐含的和借喻的意义。对特定的文字选择是如何表现不同的含义和呈现不同的语言色彩进行分析。
		5. 分析文本结构，包括具体的句式、段落以及文本的较大部分与其他部分或整体间的关联。
		6. 对文本的观点和写作意图如何体现其内容和风格进行评价。
	知识与观念的整合	7. 整合和评价不同格式与媒体所呈现的内容，既包括视觉化和量化的内容，也包括文字表达的内容。
		8. 描述和评价文本所陈述的论点和具体主张，包括论证的正确性和依据的相关性和充分性。
		9. 分析更多表达同类主题或话题的文本材料，以建构知识或比较作者使用的写作方法。
	阅读范围与文本复杂性	10. 能够独立、熟练地阅读并理解较复杂的文学作品与信息文本。

纵向上的表现水平体现在同一内容在不同年级的不同表现要求上。表 4-8 中的第一条内容标准：“1. 仔细阅读，能明确文本所表达的内容并做出相关的逻辑

推理；在使用文字和语言来表达对文本所得结论的支持时，能引用特定的文献依据。”体现在不同年级阅读信息类文本的具体要求见表 4－9。它清晰地描述了每一个年级的学生在这条内容标准上的不同要求。①

表 4－9　各年级的信息类文本阅读标准

年级	标准描述
K	在提示和支持的情况下，提出和回答文本中关键细节的问题。
1	提出和回答文本中关键细节的问题。
2	提出和回答如人物、事件、地点、时间、原因和手段等问题，以证明理解了文本中的关键细节。
3	基于文本提出和回答问题，以证明理解了文本。
4	当解释文本具体内容，并由文本得出推断的时候，要涉及文本的细节和例子。
5	当解释文本具体内容，并由文本得出推断的时候，要准确引用文本。
6	引用文本证据为分析文本明确表达的内容和由此得出的推论提供支持。
7	引用多个文本证据为分析文本明确表达的内容和由此得出的推论提供支持。
8	引用最有支持性的文本依据为分析文本明确表达的内容和由此得出的推理提供支持。
9	引用具有说服力的、全面的文本证据为分析文本所明确表达的内容和由此得出的推论提供支持。
10	引用具有说服力的、全面的文本证据为分析文本所明确表达的内容和由此得出的推论提供支持，明确文本中偶然事件的发生。

有了比较明确的年级课程目标，教师们在叙写主题/单元或课时的目标时，结合具体的教材内容和学情，就比较好把握了。

（二）分解课程标准的程序与策略

当前我国各学科的课程标准大都以学段目标方式来呈现，在目标的陈述上往往是概括的、笼统的、模糊的。这就需要教师和学生一起把课程标准中的课程目标转化为具体的单元/主题或课时的目标。要实现这种转化，需要采用一定的目标分解策略和程序。如“能用普通话正确、流利、有感情地朗读课文”，这条目标在义务教育语文课程标准中的每一个学段中都有，我们如何将其分解为具体的单元/主题或课时的目标呢？

第一步，寻找关键词。从一条课程标准中找出行为动词和这些动词所指向的

① 周文叶．共同的核心　明确的高期望——美国 CCSS 对我国基础教育质量标准研制的启示[J]．教育发展研究，2013(24)．

核心概念(名词),或修饰它们的形容词、副词等修饰词和规定性条件,作为关键词,并予以分类。在"能用普通话正确、流利、有感情地朗读课文"这条目标中,动词为"朗读",动词所指向的核心概念(名词)是"课文","正确、流利、有感情"是修饰朗读的副词,它们都是这一目标的关键词。

第二步,扩展或剖析不清晰、不具体的关键词。如果一条目标中的关键词已较为清晰,那就不需要对其进行分解了。如果在具体的情境中,某个关键词尚未清晰,那就需要对其予以扩展或剖析。以"正确、流利、有感情地朗读课文"为例:对整个义务教育阶段来说,其中的核心概念(名词)——"课文",不同的学段、不同的年级、不同的单元在文本的内容、篇幅、数量、类型等文本复杂程度上是不同的。但具体到教某一个单元或某篇课文,在我国教材已经编制好,教师们基本不用考虑这个问题的背景下,不需要在核心概念上有过多的纠结。动词"朗读"也不需要分解。那么需要剖析的就是副词"正确、流利、有感情"。比如,有所学校二年级语文教研组,通过讨论,将其拓展为"声音洪亮,吐字清晰,读音标准;不丢字,不加字,不读错音;能比较好地运用停顿、重音,读出文章感情;不指读,站姿或坐姿正确,双手拿书,眼离书本一尺远"。

第三步,分析教学内容,叙写目标。教材是专家们依据课程标准编写的,特定的教学内容总是指向于特定的课程目标。教师在分析单元/主题或课时目标的时候,要明确本单元或课时的教材内容所指向的课程目标,然后再结合第二步剖析好的目标,依据学情,叙写具体目标。叙写目标时有以下几点需要注意:第一,行为主体必须是学生,因为,所有的目标指的都是预期的学生学习结果。规范的目标开头应该是"通过本单元的学习,学生将……",书面叙写的时候可以省略。第二,单元/主题或课时目标中的行为动词必须是可观察、可测量的具体行为。第三,明确学生学习表现或学习结果所要达到的最低表现水准,即表现程度。例如,有一位教师在上苏教版语文三年级的一篇课文《小稻秧脱险记》时就确定了这样的目标:"能声音洪亮,不丢字、不加字,读音错误少于三个字;能运用停顿、语气词和重音,读出文中杂草、小稻秧和喷雾器的不同性格特征。"

需要说明的是,目标的具体化虽然有一些策略和程序可循,但最终有赖于教师对课程标准的把握以及教师自身的教学经验与专业判断。教师应依据教学经验与专业素养,将所展开的概念聚焦到最适合学生学习、最能满足学生需求,并能适合自己的教学的重要概念上。同时要考虑:(1)不同领域目标在同一学习阶段的横向衔接,同一领域目标在不同学习阶段的纵向连贯;(2)目标必须基于学生的已有经验，且应为大多数学生能达成的。另外，课程标准中的目标与单元/主题或课时的目标并不是一一对应的。课标中的某一条目标并不一定是通过某一个单元就能实现的，可能需要不同的学习内容来达成；而某一主题的内容所指向的也可能并非某一条目标，而是涉及课程标准中的多条目标。

三、明确学习证据

界定好了一条需要表现性评价去评价的目标，下一步就是决定如何知道学生什么时候达成了这条学习目标，也就是学习的证据。学习的证据就是证明学生已经学会了什么，明确它，将是接下来设计表现性任务和开发评分规则的基础。

明确学习证据作为表现性评价开发过程的一个部分经常被教师们忽视，但如果在这个时候没有界定清楚学习证据是什么，那么学生完成的任务就不一定是我们所期望的。一旦界定好了学习证据，就可以开始开发任务，要求学生展示我们所期望的学习表现。

明确学生将要提供的学习证据，需要依据前面界定好的目标进行详细分析。有时，我们界定的目标是让学生展现一个过程，有时却是一个结果。像"当上交化学实验药品时，运用张贴的安全程序"就是让学生展现过程的例子。有时候，虽然我们的目标仍然关注过程，但这个具体的过程只是学生需要掌握的内容之一，最终需要关注的点却是学生得到的结果。像是准备一篇关于火山爆发的成因的研究论文，学生可以有许多好的方法来完成这个任务，但是焦点是最后的结果。

那么，在具体的评价设计中，我们如何来确定什么时候侧重于评价过程，什么时候又该聚焦于评价结果呢？一般而言，如果我们能肯定地回答以下问题，就应将评价目标聚焦于学生的学习过程：

（1）在教学过程中，你教学生运用某一特殊的程序吗？你自己能清楚地说明其步骤吗？

（2）你能准确评价一个学生偏离可接受程序的程度吗？

（3）学生学习目标达成的大部分或所有证据是否可在表现过程中收集到？你需要的评价证据是否很少在结果中？

（4）你是否有足够的时间和其他支持来对学生使用的程序进行观察、记录和评分？

如果我们能肯定回答以下问题，则要将评价目标聚焦于结果：

（1）你能准确、客观地评价结果吗？

(2) 关于学生学习目标达成的证据中，是否大部分是在结果中找到的？你需要的证据是否很少在学生表现过程或方法中？

(3) 你是否能确定合适的步骤来完成某一学习目标的表现？你是否能教授这一套特殊的程序？虽然每个人都知道步骤，但它们是否很难表现？

(4) 你有足够的时间或其他支持来评价结果吗？

当然，有时候结果和过程是相同重要的证据，即要求学生在特定过程中得到一个结果，如根据教科书中提供的步骤来写一篇研究论文。至于到底侧重于哪一个，或者两者兼顾，则取决于我们要评价的目标。

链接：

如何确信所确定目标是合适的？下面提供了评价这些目标的标准，或可在确定目标时为我们提供参考。

1. 评价目标在课程和实际生活应有的广阔情境中是否具有重要意义？所选择的评价目标应该指向最重要的部分；它们应该包括高水平的内容目标，反映一些长远的，和现实生活相关的目标，包括复杂思维、信息处理、有效交流、适宜的思维习惯和合作目标。

2. 评价目标是否在评价情境外是真实且忠实于任务表现的方法？所选择的评价目标的呈现方式，学生会同样应用于完成真实生活中需要完成的类似的表现性任务。它们会反映一些因素，诸如在真实世界中完成表现性任务所需的资源、结构类型和帮助(如支架)。

3. 是否将一个普适的达成框架应用到你的评分规则中？评分规则(将在下文详述)是为表现性任务而特地设计的，但同时也应适合于一个总体计划或普适的评分规则框架，这样可以轻易地看出一个学生在不同的情况、不同的时间下在同一个类型的几个类似的任务中的表现。这一普适框架可以使你和其他教师在同一课程的不同任务中达成评分规则的一致性。

4. 确定的目标在一个更宽泛的教育能力框架中是否合适？选定的目标应该：(1)用一种合适的教育发展的方式来表达，这样可以使新手到专家的进程变得容易；(2)置于更宽泛的框架中，但应适合你评价的学生的年级和年龄水平；(3)描述每一水平期望的表现。

5. 确定的目标是否容易被学生、家长和教师理解？所选定的要评价的目标应该用语言清楚地表达，使学生、家长、教师和社区人员都能够轻易地理解它们。可以分别用朴实的语言模式和技术模式来呈现，前者面向学生和家长，而后者则面向同一学科领域的其他教师。

6. 是否有利于学生学习的改进？确定的目标和它们的集合应该聚焦于能提高学生学习的那些表现的特征；应该能够与学生（或其他人）交流那些提高他们的学业必须关注的内容。

资料来源：Nitko, Anthony J.. *Educational Assessment of Students* [M]. Upper Saddle River, New Jersey: Prentice Hall, Inc. ,2004:258.

第五章
表现性任务的设计

界定好评价目标，就可以开始设计表现性任务了。那么，表现性任务有哪些类型？设计表现性任务应采取怎样的步骤？什么样的表现性任务才是高质量的，有什么判断标准？这些都是本章要探讨的问题。

第一节　表现性任务的涵义与类型

评价是基于证据的推理，证据，就是学生完成特定任务的表现。不同的评价目标，学生需要完成的任务类型也不同。在表现性评价中，需要学生完成的任务称作表现性任务。在着手设计表现性任务之前，我们首先来了解表现性任务的内涵及其具体表现形式。

一、什么是评价任务

评价任务是什么？和我们平时说的试题是什么关系？就课堂而言，评价任务与学习活动又是什么关系？

（一）试题与评价任务

在长期的“考试”话语体系的统治下，教师们往往将检测学生学习目标达成的任务狭隘地理解为在总结性评价中实施的诸如填空、选择、简答等“试题”——尽管他们在平时的教学和评价实践中并不是这样做的。而当被告知要设计一个与目标匹配的评价任务时，很多老师就不知道该怎么做了。评价任务到底是什么？它和试题是什么关系？

评价任务(assessment tasks)和传统的试题(items)都是为了检测学生是否达成特定的目标而设计的要求学生完成的任务。关于试题的比较经典的定义是:教育和心理属性测试中的一个测量单元,具有刺激情境和对应答形式的规定,其目的是要获得被试的应答,并根据应答对被试的某些心理建构方面的表现(如知识、能力等)进行推测。[①] 这一定义说明试题必须包含的两个基本要素:任务的刺激情境及对应答的规定。同样,所有的评价任务都必须包括这两个基本要素。当然,这里的任务刺激情境和对应答的规定都是为了检测前面所确定的评价目标而设定的。

评价任务在内涵上和试题是一致的,只是在外延上要大于试题。试题主要是在传统的纸笔测验的语境中来说的,而评价任务除了以试题的形式出现,还包括了其他形式,比如要求学生面对观众进行演讲,在化学实验室里进行实验操作,在教学情境中展开师生问答,等等。威金斯和麦克泰就将评价任务分为三种类型:测验和考试、学术讨论(描述一个主题、情境或情形,用以诱导学生以某种方式做出反应)、表现性任务和方案策划。[②] 在这里,测试和考试就是我们传统上说的试题,学术讨论和方案策划可以包含在表现性任务中。

(二)学习活动与评价任务

现在,我们已经知道要基于要评价的学习目标来设计合适的评价任务,但我们也必须同时认识到,不是所有的课堂学习活动都是评价任务。我们在教学中会采取许多学习活动来引起学生的学习兴趣,提供学生实践的机会,丰富学生的经验。这些活动可能都是指向学习目标而设计的,但只有当你以评价为目的而不是作为实践和扩充知识的机会来规划评价任务时,评价任务才作为一种评价手段。评价任务必须内在地包括所要检测的目标和对学生表现进行评价的依据。

这也不是说评价任务必须和实践以及扩充知识的活动完全不同,只不过我们采用评价任务主要是为了收集学生在具体学习目标上的进步信息,而不是作为学生达成这些学习目标的活动。这种区别类似于形成性评价和总结性评价的区别。也就是说,我们采用活动作为非正式的获取学生形成性进步信息的机会,而总结性

---

① Osterlinter, S. J. . Construction Items: Mutiple-Choice, Constructed-Response, Performance, and Other Formats. Boston/Dordrecht/London: Kulwer Academic Publishers. 转引自:雷新勇. 试题命制的理论和技术(一)[J]. 考试研究,2008(1).

② [美]Grant Wiggins, Jay McTighe. 理解力培养与课程设计——一种教学和评价的新实践[M]. 么加利译. 北京:中国轻工业出版社,2003:21.

评价要求聚焦，从你特别设计的活动中获取高质量的信息。评价不单是纯粹的活动。好的评价活动必须要求与目标的匹配，评价要能反应并描述学生在目标上的达成程度。而课堂学习活动并不一定需要具备这些要求。

二、什么是表现性任务

表现性任务(performance tasks)，台湾学者译为“实作作业”，是表现性评价的核心要素之一。和所有的评价任务一样，表现性任务是为了检测学生在特定目标上的达成情况而设计的作业，旨在引发学生的表现行为，从而收集学生表现的证据，作为评价学生学习情况的依据。因此，它也必须包含任务的刺激情境和对应答的规定这两个基本要素。当然，表现性任务的情境强调真实性，突出任务与真实世界的关联；在对应答的规定上，它不是简单的选择答案，而是需要建构答案的复杂表现或是产品的完成。另外，由于是真实或模拟真实情境中的任务，有时候需要对受众加以说明。

表现性任务的情境创设是非常重要的，对学生来说，这是对为什么这个任务值得去做的说明和解释。情境应当对学生参与这个任务具有吸引力和“邀请性”。情境一般包含背景和一个核心问题。背景就像诱饵一样把学生引入这个任务，而核心问题是需要学生去寻找解决方案从而展现出期望他们达成目标的问题。这样的问题是开放的，它应当要求学生去寻找各种可能，为学生提供了一个探究的机会。这样的问题是复杂的，它应当要求学生搜索、分析和综合信息，使学生投入到探究中去。这样的问题是学生值得去做的，他们对找到这个问题的解决方案感兴趣，其可能的解决方案不是简单地基于一些观点，而是基于现实与事实。

表现性任务中对应答的规定，我们通常称之为“任务指导语”。任务指导语就是通过语言的描述让学生明白期望学生去做的是什么，最终的产品或表现是什么。比如，设计一个产品，操作一个实验，分析一个观点，等等。很多时候，任务设计者认为是明白的，但对于学生来说往往就未必了。具体描述的时候需要考虑学生完成任务的一些相关因素。假如学生没有先前的相关经验，你需要提供一个如何完成任务的比较详细的说明。

表现性任务中的受众说明可以帮助学生更好地理解产品或表现出所希望展现的东西。受众，是真实性任务的必然组成部分，因为真实性任务如果没有真实的受众，那么就实现不了要达成的目标。受众同时为学生的学习提供了更多的意义，促使学生更负责任地去完成高质量的任务。最好的受众是那些对学生的表现感兴趣的人们;受众最好经常来自校外。然而,很多时候,模拟受众也是可以的。表现性任务可以运用模拟的受众,比如模拟公司老板对学生进行面试,或者是面对一组潜在的客户进行交流。

最后,需要说明的是,表现性评价的承诺之一是它们更重视问题解决、理解、批判性思维、推理和元认知过程,我们不能简单地认为任何动手的、操作的任务都能促进问题解决技能、推理能力或者复杂思维模式的发展。设计好的有关几何定理方面的开放题可能是需要复杂认知能力的,也可能只需要记住特定问题的答案就行了。这取决于问题的新颖程度和学生的先前学习经验。判断一个评价任务涉及的认知复杂性程度首先需要对任务进行分析,同时还需要考虑学生对问题的熟悉程度以及学生解决问题的方法等。

三、表现性任务的类型

我们熟悉的客观纸笔测验通常有填空、判断、单项选择、多项选择、匹配等多种试题类型。同样,表现性评价也有多种多样的任务类型,在不同的情境中,针对不同的评价目的、评价目标和评价内容,表现性任务需要采取不同的评价任务类型。

(一) 表现性任务的分类

由于表现性评价目标的复杂性和综合性等特点,相应地,其任务类型也显得丰富多彩。表现性任务都有哪些类型？对这个问题的回答,不同的人往往有不同的答案。斯蒂金斯认为:"表现性任务的类型包括建构反应题、书面报告、作文、演说、操作、实验、资料收集、作品展示。"①尼克(A. Nitko)则认为表现性任务包括:结构性表现任务、自然发生或典型的表现任务、学生个人或小组的长期项目、档案袋、演示、实验、口头表达或戏剧表演、情境模拟等。② 芬奇(F. Finch)和道斯特(M. Dost)将表现性任务类型分为六种,分别是两步式问题(学生可以选择一个答案,然后对自己的选择做出解释)、类似于多项选择测验的问题(学生自己给出一个简短的、多重考虑的答案)、简短的回答和问答题(允许有不同形式的正确的答案)、用纸

---

① Stiggins, Richard J.. Design and Development of Performance Assessments [J]. *Educational Measurement: Issues and Practice*, 1987(3).

② Nitko, Anthony J.. *Educational Assessment of Students* [M]. Upper Saddle River, New Jersey: Prentice Hall, Inc., 2004:239.

笔模拟实际情境的问题、模拟情境下的表现、真实情境下的表现。①

为了更清楚地认识表现性任务的类型,以及彼此之间的关系,我们可以对表现性评价进行分类。按照不同的标准,表现性任务有不同的分类方法。

1. *按照真实性程度来分*

从真实性程度来看,表现性评价可以分为纸笔的表现性任务、辨认的表现性任务、结构化的表现性任务、模拟情境的表现性任务以及真实样本的表现性任务。②纸笔的表现性任务虽然也用书面形式进行,但比传统的客观纸笔测验更加强调把知识与技能综合应用到更具有社会真实情境的问题解决上去,诸如方案设计、常规作文、文学作品构思、撰写读书报告、制定活动流程、根据图示写出使用某产品的操作步骤或写出某动作的要领,等等。辨认的表现性任务要求学生运用所学知识和技能辨认实际问题,如辨认正确的发音或指令,辨认某种机器设备故障的原因,辨认完成某种科学实验所需的工具材料与程序,辨认不同的化学物质,辨认不同的植物等。不管怎样,辨认的表现性任务总是要求被评价者具有深刻理解问题和情境的知识与技能。结构化的表现性任务要求学生在标准、规范和程序化的情境下完成实际作业,以便了解学生是否系统掌握完成操作所需的知识技能,是否熟悉结构化情境下的操作程序和规范。模拟的表现性任务要求学生在模拟情境下,完成与真实作业相同的动作或行为。真实样本的表现性任务是真实性最高的一种表现性任务类型,其要点有两个,一是强调在真实情境中进行"实作",即实际操作;二是只要实作片断,也就是获取样本。当然,许多表现性任务都是在模拟情境中进行的,因为真实情境很难获得,或是真实情境花费太昂贵、不可能或太危险以致不能采用,甚或还有其他一些不切实际的原因。上文引用的芬奇和道斯特的分类方法也正是按照真实性这一标准划分的。

2. *按照自由程度来分*

从自由程度来看,表现性任务可以分为限制反应式表现性任务和扩展反应式表现性任务。简单地说,前者是对学生的表现形式方向作了一定限制的一种表现性任务,它对表现任务通常描述得很明确,结构性比较强。后者是只对学生提出任

---

① Finch, F. L. & Dost, Marcia A.. Toward an Operatioanal Definition of Educational Performance Assessments [EB/OL]. http://eric. ed. gov/ERICWebPortal/custom/portlets/recordDetails/detailmini. jsp? _nfpb = true& _ &ERICExtSearch_SearchValue_0 = ED353287&ERICExtSearch_SearchType_0=no&accno=ED353287.

② 黄光扬. 新课程与学生学习评价[M]. 福州:福建教育出版社,2005:161.

务主题而对其表现不加限制的一种表现性任务，它可以要求学生在任务本身所提供的信息基础上，从不同渠道去查找信息。例如，学生可以通过到图书馆查阅资料、观察、收集和分析实验中的数据、设计一个调查、使用计算机检索等方式搜集资料。林与格朗兰德在《教学中的测验与评价》中列举了限制反应式表现性任务和拓展反应式表现性任务所能检测的复杂学习结果(表 5 - 1)。①

表 5 - 1　表现性任务的类型

任务类型	可被测量的复杂学习结果
限制反应式表现任务	能力： 大声朗读 用外语问路 设计一个表格 使用一种科学仪器 打字
扩展反应式表现任务	能力： 建造一个模型 收集、分析和评估数据 组织观点、创作一种视听作品，一个内容完整的演讲 创作一幅画和演奏一种乐器 修理一台机器 写一个具有创造性的小故事

3. 按照表现方式来分

不同的表现性任务有不同的表现方式，就此我们可以将表现性任务分为表达性评价、操作性评价和动作性评价。表达性评价主要考核学生的语言交流能力，包括口头语言表达和书面语言表达。操作性评价是为了检查学生的实践动手能力，要求学生完成一系列技能动作，如实验操作、演示。动作性评价主要是针对表演、体育技能等而进行的评价。

4. 按照完成任务的时间跨度来分

简短型任务、事件型任务和延伸型任务是根据完成任务的时间跨度来划分的三种表现性任务类型。简短型任务评价通常用来判断学生对某一知识领域的基本概念、程序、关系以及思维技能的掌握情况。这些任务通常用几分钟就可以完成，

---

① [美]Robert L. Linn, Norman E. Gronlund. 教学中的测验与评价[M]. 国家基础教育课程改革“促进教师发展与学生成长的评价研究”项目组译. 北京：中国轻工业出版社，2003：178 - 183.

因此在一次评价中可以把几个简短评价任务结合使用。这种任务的例子包括开放式的任务、改进的选择题以及概念图。事件任务是用来评价诸如写作流畅性和问题解决技能等更广泛的能力的。尽管事件任务经常以具体的学科领域为基础，但它们的设计不仅仅是用来揭示学生知道什么的，还是用来揭示他们应用知识的情况的。通常这些任务需要一段更长的时间来完成。在美国，许多州正使用事件任务作为他们阅读—写作评价的一部分。如马里兰州已经为中学生研制了一个三日一体的阅读和写作表现性任务。延伸型任务是一种长期的、多目标的项目，在一个学期或一个学习单元的开始可能就被分配下来。通常，在学生解决这些富有挑战性的任务时，教师会设计一些活动和里程碑式的事件来为他们提供支持。许多持续性任务采取某一具体学科领域长期项目的形式，也有一些持续性任务被当作一门课程结束时通过的仪式以及掌握程度的展示。①

5. 按照完成任务的人数来分

一般而言，一些简短评价任务通常是由单个学生独立完成，这同时也是为了检测其独立思考的能力。而复杂的评价任务经常让学生以团队或小组的方式来合作完成，这同时考查了他们的合作能力。因此，按照完成任务的人数来分，我们可以将其分为独立型任务和合作型任务。

6. 按照侧重点来分

表现性任务和传统的客观纸笔测验的区别之一就是，它不仅评价学生学习的结果，同时也很注重对学习过程的评价。因此，按照侧重点的不同，可以分为针对过程的表现性任务和针对结果的表现性任务。过程是指学生按照一定操作步骤完成任务的过程，作品是指学生在完成过程后得到的切实成果。比如，学生使用木工工具制作一件家具就是过程，而制作好的这件家具就是作品。

(二) 常见的表现性任务形式

在这里，我们介绍几种常见的表现性任务形式。

1. 纸笔任务(paper-and-pencil tasks)

表现性评价中的纸笔任务有别于传统的客观纸笔测验，但也不需要借助于其他设备或资源。表现性评价中比较典型的纸笔任务是论述题和问题解决题。论述题也就是扩展反应式论文题，它不像限制反应式论文题那样在内容和形式上都受

---

① [美]Diane Hart. 真实性评价——教师指导手册[M]. 国家基础教育课程改革“促进教师发展与学生成长的评价研究”项目组译. 北京：中国轻工业出版社，2004：7 - 12，69 - 95，177.

限制，相反，它的特点就是回答自由。它的回答自由体现在允许答题者先行挑选任何他们认为相关的事实信息，继而根据自己的最佳判断来组织相应的答案，整合并评价他们认为合理的观点。也正是这种自由，使得它能检测分析问题、组织观点、用自己的话表达和发展一致连贯的论据的能力。以下是论述题的例子：

例1：在《像山那样思考》一文中，狼的嗥叫对于牧牛人和猎人来说意味着什么？为什么只有山能够"客观"地听狼的嗥叫？你怎样理解"这个世界的启示在荒野"这句话？

例2：比较《劝学》和《师说》这两篇古代论说文，作者为了阐明自己的主张，分别运用了哪些论证方法？请结合文章内容说说运用这些方法的好处。

例3：科学地评价哥白尼的太阳系理论。请用科学观察支持自己的陈述。

问题解决题给予学生一个问题情境或任务，要求学生展示某种程序和正确的解决方案。问题解决题能测量大量的内容或目标，最适合检测那些要求在问题情境中应用知识或技能的学习目标，并且能将猜测最小化，比选择题和匹配题更容易编制。下面例4就是问题解决题的例子。该评价任务设置了一个模拟真实的情境，要求学生呈现问题解决的思维过程，以检测学生的数学问题解决能力。

例4："汽车为什么不动"①

亮亮坐在行驶的汽车上，透过车窗，看见远处的雪地上一辆汽车正在爬坡。突然汽车熄火了，停在了坡中央。当汽车再次发动后，汽车的后轮只是空转，却不动地方。你能想办法解决此问题吗？说说你的办法和理由。

本题要解决的问题实质是如何增大摩擦，与之相关的知识点是：增大摩擦的方法（一是增大压力；二是变滚动为滑动；三是增大接触面的粗糙程度）。结合题中所展示的情境，可以利用"增大接触面的粗糙程度"来解决问题。因此，题目的答案可以是：在汽车的后轮前方垫些砖头、碎石、沙等物体；理由是：接触面粗糙，可以增大摩擦力。

2. 展示

展示，需要学生能使用知识和技能来展示一个良好界定的复杂任务。展示不像项目那样历时长久，也不如它复杂。展示的任务一般都是良好界定的，并且学生和评价者都知道正确的解决方向。然而它也允许个体间有所差别。当学生展示

---

① 刘伟."问题解决题"思维程序初探[J].中学物理，2011(8).

时，他所采取的风格和方法都会被考虑在评价之内。在学习过程中，学生需要通过适当的技巧来展示他们的技能。例如：

(1) 展示做面包前揉捏面团的动作；

(2) 展示使用显微镜来观察污点的滑动；

(3) 展示在绳子上爬行；

(4) 展示在因特网上查询信息。

一般而言，展示关注的是学生如何使用他们掌握的知识技能，而不是看他如何解释他的思考或者表述现象背后的原理。

3. 实验与调查

实验或调查是学生制订计划、执行计划，并且解释实验研究（调查）结果的过程。研究关注回答具体的问题(如，是否本校大多数学生都支持法律规定的死刑?)或者验证具体的研究假设(如，醒目的广告更易于人们长久记住它)。实验或调查包含了发生在自然或者社会科学领域的广泛的研究活动，也包含实验或小组控制实验。它们可以由学生个体执行，也可以由小组合作执行。

实验或调查评价的是学生是否能合理运用所要检测的技能，可以评价学生是否掌握了合适的概念框架或理论，以及对研究现象的基于原理的阐释。评价后者，需要关注学生的文献资料质量，他们对研究问题的理解，他们如何设计研究，他们列举的问题和假设的质量，他们对数据间关联关系所提供的解释。通过实验或调查来进行评价，特别需要关注学生在以下学习目标维度的达成：

(1) 在收集数据之前做估算和预测；

(2) 综合数据，分析数据，展示数据结果；

(3) 得出结论，并引用收集到的合理资料来支持结论；

(4) 陈述假想，确定方法或数据上可能的错误来源；

(5) 有效地交流实验或调查结果。

4. 口头表达与角色扮演

口头表达要求学生以访谈、演讲或其他口头表述方式来展现他们所掌握的相关知识，运用他们的口头表达技能。明确学习目标是口头表达特别要强调的一点。例如，在口语交际课中，许多学习目标关注的是表达的风格和交流技能，而不是内容的正确性。流利地讲一口外语是外语课程的重要目标。演讲是口头表达的重要形式之一，而辩论则是另一种。辩论是双方学生就一个问题进行逻辑性辩解，其评价关注逻辑性和辩解的说服力。

角色扮演将口头表达、展示与表演等综合在一起。学生基于他们对小说或历史人物的理解,通过扮演角色来展现人物立场和性格。

5. **项目**

通过项目(或称课题),我们可以评价学生综合运用知识的能力。项目(课题)可以由学生独立完成,也可以合作完成。

学生个人项目(课题):个人项目的结果可展示为一个模型,一件科技作品,一个真实报告,或一项收集。下面是一些学生个人项目的例子。

(1) 收集假期里的报纸杂志广告,并给它们分类;

(2) 使用本学期所掌握的手工工具做一件小家具;

(3) 用本单元所学的光学原理制作照相机的工作模型;

(4) 收集和运用资料,写一篇研究报告,分析在初选时选民人数稀少的原因。

一个经过完整设计的项目要求学生应用并整合一系列的知识技能。举例来说,在写研究报告时,学生将应用资料搜索、文献引用等技能,以列提纲,组织结构,计划报告,使用书面语言遣词造句等形式呈现以及展示他对主题的理解等。一个好的项目任务将促进学生思维的严谨性、创造性以及问题解决等多项能力。虽然一般来说,项目在教育活动中都很有价值,但是它们作为学生个人的评价工具的效用要取决于评价者的设计。

小组项目(课题):小组项目要求两个或者两个以上的学生一起合作完成。将小组项目作为表现性评价的类型之一,主要是要评价学生是否能合作完成高质量的成果。小组项目的评价目标取决于学科性质以及学生的水平。

链接

中学历史课程中的一个小组项目

历史调查:最近几年,人们对哥伦布的历史角色颇有争议。他是一个英雄还是一个恶霸呢?当我们去研究哥伦布时,我们会浏览一大堆由不同历史学家编写的充满了不同见解的资料。

合作小组至少选择两种资料来源,且这些资料都描述哥伦布发现新大陆这个事件,却相互冲突。讨论资料中的矛盾之处,找出历史学家秉持不同观点的原因。处理已获取的资料信息，说明冲突的根本原因所在，或者提供具体情节来澄清冲突。

小组成员向班级解释为什么历史学家报告同一件事情时会有如此的区别。另外，还需要向班级同学提供解决冲突的想法。小组的报告可以以剧本表演、小组讨论，或辩论等方式来展现。

项目为期三周。每周五由一位小组成员向大家报告过去一周的项目进程、任务解决过程中遇到的问题以及下周的项目进展计划。

将从以下几个学习目标维度对每位小组成员进行评价。

▲ 社会研究(Social Studies)

理解历史记录受历史学家观点的影响；

你对哥伦布发现和占领新大陆这一事件的看法。

▲ 复杂思考：历史调查

界定并解释历史事件的不确定性和冲突；

为历史事件的不确定性和冲突提出一个逻辑合理的解决办法。

▲ 有效交流

为不同的目的进行交流；

用不同的方法进行交流。

▲ 合作学习

与其他学生一起合作成功完成项目(课题)；

为班级同学贡献好的想法，呈现搜索到的资料；

通过不同的活动，帮助组员一起成功完成项目(课题)。

资料来源：Marzano, R. J.; Pickering, D. & McTighe, J.. *Student Outcomes: Performance Assessment Using the Dimensions of Learning Model* [M]. Alexandria, VA: Association for Supervision and Curriculum Development, 1993:60.

小组和个人结合的项目(课题)：在小组和个人结合的项目(课题)中，小组成员一起合作完成长期项目(课题)，在项目(课题)结束后，个人准备好自己的报告，不得借助同组其他人的帮助。当项目(课题)复杂，并且要求几个学生在合理时间内展现合作能力来共同完成时，这种结合的方法很有用。这个学习目标要求学生有能力准备最后的报告，自己解释结果等等。在这种情境中评价学生，需要同时准备小组和个人的学习目标以及评分规则。

第二节　设计表现性任务

设计高质量的表现性任务并非易事,它需要灵感与汗水。由于表现性评价常用于评价比较高级的思维过程和学习目标,其复杂性决定了表现性任务的设计很难有固定的模式、套路可循,它需要根据特定的评价目的,特定的学习目标,以及可利用的时间等因素来进行综合考虑。但由于有着某些共同的特质,表现性任务的设计还是有一些一般步骤可供遵循的。

一、设计表现性任务的步骤

表现性任务的设计是一个复杂的过程。我们不应该期待能迅速创造出一个高质量的表现性任务,也不应该期望第一次设计的表现性任务草稿就能拿到真实的评价情境中去运用。我们需要通过几个步骤才能完成表现性任务的设计。

(一) 进行任务分析

在明确了为什么评(评价目的)和评什么(评价目标)之后,接着要进行任务分析,一是分析学生的已有基础,二是明确在达到这个学习结果的过程中学生将要经历的认知过程,即认知和学习模型(the model of cognition and learning)。表现性任务往往是很复杂的、具有挑战性的任务。挑战性的任务经常是模棱两可的,需要学生经历实验、收集信息、形成假设、反思和解决问题的过程。然而,问题的解决需要先前的知识基础和提出问题的技能,这些可以是先前教学的一个自然的结果。在设计表现性任务的时候,必须明确学生拥有的完成任务所必需的基础知识和学生自身所具备的特征。澄清这样的问题是很重要的:为了完成任务,需要具备什么样的基础知识和技能?因为,如果不回答这个问题的话,就不能确定所设计的任务对学生而言是否具有挑战性——适度地跳一跳就能摘到苹果?

学习模型描述了人在某一领域是如何表征知识和发展能力的。[1] 如果学习模

---

① National Research Council; et al. *Knowning What Students Know: The Science and Design of Educational Assessment* [M]. Pelligrino, J.; Chudowsky, N. & Glaser, R. (eds.). Washington, D. C.: National Academy Press, 2001:179.

型用来作为大规模的学业测试的设计依据,那么,运用某一学科领域核心概念结构发展的比较粗线条的模型就可以了;如果是课堂评价中对某一概念进行的任务设计,就需要相对详细的学习模型。[①] 概括地讲,学习模型是基于对某一群体在某一内容领域的实证研究,提炼出这一群体在这一领域是如何学习的:这一学习模型揭示了学习是如何产生和发展的,并告诉我们这一领域的学业成就中哪些方面是最重要的,应该评价的。然后根据具体的评价目标来选择相应的学习模型。[②] 这里需要说明的是,由于设计某一领域的一个成熟的学习模型需要大量的实证研究,在现有的条件下,现成的研究成果还只是局限在少数领域,因此完全根据学习模型设计评价任务有着现实条件上的制约。但这并不影响这样一个认识:教师需要考虑学生是怎样学习的,学生已有的基础如何,在此基础上完成这个任务学生要经历怎样的认知过程等问题。

图5-1是OECD开发的PISA2015合作问题解决能力的因素与过程分析图。也就是说,在设计合作解决问题的任务前,先要对任务进行分析,包括学生的先备知识和特征、合作解决问题的因素和过程、任务的特征等相关背景情况。

(二) 设置问题情境

明确了评价的目标,并进行了任务分析之后,接下来就可以结合具体的内容来设置问题情境了。随着认知建构主义理论的不断发展和成熟,评价任务情境反映真实情境中的复杂性受到越来越多的重视。新的学习观强调人的学习和专长的发展都是依托于具体的领域情境的。因此,为了能够正确评价学生的学习和专长水平,评价任务和问题必须要能还原学生在现实情境中解决问题的条件和过程。[③] 这在近些年TIMSS和PISA的评价任务设计中都得到了强调。

设置一个具体的问题情境时需要考虑以下几点:(1)这个情境是否能引发反映评价目标所需展现的表现或能力的问题?(2)问题情境是否能自然地激起学生的兴趣?(3)问题情境是否符合学生的认知发展水平?(4)问题情境是否能用学生理解的方式来描述问题,并能很好地突出问题的"困惑性"?(5)要考虑问题的可操作性:学生能否在给定的时间内,利用可找到的资源,进行充分的探究?(6)要考虑学

---

① National Research Council; et al. *Knowning What Students Know: The Science and Design of Educational Assessment* [M]. Pelligrino, J.; Chudowsky, N. & Glaser, R. (eds.). Washington, D.C.: National Academy Press, 2001:177-220.

② 豆雨松. 课堂评价任务的设计与使用[D]. 华东师范大学硕士毕业论文,2011:13.

③ 杨向东. 浅析评价人员关于"学生才能的理念"对教育评价实践的影响[J]. 全球教育展望,2008(12).

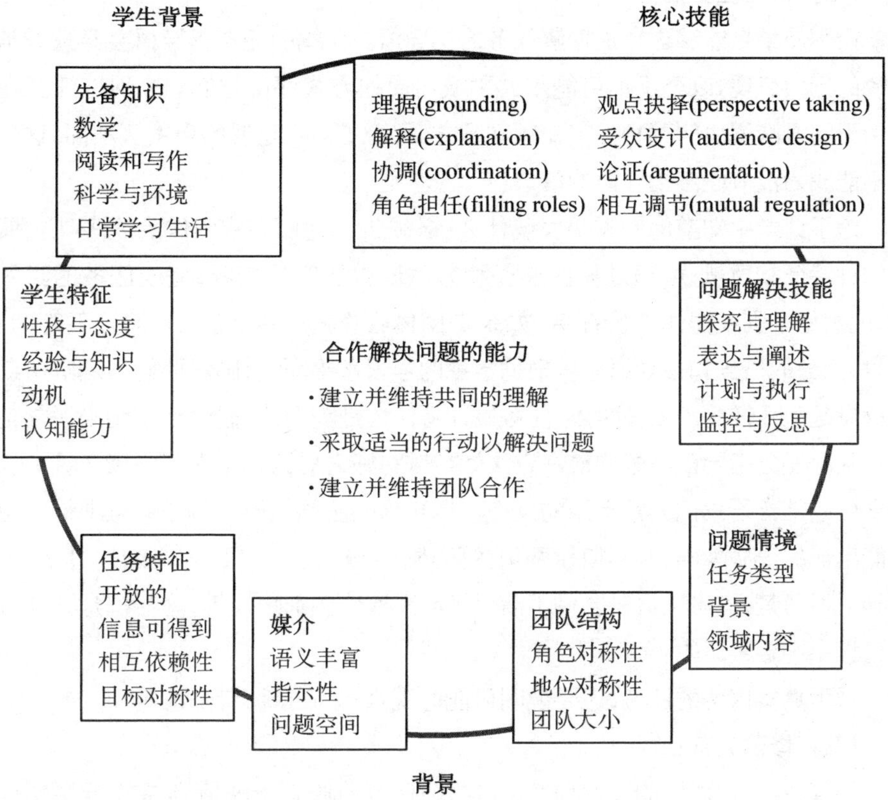

图 5-1　合作解决问题的因素与过程(PISA2015)①

生对于问题情境的熟悉程度,不能对有些学生是熟悉的,而对于有些学生来说又是很陌生的,否则就会产生公平性的问题。

因此,在设置问题情境时,我们需要选择一个对大部分学生都具有个人意义的问题情境;选择那些与所教学生的日常经验相符的问题情境;选择那些学生有能力将他们在课堂活动和样例中学到的知识和技能转化为相似的,对他们而言却较为新颖的问题情境。另外,问题情境的设置将熟悉的内容和新颖的内容适当地结合,让学生感受到挑战,但同时又不会很费力或是很陌生,以致产生挫败感。

---

① OECD. PISA 2015 Draft Collaboration Problem Solving Framework (2013)[EB/OL]. http://www.oecd.org/pisa/pisaproducts/Draft%20PISA%202015%20Collaborative%20Problem%20Solving%20Framework%20.pdf.

（三）撰写任务指导语

撰写使学生能够更好地理解任务的指导语。含糊的任务指导语会导致非常不一致的行为表现，以至于不可能用公平或可靠的方式评价它们。表现性任务在探究用不同方法解决问题和提出新颖问题方面，给了学生足够的自由。然而，这一特点不能成为没有任务指导语的借口。①

为了让学生知道他们需要表现什么，必须告诉他们完成的作品或表现应展现出何种特征和质量；可通过哪些途径和方法取得所需的资源；完成任务的时间规定；说明是个别或团体评价任务，如果是团体合作的任务，可以如何分工等内容。同时，任务的措辞和指导语应该根据学生的学习水平而定，确保他们能理解所期望的反应是怎么样的。很多时候，任务设计者认为是明白的，但对于学生来说却是未必。确保任务指导语清楚的最好方法就是撰写好之后请几个人帮你读一读。同事和学生经常会给我们非常有用的反馈。林和格朗兰德总结了将任务呈现给学生时可能出现的一些障碍，包括模棱两可的陈述，啰唆，词汇过难，句式结构过于复杂，指导语不清楚，描述性材料含糊不清，种族、民族或性别歧视等，这些都是开发任务的过程中需要避免的。②

对于真实情境的任务，还要说明可能的观众、听众或读者是谁。

（四）修改完善

尽管系统的、详细的开发程序可以减少任务的缺陷，但却不能完全避免错误的发生。许多在设计稿上看起来很好的任务可能是不成功的。因此，进行任务试验是非常重要的。否则当你用评分规则对学生的表现进行评分时，错误就会变得尤其明显，但此时“修改”任务就已经太晚了。当然，在使用评价任务前，先进行试验对于课堂教学来说几乎是不可能的。但是在使用评价任务前，让同事检查或修改开发好的任务，这是完全可能做得到的。其次，在使用完一个评价任务之后，运用所获得的任务中错误的相关信息来修订任务，并在新的班级中重新运用修订后的任务，从而不断完善任务的质量。

但是，运用于外部评价或是总结性评价的表现性任务，必须要先经过试验。

---

① ［美］Robert L. Linn, Norman E. Gronlund. 教学中的测验与评价［M］. 国家基础教育课程改革“促进教师发展与学生成长的评价研究”项目组译. 北京：中国轻工业出版社，2003：184－186.

② 同上书：81.

二、设计表现性任务需考虑的因素

虽然设计表现性任务的步骤为我们提供了大致的程序与要求，但要真正设计出高质量的表现性任务还需要考虑很多因素。这在上面的任务分析、情境设置和指导语撰写中都已涉及，在这里再进行集中说明。

（一）任务结构

任务应该结构化还是非结构化？任务的哪个部分需要得到结构化，需要达到什么程度？事实上，在一个极端，任务可能定义一个问题让学生来解决（结构化的）；在另一个极端，可能要求学生自己来明确问题是什么（非结构化的或是定义不良的）。在这两者之间，我们可以给学生搭建支架。支架是提供给学生的支持、指导和建议；可以建议学生如何解决问题，使用哪些书籍或资料，以及告诉他们最后作品的大致特征。这些建议和指导说明把结构加入了任务，因此，较少的支架意味着较少的结构。如果任务只需一个或两个程序或策略来表现或解决，那意味着任务有较好的结构。非结构化的选择意味着有更多正确的方法达到正确的答案或是完成作品。

（二）任务数量

总的来说，任务数量越少，所能评价的目标就越少。在评价中，任务数量取决于几个因素：(1)评价范围。将要运用的评价涵盖了多少教学——一个单元或是一节课？涵盖了一个单元中多少内容？评价范围越广，需要的任务越多。(2)评价目标的数量。复合的评价目标要求融合多种知识和能力，并可能需要更长的时间来表现。在这种情况下，时间限制了给学生这类任务的数量。但是，因为更多的时间花费在一个(最多几个)这样的任务上，信息的质量往往会更高。(3)完成每项任务的时间。作为实践，在一堂课的时间中只需实施一些任务。确定一个学生完成一项任务需要多少时间，并将这些时间分成课的长度，这有助于决定任务的最大数量。通常学生完成一项任务花费的时间比预计的要多，安排任务时要考虑到这一点。(4)所拥有的时间。任务的数量要根据所拥有时间的多少进行增加或缩减。(5)需要的诊断性信息。如果需要大量的细节来诊断一个学生的学习问题，就应该制定能提供丰富信息的任务。这通常意味着更少的任务，更具体的表现和更细致的反馈。如果评价是为了得到许多学生的诊断性信息，表现和评分的时间将会限制在每个学生身上使用的任务数量。(5)可用的人力资源。

(三) 完成任务的人数

学生在完成任务时能否求助于同学、老师或专家？是独立完成还是小组合作？评价目标指引着任务的构建。如果评价目标需要合作或协作学习(或使用其他基于小组的技能),就应该建立一个至少有部分需要使用小组活动的任务。

(四) 完成任务的时间

有些目标在较短的时间内就可以进行评价。比如,写一篇短文或一个说明,画一幅图,或是进行简单的实验。但是,许多目标需要学生完成一个长期的评价。例如,做一个观点调查并写成文章,建立一个城镇模型,为一个社区行动开发一个综合计划……这些都需要一个月或者更多的时间,并且许多工作需要在课后完成。任务时间的限制一定要与目标相匹配,而不是基于任务设计者/评价者自己的考虑。

(五) 任务表现样式

有的评价目标具体说明了学生应该以多种方式交流他们的知识,用多种方法来解决一个问题,或是用许多方式来表达自己的思维。当然,我们不能随意地去决定采用什么样式,或者采用多种样式,而需要将表现样式与评价目标联系起来。如果主流、单一的样式不是很适合所有的学生,那么就应该使用替换性的样式来适应他们。适应每一个学生的表现样式也是多元智能理念所倡导的。但是,必须关注评价任务中的内容所指向的评价目标。比如,如果评价目标旨在通过书面语言进行交流,则唱一首歌、用表情和行为来表达,或是画一幅画就显得不太合适,尽管这些都是替换样式。但是,如果目标关注内容理解、思维技能和问题解决,那么书面报告不是表达能力表现的唯一方法。即使你希望大部分学生用书面语言来表达他们的问题解决策略,你也可以通过运用其他替换性表现来评价某些学生。如果是为了充分发挥学生自己的优势,那么任务就应该允许学生在风格和方法上有更多的选择余地。

三、表现性任务:一个样例

下面给出的是一个理解体积的表现性任务。这个任务首先创设了一个情境,由背景和一个核心的问题组成。背景是一个百货公司货物包装工作的场景,核心问题是什么样的盒子形状最节约包装纸,即对盒子体积的理解。接着,为学生撰写了任务指导语:做什么和怎么做。其中包括最终要提交的任务表现形式和任务成果的内容,并给学生提供了解决任务的策略、建议等支架。最后,样例还给出了任务评价标准,这在下一章将会进行专门探讨。

例　理解体积的表现性任务①

这是一个包装工作。

你在一个百货公司负责货物的包装。每年平均有24000位用户在你的公司购买衣物,大约15%的用户希望能把他们的货物包装起来。在一个月内,公司卖出165件夹克衫、750件衬衫、480条裤子和160顶帽子。所有盒子的价格是相同的,每码包装纸价值26分。每卷包装纸1码宽、100码长。

作为包装部的经理,你自然希望为包装成本做一个计划,尽量节约资金。那么包装裤子、衬衫、夹克衫和帽子的盒子应是什么形状才会需要最少的包装纸?

你的任务:

给采购人一个书面报告形式的建议:

应分别根据裤子、衬衫、夹克衫和帽子定做大小不同的盒子;

所需要的包装纸的卷数;

一年大致卖出的裤子、衬衫、夹克衫和帽子所需要的包装纸的大约成本。

需要考虑的问题:

1. 衣服被折叠起来时,需要多大的盒子?当然,如果不胡乱折叠这些衣服的话,不同的折叠方式会需要不同形状的盒子。

2. 用很轻的能装进折叠过的衣服的纸板盒子进行试验(或用一大张纸做成一个盒子进行试验)。

3. 考虑是不是一些包裹的形状比其他的形状更容易包装,也很少有浪费。或许有些容易包装的形状却需要更多的纸——尽管很少有浪费。如果使用一个更大的盒子的话,你能提出关于一个盒子需要的包装纸总数与可能消除的浪

---

① [美]Grant Wiggins. 教育性评价[M]. 国家基础教育课程改革“促进教师发展与学生成长的评价研究”项目组译. 北京:中国轻工业出版社,2003:24.

费规律或一般法则吗？或者包装新的形状时增加的成本与用更容易包装的盒子时节约的纸相抵消？

4. 没有人在包装物品时可以不浪费纸。给出现实生活中所需的包装材料，在所需的包装纸数量中算进额外的包装纸成本和没有使用的或浪费掉的纸。

将根据下面的标准评价你的工作：

数学综合能力；

数学方法和推理；

工作效率；

报告质量；

工作准确性。

这是个有趣且有意义的任务。首先它来自真实情境，是一个真实性问题。其次，它对学生所要完成的任务的描述非常清晰，包括给采购人的书面报告中具体应包括哪些内容。再次，根据任务的复杂程度，它还给予学生以必要的提示。这可能增加了问题的结构性，但对于复杂程度略高的任务，倘若是出于促进学生学习的目的，一定的提示是必要且无害的。第四，它给出了同样清楚的对任务表现进行评价的标准，便于学生在操作中自评。

第三节　表现性任务的质量标准

表现性评价需要学生完成一定数量富有意义的任务，而非大量并不是很重要的任务，教师仅凭学生在有限任务中的表现作为评价的依据。需要特别注意的是，任务的类型和认知要求并不存在线性的对应关系。也就是说，表现性任务不一定就能检测高水平的认知，如果设计不好，表现性任务也可能只能检测低水平的认知。① 因此，任务的质量就显得尤为重要。无论是教师自己设计表现性任务，还是根据需要从现成的表现性任务中进行选择、改编，都需要清楚什么是高质量的表现性任务。那么，高质量的表现性任务要具备哪些特点呢？其判断标准是什么？这

---

① 杨向东. 谈课堂评价的地位与重建[J]. 全球教育展望，2009(9).

里我们首先介绍一些已有的有代表性标准,而后在此基础上,尝试建构我们自己的标准。

一、已有研究

事实上,在前文关于表现性任务的内涵、设计原则、设计步骤以及需要考虑的因素中都已涉及高质量的表现性任务的特征。基于表现性任务的特征,结合实践经验,不少学者形成了系统的表现性任务质量标准。

(一)斯蒂金斯的标准

斯蒂金斯从内容、清晰度、可行性和可信度四个方面来评价表现性任务的质量。他认为,合格的任务包含着正确的内容,能够引发正确的反应——能够反映适当能力的表现;必须有清晰、明确的说明——每个学生都能理解它的确切含义;必须有在现实中操作的可行性,有足够的时间,能得到适当的材料和设备等;另外,任务的设置还要保证不会导致对学生能力的不准确评价。为了更具体地说明评价的指标和操作的方便,斯蒂金斯分三个等级——可以使用、需要修订、不能使用来设计评价表现性任务质量的评分规则。①

表 5-2 评价表现性任务的评分规则:斯蒂金斯的标准

	可以使用	需要修订	不能使用
要素1:内容 指我们希望学生做出的表现。指明了完成任务的具体要求。	1. 与期望的学业目标相符合,学生的表现就能够展现所期望具备的能力水平。	1. 与表现的重要标准或关键要素的一致性还不够,需要改进。	1. 任务与评价标准显然不太符合。
	2. 这个任务向学生说明了所有的相关期望。	2. 不能充分激发学生的表现力。	2. 任务的要求不明确,学生不知道该做什么或者该创建什么。
	3. 能够激发学生的充分表现。		3. 学生可能感觉不到任何吸引人的地方。

① [美]Richard J. Stiggins. 促进学习的学生参与式课堂评价[M]. 国家基础教育课程改革"促进教师发展和学生成长的评价研究"项目组译. 北京:中国轻工业出版社,2005:179.

续 表

	可以使用	需要修订	不能使用
要素2:清晰度 使用者对任务的细节没有任何异议。	1. 任务说明清晰、明确,所有人都能看懂或听懂任务的要求。	1. 说明不够清晰;你或你的学生不明白有些地方的意思。	1. 没有任何说明或者根本没说清楚。
	2. 学业期望(表现的种类,要实现的目标)清楚地反映在表现性准则中。	2. 表现性期望描述得不够清楚,你或你的学生可能会产生不理解。	2. 没有解释关键术语。
	3. 实施表现的条件(时限,要使用的资源等)规定得很清楚。	3. 实施条件不完整或者容易让人混淆,但是可以改进。	3. 没有对要应用的表现性准则做出任何提示。
			4. 没有提到实施条件,或者指出的条件不清楚。
要素3:可行性 正如表现性规则必须实用一样,表现性任务也必须具备课堂实施的可行性。	1. 学生有足够的时间和资料来完成这项任务。	1. 不能确定学生能否利用现有的资源完成这项任务;稍作调整可以增加可行性。	1. 从评价结果提供的信息来看,所花的时间和精力都是不值得的。
	2. 任务要求不会对学生或其他人造成危险。	2. 对既定任务的调整可以提高评价不能使用的效率。	
	3. 所有必要的资源都已经准备完毕。	3. 完成规定的任务会给学生或其他人带来危险。	
	4. 从结果信息来看,在完成任务和观察上所花的时间是值得的。	4. 利用现有的资源很难达到任务的要求。	

续 表

	可以使用	需要修订	不能使用
要素 4:可信度 要保证任务中没有可能导致不准确结论的因素。所有学生都有平等的机会。	1. 如果是多重评价任务,它们只是站在不同的角度上,但都是以同样的标准来考查某种能力。	1. 只要稍作调整,就可以利用多重任务评价同一种能力表现。	1. 由于缺乏重心和清晰的表述,不同评价者对不同能力会产生不一致的方法。
	2. 没有当众展示能力的压力或焦虑感,因为这会影响学生的表现水平。	2. 只要稍作调整,就可以消除由于学习障碍或语言困难造成的评估焦虑或困难,就是说,每个学生都有平等的表现机会。	2. 存在学习障碍或语言能力不足的学生可能会得到不准确的评价。
	3. 对存在学习障碍或语言困难的学生,会相应地调整任务的要求。		3. 一些亚文化背景的学生在这个评价体系中将处于不利地位。
	4. 任务的要求不会偏向或不利于某种特定文化或语言背景下的学生。		

斯蒂金斯把内容维度放在规则的第一条是有其用意的;如果我们设置的表现性任务不能清晰、明确地反映界定的学习目标,那么也就失去了评价的效度。一项表现性任务至少要能够引发一些反应,而这些反应就是我们要借以评价期望学生应知和能做的依据。这就要求每个任务都必须与事先界定的目标相匹配,并且能够引发正确的反应——能够反映适当能力的表现。这一点在实际操作中可能会比较困难,评价起来也同样困难,但这是设置任务最关键的一步。此外,在斯蒂金斯看来,合格的任务还必须有清晰、明确的说明;有在课堂上运用的可行性;并且对学生表现的评价必须是公正的和准确的。

(二) 阿特和查普斯的标准

在阿特和查普斯看来,高质量的表现性任务应在任务的内容、取样、避免歧义三个维度满足一定的标准,每个维度有不同数量的指标,每个指标分三个水平来进行描述(表 5-3)。①

表 5-3 评价表现性任务的评分规则:阿特和查普斯的标准

	高	中	低
维度 1:任务的内容 学生需要什么信息?	1. 任务中的要求与评价的学习目标是直接关联的;能用任务所产生的学生表现来判断所需评价的学习目标。	1. 任务中的一些提问与评价目标无关;任务中有额外的工作超出评价目标范围。	1. 任务的提问与评价目标无关;学生完成任务的表现或作品与评价目标无关。
	2. 任务指定了: 知识——学生在完成任务时所需要的;表现或作品——学生完成任务的方式;材料——学生在任何情况下使用的;时限——完成任务需要的时间。	2. 下述小部分信息是不清晰的: 知识——学生解决任务所需要的;表现或作品——学生完成任务的方式;材料——学生在任何情况下使用的;时限——完成任务需要的时间。	2. 任务没有具体说明: 知识——学生在完成任务时所需要的;表现或作品——学生完成任务的方式;材料——学生在任何情况下使用的;时限——完成任务需要的时间。
	3. 用来评价技能的表现性任务具体说明了要评价的表现或展示能够发生的条件。	3. 用来评价技能的表现性任务没有充分说明要评价的表现或展示能够发生的条件。	3. 用来评价技能的表现性任务根本就没有说明要评价的表现或展示能够发生的条件。
	4. 需要多天完成的任务规定了哪些帮助是允许的。	4. 需要多天完成的任务规定了哪些帮助是允许的,但可能被误解。	4. 需要多天完成的任务没有规定哪些帮助是允许的。
	5. 任务包含了体现标准的描述符,通过描述符学生表现或作品能得以判断。	5. 虽然任务包含了体现标准的描述符,但通过描述符学生表现或作品能的判断是模糊或不清晰。	5. 任务没有包含了体现标准的描述符,通过描述符学生表现或作品不能被判断。

① Arter, Judith A. &Chappuis, Jan.. *Creating & Recognizing Quality Rubrics* [M]. Portland, Oregon: Educational Testing Service, 2006:249-251.

续 表

	高	中	低
	6. 在不给予多余信息条件下，任务内容充分地告诉学生需要做什么；在没有提醒学生的条件下，内容能说明完成任务的成功途径。	6. 部分任务内容可能向学生提供了多余帮助信息；任务中的部分内容向学生提供了完成任务的成功途径。	6. 任务提供了“过度支架”，只测量学生遵循提示的能力。如果用来终结性评价目的，由于任务的内容提示太具体以至于学生能据此来解决；学生即使没有掌握评价目标，就能获得高分/或成功地完成任务。
维度 2：采样证据是否充分？	1. 任务数量或表现中的重复事例对于测量学习目标和所需的各种学习水平判断是充分的。	1. 任务数量或表现中的重复事例对于测量学习目标和所需的各种学习水平判断是多余或不足。	1. 任务数量或表现中的重复事例对于测量学习目标和所需的各种判断学习水平是远远不够的。
维度 3：避免歧异和偏见 哪些因素会影响对学生表现的精确描述？	1. 提示是清晰而明确的。	1. 提示可能导致错误的理解。	1. 提示使学生产生混淆和挫折。
	2. 任务涉及范围足够简约，成功完成任务的指定时间是充分的。	2. 成功完成任务的指定时间是不充分的；任务的范围要缩小或时间要延长。	2. 学生没有充分时间来展现自己的能力；指定时间或任务，或者二者都需要大幅度修改。
	3. 如果学生能选择不同的任务，完成每个任务所需要的证据都指向于同一个学习目标；每个任务要求获得同样的表现或作品，其任务难度水平和条件都是一样的。	3. 如果学生能选择不同的任务，有些任务可能指向于同一个学习目标；或者任务要求获得的表现或作品，其任务的难度水平和条件是不一样的。	3. 如果学生能选择不同的任务，完成每个任务所需要的证据都没有指向于同一个学习目标。每个任务要求获得的表现或作品，其任务的难度水平和条件有极大的差异。

续 表

	高	中	低
	4. 向学生提供的所有资源对所有的学生是有效的。	4. 对于部分学生来说，获取完成任务所需的必要资源是有困难的。	4. 很多学生或所有学生获取成功完成任务所需要的必要资源是有困难的。
	5. 没出现与评价目标无关的技能(如数学任务中的精读技能)。	5. 要出色完成任务轻微受到与测量目标无关的技能的影响。	5. 要出色完成任务必须依赖与测量目标无关的技能的影响。
	6. 任务没有文化歧视，成功完成任务并不需要依赖某种特定文化或语言背景。	6. 成功完成任务轻微地受到某种特定文化或语言背景影响。	6. 任务含有文化歧视，成功完成任务需要依赖某种特定文化或语言背景。

同样，阿特和查普斯也把任务的内容放在了评判任务质量的第一条；和斯蒂金斯的标准不同的是，他从学生完成任务所需信息的角度描述了内容维度更详细的指标。在他看来，除了任务与学习目标匹配，内容维度的指标还包括任务指定了学生完成任务所需的知识、方式、材料、时限，表现能够发生的条件，允许提供的帮助，体现标准的描述符和成功完成任务的途径。可见，他的这一标准更适合于形成性评价中的任务设置；因为在高利害的总结性评价中，往往需要学生独立完成任务，也不会为学生提供这么多的支架。取样维度涉及的是任务数量的问题，也就是要思考“是否有足够的证据来支持判断”。对该问题的回答取决于以下一些因素：评价目的、评价目标的复杂程度、可用的时间和表现的一致性等。第三个维度的指标大多是关涉评价信度的问题，它旨在确保对学生表现的准确描述。可见，阿特和查普斯的标准和上述斯蒂金斯的标准虽然在维度划分上不同，但具体的指标有很多都是相同或相似的。

(三) 鲍里奇和汤巴里的标准

鲍里奇和汤巴里认为，一项高质量的评价任务应该遵循目的相关性、试题难度、多重目的性、解决问题方式的多样性、自主学习和清楚的指导语等标准。①

① [美]Gary D. Borich, Martin L. Tombari. 中小学教育评价[M]. 国家基础教育课程改革“促进教师发展与学生成长的评价研究”项目组译. 北京：中国轻工业出版社，2003：191－193.

1. 目标相关性

学生会把评价的任务看成是课堂学习的一部分,还是能够得到分数的其他东西? 教师所评价的是其自身和学生都关注的任务吗? 这些任务要求学生展示的是他们在课堂上学习并练习过的技能吗?

2. 试题难度

教师必须确定适合学生能力水平的最佳难度。任务必须是新的,但又是学生熟悉的类型;是学生练习过的,但又不是一模一样的;活动要有挑战性,但又必须是学生熟悉的内容。评价的目的是让学生展示他们在学习过程中发展的高级思维能力。如果任务解决的程序和内容难度太大,学生就难以展示他们的能力。

3. 多重目的性

解决真实世界的任务需要各种思维技能:分析、解释、评价、计划、回顾、清晰的表达和自我监控。对表现性评价来说也是如此。虽然一个评价任务可以只评价一种能力,但如果在设计任务时同时兼顾多种能力会更好。复杂的活动会更加吸引学生。而且,表现性评价的设计往往耗费大量时间,如果一次能达到多个目的,表现性评价的效率会更高。

4. 问题解决方式的多样性

表现性评价要求学生努力解决一个复杂的问题,但这个问题的解决方法却不是唯一的。学生必须选择解决问题的方式,并说明选择这些方式的理由。学生有时候要自己去选择查找资料的方式(如向专家求助,查阅杂志、百科全书、报纸、科学刊物等)和呈现成果的方式(如录像带、磁带、辩论性文章、口头说明、图表展示、故事、对话等),这种方式能让学生感觉到对学习拥有自主权,而其中最关键的目的是将学生最大的优势和不足测量出来。

5. 自主学习

课堂学习一个最重要的结果是学生对自己作为学习者的感觉如何。如果学生在同伴和老师仅仅提供一定协助的情况下,主要依靠自己的能力完成了一件复杂的任务,学生就会获得自我成就感。换句话说,当他们有权选择任务的类型、选择如何回答问题、有规划自己行为的灵活性时,他们的学习就会变得很主动。不要忘了,学生会把从生活中学到的各种陈述性知识和程序性知识用在解决具体任务的情境中。他们自动地存储和组织这些知识和策略,表现性评价任务要想促使学生应用这些知识,就要考虑给予他们学习的自主性。也就是说,表现性评价必须允许学生有一定的自主权,为学生展示他们的能力提供足够的时间和资源,允许他们和同伴或教师进行讨论。

6. 清楚的指导语

表现性评价任务应该是复杂的,要求高级思维参与其中,在真实的生活情境中测评多种能力,为达到测评的目的允许有较大的自由。但是,在评价过程中,所运用的指导语和对试题的描述应该既不出乎学生的意料,也不要留有漏洞,是学生能够预料到的。学生或许需要苦苦思索如何完成这项任务,但是他们心里必须非常清楚最后的成果应该是什么。他们必须能够非常确切地知道在测评结束后,你希望他们上交给你的是什么东西。

鲍里奇、汤巴里的标准和斯蒂金斯、阿特和查普斯的标准存在着许多差异。在形式上,它没有以评分规则的形式出现;在内容上,它更多的是针对课堂教学中表现性任务的设计而言的。因此,标准的内容更多地强调任务对学生的吸引力——目的的多重性,强调学生的自主权——问题解决方式的可选择性和多样性,强调学生学习的自主性。

二、尝试性建构

在已有研究的基础上,结合实践探索,我们试着提出一个评价表现性任务质量的更简洁的标准,以便表现性任务设计者更明晰其关注的维度。具体来说,可从真实的、可靠的、用户友好的这三个维度来评价表现性任务的质量。

(一) 真实的

表现性任务要尽可能的真实,呈现给学生的是复杂、模糊和开放性的问题或是整合知识和技能的任务,来反映学生在真实情境中解决问题或创造成果的表现,了解和评价学生的多元能力。表现性任务要能更直接地证明学生在真实情境中对知识的应用和建构,而非对去情境化的题目进行信息的回忆或是正确答案的选择。因此,表现性任务应当结合真实世界、学生兴趣,以及灵活地运用所学的知识[①],这样的任务也更能激发学生充分表现。

(二) 可靠的

一个表现性任务至少要能够引发学生产生一些反应,而这些反应就是借以评价他们能力的依据。这就要求每个任务都必须有明确的目标。高质量的任务包含

---

① [美]哈维·席尔瓦,理查德·斯特朗,马修·佩里尼. 多元智能与学习风格[M]. 张玲译. 北京:教育科学出版社,2003:97.

着指向评价目标的正确内容。它们能够引发正确的反应——能够反应适当能力的表现。如果评价目标本身很简单,设定的任务就应该能反映出这种简单性:要评价口头阅读的流畅性,直接让学生朗读就行了。如果评价目标变复杂了,任务也要做出相应的调整:要评价学生准备理科研究论文的能力,就要让学生把论文写出来。因此,高质量的表现性任务要让学生有机会展现出与评价目标匹配的能力。

(三)用户友好的

用户友好包括两个方面,表现性任务的适宜性和可行性。适宜性是站在学生的角度来说的,主要包括:(1)任务充分考虑到学生的年龄和经验;(2)对特定的学生,如有学习障碍者,会相应地调整任务的呈现方式或要求;(3)任务不会不利于某种特定文化或语言背景下的学生,对所有的学生都是公平的。可行性是从任务实施的角度来看的,是指任务在现实条件下能顺利实施。首先,学生从任务指导语中能够明白需要做什么和怎么做,没有人看不懂任务的要求。其次,学生有足够的时间、资料,或其他支持来完成这项任务。如果教学时间或经费不允许,表现性任务就缺乏实施的基础。

链接

判定表现性任务质量的核查表

以下问题中,如果你的答案有一个及以上是否定的,那么你就需要修订你的任务。

1. 任务是否聚焦于单元学习目标的一个重要方面?
2. 任务是否与你的评价计划中的表现、重点和分值相匹配?
3. 任务是否需要一个学生实际地去做某事(如一个表现),而不是仅仅要求写有关如何做,或是简单回忆或复制信息?
4. 你是否有足够的时间,所以所有的学生能在你具体规定的条件下完成任务?
5. 如果这是一个开放性任务,你的措辞和指导语能否帮助学生明确他们能运用多样的方法和策略?你是否因此准备接受好几个正确答案,而他们需要充分详述他们的反应?
6. 如果要设计一个真实的任务,你所呈现的情境是否来自于现实生活?
7. 如果这个任务需要运用课堂外的资源和信息,你所有的学生是否都能够公平、平等地获得所期望的资源?

8. 你的指导和其他内容：

(1) 是否适宜于你的学生的学习水平？

(2) 能否引领所有学生，包括多文化、多民族背景的学生，按照你希望的方式来解释任务？

(3) 能否明确任务目的和目标？

(4) 能否明确你期望的反应的复杂程度或长度？

(5) 能否明确你将基于什么来评价学生对于任务的反应？

9. 绘画、图表、表格、图和其他任务材料是否清晰绘制，合理建构，按良好的顺序排列？

10. 如果你班上有学习障碍的学生，你是否会调整或改编任务来适应他们的需要？

资料来源：Nitko, Anthony J.. *Educational Assessment of Students* [M], Upper Saddle River, New Jersey: Prentice Hall Inc., 2004:264.

第六章
评分规则的开发

传统纸笔测验通常只有一个正确的答案，评分者可以根据它来迅速而“客观”地判断学生的回答是对还是错。表现性评价由于其任务的情境性、开放性和复杂性，往往具有多种答案，学生表现水平也具有更多的层次。因此，对其进行评价必然包含必要的主观判断，不能像传统的客观纸笔测验那样可以完全通过机器进行评分。为使判断合理、公正和公平，需要事先开发能记录和衡量学生表现特质的工具。

第一节　常用的评分记录工具

评分记录工具事先详细地描述出学生所要达到的学习目标的标准，用来评价学生的复杂表现或作品。由于检测目标、任务类型的不同，与之匹配的评分记录工具的类型也不同。下面介绍几种表现性评价中常用的评分记录工具，它们分别是：核查表(checklist)、等级量表(rating scales)、评分规则(scoring rubric)。

一、核查表

核查表(checklist)，是最简单的评分记录工具。它是一个包含了学生表现的各种特征的简单列表。它通常将一系列观察的特质或行为列出，观察时只对某项特质或行为做“有”或“无”，“是”或“否”的判断，而不关注表现的质量水平。当你想观察行为或评价学习结果的时候，核查表是非常有用的，尤其是将其用来进行同伴观察或学生自我评价的时候。

核查表适合于判断动作技能,如检查学习者操作一种机器以及确定某一行为是否出现;也适合于判断学习过程或结果中的某些关键要素是否具备,如确定学生研究项目中是否包含了所要求的各个要素。表6-1是一个使用显微镜的核查表,只要观察到相应的行为,就在"观察到"一列中打个"√",如果是低年级的小朋友,可以画个笑脸等。在设计核查表时需要做到以下两点:一是确定一个成功的行为表现应当有哪些重要元素;二是将这些要素按照它们可能出现的次序进行排序。当预期行为可能重复出现的时候,常用频率表来加以补充,为记录时间提供一个空间。

表6-1 使用显微镜的核查表①

没有观察到	观察到	观察项目
		用透镜纸擦载玻片
		将一两滴培养液放在载玻片上
		加几滴水
		将载玻片放在架子上
		旋转到低倍镜
		用一只眼透过镜片观察
		调整镜片
		旋转到高倍镜
		调整到最大

核查表通常有这样几种类型:(1)程序核查表。程序核查表评价学生在程序中或过程中是否遵循合理的步骤。这种核查表包括了可能出现的错误或不合理的步骤的描述,也包括了正确步骤的描述。有时,学生表现中的主要错误是他表现的顺序。在表格中记录错误的顺序将帮助于评价学生表现的这个方面。(2)作品核查表。作品核查表主要关注的是学生制作的作品的质量。作品包括图画、模型、小论文以及学期论文等。这些核查表明确了作品应具有的部分以及其他关键特性,教师可以检查每一个产品是否呈现出这些特性。(3)行为核查表。行为核查表包括了一系列与学生表现相关的特定领域的可分离行为。比如,明确学生在口头语言表达中的语音、语义等方面的表现,或明确学生在特定学习领域中的行为习惯的表

① [美]加里·D·鲍里奇.有效教学方法.易东平译.吴康宁审校.南京:江苏教育出版社,2002:395.

现等。

二、等级量表

核查表帮助我们评价是否呈现一个指定的步骤,一个具体的特性,或是一个具体的行为。而等级量表(rating scales),能评价学生的表现已经达到哪个程度。也就是说,当我们需要对某个表现的特质做出程度的评定时,就需要运用等级量表。表 6-2 是一个口头报告的等级量表,用来评价学生做报告时口头表达的质量。要制定一个等级量表需要做到以下几点:确定要评价的要素;将这些要素按照它们可能出现的次序进行排序;确定量表的等级。

表 6-2　口头报告的等级量表

	5—优异	4—中上	3—普通	2—中下	1—很差
材料与主题的相关性					
演讲流利					
身体姿势自然					
使用正确的语法					
与听众保持交流					

虽然等级量表的种类很多,但最常用的数字等级量表、图表等级量表和描述性图表等级量表就可以很好地满足教师的大部分要求。(1)数字等级量表。数字等级量表是最简单的等级量表,它需要我们将判断的质量水平或表现达成程度转化为数字,根据学生的表现程度,在对应的数字上做标注。表 6-2 就属于数字等级量表。(2)图表等级量表。图表等级量表是使用一个不间断的水平线来代表一个特定的指标,用语言描述线的不同部分的质量水平,从而定义线的不同部分。表 6-3 是使用简单图表等级评分的样例。评价的时候,在这条线上面对学生的表现或作品进行等级评分,根据线来确定任何点,而不仅是定义的等级点。(3)描述性图表等级量表。这是一种比较好的等级评分形式。描述性图标等级量表结合数字和图表等级量表两者的特点,并且代替了含糊的单一的字词(如经常),增加了对每个等级点的简短的行为描述。用行为描述语来说明等级点,可以提高评分者和学生的等级评分的一致性。表 6-4 呈现的就是描述性图表等级量表的例子。和图表等级量表一样,在评价的时候,在水平线上的某一个位置标注相对应的学生表现质量;在后边的“其他意见”中,可以写上具体意见,用以进一步澄清教师的评价。

表 6－3　小组合作中人际技能图表等级量表

1. 学生与小组其他成员互动良好？

从不	很少	偶尔	经常	总是

2. 在表达自己观点和看法时，学生是否能敏感地感受到其他人的反应？

从不	很少	偶尔	经常	总是

3. 学生的行为对小组其他人是否具有破坏性？

从不	很少	偶尔	经常	总是

表 6－4　小组讨论描述性图表等级量表①

1. 学生参与小组讨论的程度如何？

从不参与 非常被动		和小组成员有同样 的参与程度		比小组里其他成员 参与得都多

其他意见：

2. 在讨论中学生的议论在多大程度上与主题相关？

意见杂乱 跑题		意见通常是切题的 但偶尔跑题		意见一直与 主题有关

其他意见：

三、评分规则

评分规则(scoring rubric)，是一个因表现性评价盛行而新兴的词汇，又被译为

① [美]Robert L. Linn, Norman E. Gronlund. 教学中的测验与评价[M]. 国家基础教育课程改革“促进教师发展与学生成长的评价研究”项目组译. 北京：中国轻工业出版社，2003：190

评价量规、评分量规、评量基准表、评分标准、评分规范、评分细则等。我们已经了解了等级量表,在此基础上,我们再来看评分规则就比较容易。简单地说,评分规则就是对等级量表各等级的表现或特征加以描述。正如林和格朗兰德所说的,通过在评价等级中加入一些描述,评分规则和等级量表之间的区别就不是很明显了;一个评分规则可以包括一个等级量表,但它提供对不同等级分数相应特征和表现的描述;评分规则使表现性评价等级的标准变得清晰。

无论是核查表、各种类型的等级量表还是评分规则,都有其所短和所长,教师在选择和开发评分工具时,要根据评价的目的、评价任务的复杂程度和评分工具的性质选择其中最适当的一种。表 6 - 5 罗列了与各种测试题类型相匹配的评分方法。这些工具中,评分规则在测量表现性任务中的复杂能力上最为有效,相应地,开发评分规则也显得相对复杂。下面我们将对评分规则展开具体探讨。

表 6 - 5　不同种类评价的评分方法选择①

测试题类型	可选择的评分方法
多项选择题、是非题、匹配题	正确答案的要点
简答	列出所需要的合格答案和关键点
小短文	关键点的核查表 评价组织性、清晰性和全面性的等级量表 质量评价的评分规则
反思和自我评价	应有要点的核查表 评价质量和组织的等级量表
案例分析	调查资料的核查表 学生理解程度的等级量表
展示	分步核查表 评价质量的等级量表或评分规则
学习者自己设计的教学(个人或小组的发言、录像等)	重要特征的核查表 评价质量的等级量表或评分规则
作品开发	重要特征的核查表 等级量表
演讲	等级量表
档案袋	需找证据的核查表 等级量表

① [美]Katherine Cennamo, Debby Kalk. 真实世界的教学设计[M]. 蔡敏主译. 中国轻工业出版社, 2007:56—58.

第二节 评分规则的定义与类型

评分规则作为实施表现性评价时的一种关键评分工具,它的具体内涵是什么?有哪些构成要素?又有哪些不同的类型?

一、评分规则的定义

在基督教教会的界定中,一项“规则”(rubric)就是“一条指示或一系列指令”,一般用红色字体印刷,解释礼拜仪式如何进行。实质上,“规则”是解释一场演出应该如何正确表现的指令或指导方针。更通俗地说,它是一种评分方法,可以让判断者(教师或其他人)识别学生如何有效地完成指定的任务。① 在表现性评价中,研究者对评分规则的界定也是见仁见智。下面是我们选取的一些关于评分规则的代表性定义:

(1) 评分规则是准则的一种特定形式——是成文的准则,它对所有的评分点都做了说明和规定。最好的评分规则往往能体现出教师公认的课堂评价的实质,而且能对合格表现的组成要素提供很好的建议。评分规则一般会伴有成果或表现的具体例子,以阐明量表上的不同评分点。②

(2) 评分规则是由教师或评价者开发出的一种描述性评分量表,其目的是为了分析学生的学习结果,包括学习作品和学习过程。③

(3) 评分规则是相对核查表而言的,它正式地规定了评分指南,由事先建立的表现准则组成,常常在表现性评价中评估学生的作品。④

(4) 评分规则是由教师或其他评价者与学生协同设计和开发的描述性评分方

---

① [美]比尔·约翰逊.学生表现评定手册——场地设计和前景指南[M].李雁冰主译.上海:华东师范大学出版社 2001,122.

② [美]Judith Arter, Jay McTighe.课堂教学评分规则[M].国家基础教育课程改革“促进教师发展与学生成长的评价研究”项目组译.北京:中国轻工业出版社,2005,8.

③ Moskal, Barbara M.. Scoring Rubrics: What, When and How? [J]. *Practical Assessment Research and Evaluation*, 2000(3).

④ Mertler, Craig A.. Designing Scoring Rubrics for Your Classroom [J]. *Practical Assessment Research and Evaluation*, 2001(7).

案,是指导评价的工具。①

(5) 评分规则是一种评分工具,它包含评价作品的标准或所需的期望,如通常要从目的、组织、细节、语调和结构方面评价一篇写作作品;它详细地描述出各等级质量(从好到差)的标准。②

可见,这些定义本质上并无差别:评分规则描述了和标准相关的、期望学生达到的表现水平,告诉评价者应该在学生的作品中寻找什么特征或标志,以及怎样根据事先制定好的规则评价这个作品。

实际上,在日常教学中经常使用评分规则,许多教师对于它并不陌生,比如在学生演讲比赛中用以对学生的表现进行评分的分项目打分表实际上就是评分规则的一种形式。但由于传统上对这种评分方式的研究非常少,而且表面上看这种评分方式比较依赖于评分者的主观判断,似乎缺乏准确性、科学性,因此绝大部分的教师并不熟悉其在学生评价中的运用。

二、评分规则的结构

一个完整的评分规则由四个成分组成:表现维度、表现等级、描述符和表现样例。表现维度呈现了这个表现最关键的组成要素。表现等级是指描述表现在质量上从差到好的序列。描述符描述了各个等级上表现质量的各个具体指标。而表现样例是与每一个等级相符的表现实例。表 6-6 是评分规则的基本格式。

表 6-6 评分规则的基本格式

等级 维度	1	2	3	4
评价维度 a	描述符 a1	描述符 a2	描述符 a3	描述符 a4
评价维度 b	描述符 b1	描述符 b2	描述符 b3	描述符 b4
评价维度 c	描述符 c1	描述符 c2	描述符 c3	描述符 c4
……				

表现维度,也可以称作"指标",是确保学生表现的最重要的部分,数量不能太

① Marano, Robert J.; Pickering, Debra & McTighe, Jay. *Assessing Student Outcomes: Performance Assessment Using the Dimensions of Learning Model* [M]. Alexandria, VA: Association for Supervision and Curriculum Development, 1993:566.

② Andrade, Heidi G.. Understanding Rubrics [J]. *Educational Leadership*, 1996(1).

多。表现等级，也叫作"成就水平"，用数字(如 1、2、3、4、5)、字母(如 A、B、C、D、E)或如高、中、低之类的文字描述的等级或水平，表示学生表现的水平，一般在 3—6 个级别。表现等级要注重彼此之间的连续性，也就是说等级和等级之间在质量上的差异是相等的：5 分和 4 分之间的差别与 2 分和 1 分之间的差别在程度上是相同的。描述符是用语言陈述的、达到某一等级或水平的具体表现，描述符应当反映某一水平的表现的重要特质。

另外，一个完整的评分规则通常还会提供表现样例，即符合评分规则中某一等级的描述的实例，如学生在具体评价任务中的表现或者学生作品。具体样例能够为评分规则的目标用户(如教师、学生)等理解和运用评分规则提供支持。

三、评分规则的类型

评分规则多种多样，可以依据不同的标准来进行分类。按照评价的方式分，评分规则可分成整体评分规则(holistic rubric)和分项评分规则(analytical trait rubric)；按评分规则的适用范围分，评分规则可以分成通用评分规则(a generic/general rubric)和特定任务评分规则(task-specific rubric)。

(一) 整体评分规则和分项评分规则

整体评分规则是对整体行为表现不同水平的描述，实际上就是把学生表现的重要因素综合起来，并描述出不同的水平，然后给出一个总分。如表 6-7 就是整体评分规则的例子。

表 6-7 口头表达的整体评分规则①

5=非常好	学生能清晰地陈述研究的问题，充分说明该课题的重要性；有重组具体的信息来支撑其结论；报告很精彩且句子结构准确无误；口头陈述的过程中一直都有眼神的交流；从陈述中清楚地表明对课题做了充分的准备、合理的安排，抱着极大的热情；有效利用视听工具来辅助其陈述；能用具体适当的信息清楚地回答听众的提问。
4=很好	学生能陈述研究的问题并证明其重要性；有足够的信息来支撑结论；报告及其句子结构基本正确；从陈述中看出对该课题有所准备、有所安排，抱着一定的热情；提到和使用了有关的视听工具；能清楚地回答听众的提问。

① [美]Grant Wiggins. 教育性评价[M]. 国家基础教育课程改革"促进教师发展与学生成长的评价研究"项目组译. 北京：中国轻工业出版社，2003：146.

续 表

3＝好	学生能陈述其研究的问题并做出自己的结论，但论据没有4或5分的口头表达充分；报告及其句子结构基本正确；有一定的准备和安排；提及了辅助的视听工具；能回答听众的提问。
2＝欠缺	学生提出了研究的问题但不能完整地陈述；没有得出解决问题的结论；报告及其句子结构能够让人理解，但存在一些错误；没有做很好的准备和安排；或许提到了辅助的视听工具；基本能回答听众的提问。
1＝差	学生做了陈述，但没能概括研究的问题或提及重要性；研究的课题不明确，也没有得出充足的结论；报告令人费解；没有做相应的准备和组织工作；不能或只能结结巴巴地回答听众的提问。
0	无任何口头表达的尝试。

使用这些整体评分规则时评价者要综合考虑规则中的各因素，对这些因素进行总体的权衡，最后再给出一个最能概括整体表现水平的总分。

分项评分规则是将要评价的表现分解成几个要素或维度，对它们分别做出评价，对每一项要素进行单独评分。如，我们通常根据计算的正确性和对计算解释的清晰程度对一个数学任务进行评分；根据事实的准确性、分析的质量以及结论的合理程度来对实验报告进行评分；依据组织能力、观点的质量、表达的清晰度和细节描述等方面对一份文学评论进行评分等。评分者进行评价时，对不同要素进行单独评分。例如，一篇文学评论可能在观点的组织上得3分，在表达的清晰度上得5分等等，这样就容易发现学生表现在具体方面的强项和弱项。表6－8是分项评分规则的例子。

表6－8　实验报告的分项评分规则①

等级 维度	0	1	2	3
问题	没有问题。	提出了问题。		
假设	没有假设且没有自变量和因变量。	清楚地陈述了假设，但未解释自变量和因变量；或者自变量的解释很模糊。	清楚地陈述了假设，且大致上解释了自变量和因变量。	清楚地陈述了假设且解释了自变量和因变量。

① 王少非.课堂评价.华东师范大学出版社，2013，48.引用时稍有改动。

续 表

等级 维度	0	1	2	3
数据	未呈现数据。	运用图表、图画等部分准确地呈现了数据。	运用图表等呈现了数据，但画图不准确。	通过图表等准确地呈现了数据。
结论	未呈现结论。	未能针对问题、假设的准确性、自变量和因变量的作用，且未进行准确的陈述。	较准确地表达了问题、假设的准确性、自变量和因变量的作用。	准确地表达了问题、假设的准确性、自变量和因变量的作用。

整体评分规则和分项评分规则都有自己的优点和不足，我们要根据表现性任务和实际面临的问题进行选择和使用。整体评分规则使用起来更加容易，快速评价整体现状或表现，花费的时间更少。它们允许一个总体的评价，允许评价者对表现的所有方面进行总体印象的报告。当评分速度比知道如何准确描述标准更重要时，就需要采用整体评分规则。但是运用整体评分规则时，两个学生可能往往因为完全不同的原因得到一样的分数，并且不能很好地发现学生成果或表现的具体优点和缺点。

分项评分规则更耗费时间，因为评分者一定会寻找并对表现的每个组成部分进行单独评分。当然，当你的关注点是评价的诊断性或是帮助学生理解你对任务每个部分的期望时，这个具体的层次是有用的。这对帮助学生学习尤其有用，因为持续地运用分项评分规则能让学生获得具体的相关反馈信息，提供给学生提高学习水平的机会，让他们看到进入下一个水平必须做什么。复杂的技能、产品或表现，它们通常需要分几个方面来评价，因此需要采用分项评分规则。但是运用分项评分规则的评价效率低，学习评分规则需要的时间也更长。

(二) 通用评分规则和特定任务评分规则

通用评分规则在相似的任务中是通用的(如表 6 - 9)。特定任务评分规则只能用于单一的题目或任务的评分(如表 6 - 10)。

表 6-9　俄亥俄州四年级写作评分规则①

等级	等级描述
4	完全实现了写作的目的与提示中的要求 聚焦主题且有翔实的支撑性材料，没有无关信息 包括完整的写作要素 整体、连贯，思想具有逻辑性 有恰当的开头、中间和结尾 分段恰当且有清晰的过渡句和主题句 用词和句型变化多样且生动有效 语法结构正确，只有少数错误 正确拼写高频词和本年级所要求认识的词；很少有标点和大小写错误
3	充分实现了写作的目的与提示中的要求 围绕主题且有充分的支撑性材料，但有一些无关的信息 具备了大部分的写作要素 思想具有逻辑性 有开头、中间和结尾 段落之间有过渡句和主题句 用词和句型变化多样 语法结构大多数正确 正确拼写高频词和本年级所要求认识的词；有少量的标点和大小写错误
2	部分实现了写作的目的与提示中的要求 有主题意识，也有一些支撑性材料，但夹杂着无关的信息 具备了部分写作要素 有些零碎的思想，但很难理解 试图将文章分成开头、中间和结尾 段落之间很少有过渡句和主题句，也很少有细节刻画 用词有限，句型简单或有误 语法结构错误且影响理解 经常出现拼写、大小写和标点错误且影响理解

① Ohio Grade 4 Writing Achievement Holistic Rubiric for Writing Prompt Items [EB/OL]. http://www.ode.state.oh.us/GD/Templates/Pages/ODE/ODEDetail.aspx? page=3&TopicRelationID=222&ContentID=7805&Content=39756.

续 表

等级	等级描述
1	试图去实现写作的目的与提示中的要求 基本上离题,很少有或没有支撑性材料,夹杂着很多无关的信息 基本上不具备各写作要素 思维没有逻辑 很少或者没有开头、中间和结尾的迹象 基本上没有分段,没有主题句 用词与句型都很有限,语言运用错误 语法结构严重错误且阻碍理解 出现很多拼写、大小写和标点错误且阻碍理解
0	没有达到1等级中规定的要求 只是重复写作提示中的信息 只是提供与写作提示要求中毫不相关的信息 表达不同的主题或者仅仅是“我不知道”

这一评分规则可以用来评定俄亥俄州四年级学生的所有作文,无论是在教学中还是在总结性的评价中都可以采用。对学生来说,反复运用这一通用评分规则有助于他们理解合格的标准,理解标准的内涵,有助于他们发展迁移能力,即将在某项任务中了解到的规则应用在下一项任务中,而且完成得更好,这也是通用评分规则的最大好处。对于教师来说,使用通用评分规则也较省时省力,他们无需为每一项任务都制定一个新的评分规则。制定一个高质量的评分规则有一定难度,况且每一个教师也没有这么多的时间。

NAEP1992 年数学“学生奥运会”评分规则

任务:孩子们观看了电视上的奥运节目后,决定举办他们自己的奥运会……他们决定设立 3 个比赛项目——投掷飞盘、举重、50 米跑。他们希望 3 个比赛项目占有相同的分值比重……孩子们在各项比赛中的成绩如下表:

选手	投掷飞盘	举重	50米跑
乔	40码	205磅	9.5秒
乔斯	30码	170磅	8.0秒
基姆	45码	130磅	9.0秒
莎拉	28码	120磅	7.6秒
扎比	48码	140磅	8.3秒

(a) 谁是最后的总冠军?

(b) 请解释你决定谁是总冠军的依据。请详细一些。

评定准则

4＝对孩子们在各项赛事上的成绩能进行正确排名;指出扎比是总冠军

3＝试着排名,但赛跑项目的排名有误,没有指出谁是真正的胜利者

2＝指出总冠军或认为是平局,可以看出,评定者对解决数量比较的问题有所欠缺

1＝用无关、非量化的解释或者是根本不解释,只是指出一个总冠军

0＝不回答

资料来源:[美]Judith Arter, Jay McTighe. 课堂教学评分规则[M]. 国家基础教育课程改革“促进教师发展与学生成长的评价研究”项目组译. 北京:中国轻工业出版社,2005:26.

上例中指向特定任务的评分规则就只能应用于一种任务,不能应用于其他任何任务,也就是说,离开这个任务,这个评分规则就无用武之地。并且指向特定任务的评分规则只能让学生知道单个问题的答案是什么,它不能对合格的标准做出总的规定,只能解释一项特定任务的合格标准。但是指向特定任务的评分规则也有其自身的优点,它能既快又简单地取得一致的评分,这样能降低成本。如果评价的主要目的是评分,即给学生的任务表现打一个分数,那么指向特定任务的评分规则可能用起来更顺手。因此,它常常用于大范围评价或高利害评价中。在平时的教学中,如果想知道学生是否掌握了特定的知识或方法,就需要采用特定任务的评分规则来为这些特定因素做出解释和描述。

第三节　开发评分规则

开发评分规则是一项专业性很强的工作,它没有什么固定的模式或套路。那么,在实际开发过程中,有哪些方法和关键的步骤? 又有哪些需要注意的事项?

一、自上而下的方法

自上而下的方法,也可以称作演绎的方法,是从一个理论框架出发,以此来指引评分规则的开发。其主要步骤如下:

步骤1:改编或创建一个所要评价的学习目标的概念框架,描述所要评价的内容和表现。

步骤2:将步骤1中描述的内容和表现具体化,形成一个详细的提纲;在某种程度上,这就明确了通用评分规则中所要包含的内容。

步骤3:制定一个符合步骤2中所形成的提纲的通用评分规则,必须强调内容和表现的重要方面;通用规则将被用来制定特定的规则。

步骤4:为所要使用的特定的表现性任务制定一个具体的评分规则。

步骤5:使用特定的评分规则来评价几个学生的表现;使用这些经验尽可能地修订评分规则。

使用自上而下的方法,最重要的一点是要基于一个理论框架来开发评分规则,也就是说,要确定需要评价的重要学习目标的那些维度。因此,步骤1、2、3依靠个人的努力是很难达到完善的,往往需要教师的小组合作。表6-11展示的是初中数学问题任务解决的评分规则,其理论框架由三个维度组成:数学知识、策略性知识和数学交流。[①] 这三个维度的确立有助于界定评分规则中每个水平的具体标准。

---

① Nitko, Anthony J.. *Educational Assessment of Students* [M]. Upper Saddle River, New Jersey: Prentice Hall, Inc., 2004:267.

表 6-10　初中数学问题任务解决的评分规则①

等级 维度	5	4	3	2	1
数学知识	理解数学概念和原则；运用合适的数学术语和符号；正确完整地运用运算法则。	基本理解数学概念和原则；能基本正确地运用数学术语和符号；完整使用数学运算法则，计算基本正确，允许一些小错误。	理解数学概念和原则；出现严重的计算错误。	对数学概念和原则理解很有限；误用或错用数学术语和符号；绝大部分计算是错误的。	无法理解数学概念和原则。
策略性知识	使用正式或非正式的外部相关信息；明确问题所有的重要元素，并能理解它们之间的关系；采用合理、系统的策略来解决问题；给出问题解决过程的清晰证据，解题过程是完整和系统的。	使用正式或非正式的外部相关信息；明确问题的大部分重要元素，并能大致理解他们之间的关系；给出问题解决过程的清晰证据，解题过程是或基本是完整和系统的。	明确问题的一些重要元素，对它们之间关系的理解很有限；给出问题解决过程的一些证据，但解题过程也许是不完整的，或在一定程度上是非系统化的。	使用了无关的外部信息；无法明确重要元素，或对非重要元素做了过多强调；采用不合理的策略去解决问题；给出的问题解决过程的信息不完整；解题过程也许是错误的，难以明确的，或是完全非系统的。	使用外部的无关信息；不能明确哪些是问题的重要元素；复制了部分问题，但是没有尝试找到解决策略。
数学交流	给出一个完整的反应，清晰且无歧义的解释和/或描述；能展现一张合适和完整的图；与确定的听众进行有效的交流；展示有力的支持观点，这些观点在逻辑上是完美且完整的；可以包括样例和反例。	给出一个较好的反应以及较清晰且无歧义的解释和/或描述；能展现一张比较完整合适的图；总体上来说，能与确定的听众进行有效的交流；展示有力的支持观点，这些观点在逻辑上是完整，但允许有一点差距。	展现出明显的解题过程，但是解释或描述在一定程度上是模糊的或不清楚的；展现一张有错误或不清楚的图；交流有一点空洞且难解释；讨论是不完整的，或是基于错误逻辑的。	有一些符合要求的要素，但是不完整或是遗漏了问题的重要方面；解释或描述是错误的或是难以继续的；展现的图不能正确呈现问题情况，或是不清楚，且很难解释的。	无效交流；文字无法反映问题；展现的图完全错误地解释了问题情境。

① Lane, S.. The Conceptual Framework for the Development of a Mathematics Performance Assessment Instrument [J]. *Educational Measurement: Issues and Practice*, 1992(2).

二、自下而上的方法

自下而上的方法，也可以称作归纳的方法，是从学生作品的样例开始，根据不同质量水平的样例特征来界定评价的维度与指标，从而创建评分的框架。我们可以按照以下步骤来制定评分规则：

步骤1：收集10—12个学生作品的复本。确定所选择的各种学生作品能够代表你所要评价的不同质量水平(如科学理解、书信书写和主要推理等)。

步骤2：阅读所收集的学生作品，将所有的表现作品分成三组：高质量的表现、中等质量的表现和低质量的表现。

步骤3：分类后，认真研究每组内每个学生的作品，然后写下将这个作品分到这个组的具体的原因，以及一组(如高质量组)中的学生表现与其他组的学生的表现有何不同。描述得越具体越好。比如，不要说他们写得好或是有好的观点，而是要说，这个学生所写的句子比较复杂，或是这个学生能清楚地表现出与众不同的观点。总之，要写出关于每个学生的表现为什么被分到所在的小组的具体、完整的解释。

步骤4：查看所有目录项中的评论，概括、明确各个维度。事实上，这一步正在创造一个概念框架。

步骤5：在完全区分步骤4中明确的每个维度的不同质量水平之基础上，写一份具体的以学生为中心的对不同表现水平的描述。这些描述就形成了新的评分规则。

一般情况下，初学者或独立开发评分规则的人员，适合采用自下而上的开发步骤，这一方法相对容易掌握。1998年，美国西北地区教育实验室(The Northwest Regional Educational Laboratory)就广泛使用了自下而上的方法来培训教师开发评分规则。但必须指出的是，在自下而上的开发过程中，怎样确保评分规则能体现标准是需要解决的一个重要问题。

三、综合的方法

无论是自上而下的方法，还是自下而上的方法，都需要明确所要评价维度的概念框架。如果不能创建一个概念框架，涉及数学问题解决、物理探究等所有表现性任务的评分规则很可能就会缺乏连贯性和一致性。连贯性关注的不仅仅是评价，还有教学，它可以帮助学生理解学习要达到的标准。而这一概念框架的形成，需要回答以下问题：

（1）高质量的表现的特征是什么(比如优秀习作，良好的科学思考等)？应该收集什么样的信息来确定一个学生完成了一个有效的表现？

（2）所评价的学习目标中最重要的特征是什么？

（3）如何来区别学生的表现是差、合格，还是优秀？

（4）是否有学生作业(差的和优秀的)的样本来明确他们彼此不同的特征？

（5）在杂志、专业期刊等专业文献中是否有相关的建议？

当然，具体开发时也没必要严格按照某种程序展开，要依据实际情况和自身的需要来开发。如果评价目标的各个要素已经很清楚，但你对通常情况下学生的表现情况没有把握的话，就需要与有经验的同事交流，或是对已有的相关学生作品进行分析，来获取相关信息。如果对表现的重要特征不清楚，可能就需要咨询专家或是搜集相关文献进行探讨。在一个具体的评分规则描述完之后，我们需要在实践中通过反复运用和修订来不断完善它。如果在对学生的表现进行评分过程中遇到困难，就应该重新检查评分规则，看看哪里不清楚，需要扩展评分规则中哪个质量水平的描述(包括样例)，或是描述最初忽略的学生表现的某个方面。图 6 - 1 就是运用综合的方法进行评分规则开发所涉及的几件事情。

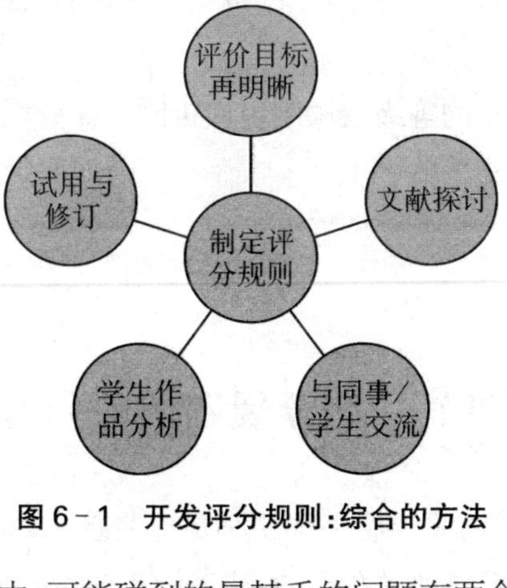

图 6 - 1　开发评分规则：综合的方法

在实际的开发过程中，可能碰到的最棘手的问题有两个，一个是评分框架的界定，另一个就是语言描述问题。在课堂上，尽管能够通过例子来解释和讨论，但仍然会引起对规则中所用术语的真正含义有疑议等诸多问题。没有什么捷径，只有不断实践、不断完善。如果可能的话，试着用反复循环的方式为表现性评价制定一个评分规则。收集学生的表现信息，找出学生表现程度的范围，对照评价目标的内容维度和相关文献，编制相应的评分规则。应用这个评分规则对各种学生的表现进行评价，与同事和学生进行交流，以此检查这个评分规则的有效性，并且考虑最后的分数是否合理：这个评价工具能得出期望的结果吗？这个分数能显示出学生在学习吗？你可能发现，需要修正这些评价问题、教学或评分规则。按照这个循环过程不断提高，直到评价和评分规则得出可靠的结果为止。

另外，在开发规则的时候，我们还要考虑评分规则使用的方便程度。影响评分规则效率的主要因素在于表现性评价的复杂性。下面的几点做法能提高评分规则使用的效率：①

(1) 尽可能简练地描述评分规则的每个维度。同样，也要用简练的话语来界定各维度中的等级点。精炼的语句能提高阅读速度。对于评价者来说，那种既不是完整句子又能清楚交流观点的电报式语言最适用，如果在每个维度中都使用多余的语词，如"学生将"等，就不合适了。

(2) 每个维度中表示表现本质特征的关键名词和动词应该尽早出现，这能帮助熟练的评价者通过阅读最初的少数几个词就能了解评分规则的每个维度。

(3) 维度应该按照一定的顺序分组，这样更容易被评价。在评价过程时，维度顺序应该符合我们观察行为的顺序；在评价作品时，内容相似或同一评价阶段的维度应该分成一组。

(4) 所有的维度使用的等级性顺序应该相同。评分规则的左边应该描述最想观察的表现或是最不想观察的表现。

(5) 评分规则还应该方便评价者作标记。

第四节　评分规则的质量标准

任何一个合格、有效的评分规则都要满足一些基本的规定。我们把用来评价评分规则是否合格的评分规则称作元规则。参照这些元规则来开发、使用和检测评分规则可以避免一些可能的错误，确保评分规则的质量。

---

① [美]Albert Oosterhof. 开发与运用课堂评估[M]. 谭文明，罗兴娟译. 北京：中国轻工业出版社，2006：248.

一、已有研究

关于“一个好的评分规则是怎样的?”这一问题已有很多研究者进行了比较深入的研究,并给出了比较全面的答案。这里介绍两个比较具有代表性的:斯蒂金斯和佩恩的标准。

(一) 斯蒂金斯的标准

斯蒂金斯从内容、清晰度、实用性和可信度四个方面来评价评分规则的质量。他认为,合格的评分规则必须体现需要评价的重要内容;必须清晰明确——让每个人都能理解;必须语句实用,操作简单;另外,评分规则要具有很高的效度和信度,对每个学生来说都是公正的。为了更具体地说明评价的指标和操作上的方便,斯蒂金斯分三个等级——可以使用、需要修订、不能使用来设计评价评分规则质量的评分规则[①]。

表 6-11　评分规则的质量标准:斯蒂金斯的标准

	可以使用	需要修订	不能使用
要素1:内容 我们借以判断学生作业质量的内容依据。包括与表现有关的所有重要内容,而省去那些我们认为不重要的方面。	1. 规则中的所有内容都符合这个学科领域的当前规定;即,它与相关的标准是一致的。	1. 大部分内容都直接相关,但有些重要的内容被遗漏了;需要关注某些重要的标准。	1. 表现的主要特征都被忽略了;一些表现标准就没有提到。
	2. 使用者都认为这个表现性连续体可以很好地评价学生的表现——教师对此毫无异议。	2. 大方向是正确的,但评分规则对有些特征的表述并不准确。	2. 有许多无关的表现特征。
	3. 对成功要素的描述有适当的侧重——更重要的内容强调得的更多,但并不过分。	3. 尽管评价连续体看起来很合理,但它包括了一些无关的特征。	3. 界定不正确。
			4. 评分规则的范围和覆盖面太宽泛,包括了过多的细节内容。

① [美]Richard J. Stiggins. 促进学习的学生参与式课堂评价[M]. 国家基础教育课程改革“促进教师发展和学生成长的评价研究”项目组译. 北京:中国轻工业出版社,2005:175.

续　表

	可以使用	需要修订	不能使用
要素2:清晰度 评分规则使用清晰、合适的语言来描述表现,使得所有人都能够理解并做出相同的解释。根据设定的表现连续体很容易找到与各个评分点相对应的样例。	1. 尽管各自独立工作,不同的教师对同一份作业的评定结果都是一致的。	1. 模糊的语言描述使得很难做出适当的、一致的评定。	1. 含混不清的解释让使用者难以理解规则的意思。
	2. 一旦掌握了这个评分规则,即使在不同的时间里应用,评价结果也是一样的。	2. 有时缺乏清楚的界定和描述性细节,使得两个教师很难达成一致的评估意见。	2. 没有做出界定,或者界定得不正确。
	3. 说明具体而准确,提供了足够的细节。		3. 描述太笼统,区分不同的能力水平是不可能的。
			4. 本身的解释就存在差异,评分者很难达成一致的评估意见。
要素3:可行性 操作性是否很强。根据评分规则得出的评定结果必须有助于做出具体的教学决策——这样才能帮助学生获得进步。	1. 要评估的表现方面是可量化的——教师和学生都能理解和应用它们。	1. 提供了不错的信息,但应用起来有点费劲。	1. 评定结果对做出有助于学生改进的具体决策没有什么帮助。
	2. 评价结果可以转化为教学决策;即,根据结果很容易就能做出下一步的计划。	2. 如果再详细一点,就可以评估学生的具体表现了。	2. 对评定效率的要求好像超出了对实用性的要求。
	3. 有学生版——学生知道如何修正自己的表现以提高水平。	3. 学生能够评定自己的表现,但不太明白该怎样改进。	3. 要评定的方面太多或太少,因此评分规则用处不大;使用者不知该如何使用。
	4. 评分规则规定了一般性原则,即,它不是指向特定任务的规则,它可以用于评估一系列不同的表现任务。		

续 表

	可以使用	需要修订	不能使用
要素4:可信度 要保证任务中没有可能导致不准确结论的因素。所有学生都有平等的机会。	1. 评分规则重点突出、清晰明确,不同的评定者可能在任何一份学生作业的表现水平上都能达成一致意见。	1. 在重要内容和清晰度问题上处理不当,使得评定者不一定能达成一致意见。	1. 因为缺乏重点和清晰度,不同的评定者难以在各个表现的能力水平上达成一致的意见。
	2. 能够满足课堂上各种背景的学生的需要——规则的措辞有利于所有的学生。	2. 评分规则不能满足不同背景学生的需要,但只要稍作调整即可。	2. 评分规则的说明中反映出了一些陈腐的观点,没有针对不同的文化背景,可能会伤害有些学生的感情。
	3. 一个合格的教师已经独立检查了这个评分规则,进一步提高了它的质量。		3. 没有经过一名合格教师的检查,不能保证它的公正性。

这四个维度回答了以下四个关键问题:评分规则是否真正涵盖了合格表现的所有特点?评分规则的定义、说明和举例是否清晰明确?在教学和评价中对老师和学生的教与学是否有用?不同的评分者是否能取得一致的评价,且对所有的学生都是平等的?对这四个问题的正面回答也就给出了高质量的评分规则的基本要求。评分规则的内容是用来评定学生成果或表现水平的依据,它必须体现课程标准的要求,描述那些"重要的"内容。符合了"内容"要素的标准,评分规则还必须足够明确,使得教师、学生和其他人对其内容和术语都有一致的理解。更具体地说,评分规则中描述的每一级水平,我们要能找到与之相符的学生作业或表现。而描述再清晰、内容再完整的评分规则,如果操作起来很麻烦,那也没有什么用,实用性要素要求一个评分规则使用起来很简单:教师和学生能很快理解并掌握它的用法,并能为教学决策和学生进步的追踪提供必要的和有效的信息,要能为评价学生的表现提供灵活多样的方式,要能在评价学生评价的同时帮助学生提高自己的表现。

(二) 佩恩的标准

佩恩(D. Payne)从结构、教学与指导和测量学三个方面来探讨一个良好评分规则应该具备的特征①,从而为我们评判评分规则的质量提供了一个可参照的指南。

在结构上,一个良好设计的评分规则要符合以下要求:第一,评分规则的各个水平必须代表学生在教学目标上可能达到的所有程度(检核表与评分规则不同,它只能表明学生的表现具有或不具有某种特征、达到或未达到某种水平);第二,对于学生表现的期望必须表达得很清楚,一般要用学生和家长都能明白的语言来写评分规则;第三,评分规则对表现的描述至少要分成四个水平;第四,评分规则要在标准表现之上至少再设定一个水平,给学生一个优秀、突出的表现的范例或榜样;第五,评分规则要防止漏掉或暗含一个水平,以免使用者还要再去解释已陈述出的水平之外的那种表现是怎样的。

在教学与指导方面:第一,评分规则的设计要考虑能对学生进行连续的指导和调控,而不只是给出当前学生所要完成的任务的一个例子;第二,将要被测量的特征描述得非常清楚,能够具体地描述出这一特征从最糟糕到最优秀的各种水平;第三,各种将要被评定的特征贯穿于评分规则的每个水平之中;第四,评分规则的每个水平都有一个例子;第五,评分规则中对较低水平的表现的描述不是只用"缺少……"这样的语言(如缺少韵律感、缺乏表达能力),描述学生表现的语言要体现出发展阶段,而不用贬低性的语言;第六,评分规则是给予绝对量尺而非相对量尺,也就是说是标准参照的。

从测量学角度上看,一个良好的评分规则需要:第一,评分规则所使用的评价类型清晰,并且在各个水平中保持一致;第二,评分规则中的术语要具有可测量性,避免主观性的语言、难以定义的术语或评分者很难取得一致理解的语言,与价值观密切联系的术语也要避免使用(如终身学习、良好的态度);第三,在评分规则的两个水平之间应该有显著的性质或数量的差异存在,以便有效、可靠地区分出标准水平以上的表现和标准水平以下的表现;第四,评分规则要避免使用描述"平均状态"的语言(如"在平均水平以下""一般""在平均水平以上"等),因为评分规则是根据标准来评定的(标准参照),而不是根据所有学生的平均水平来评定的(常模参照);第五,评分规则对某个特征的各个水平的区分不能只是采用附加形容词、副词的办法(如不理解、不够理解、充分理解);第六,就学生的心理感受而言,评分规则中对

① Payne, David A.. *Applied Educational Assessment* [M]. Wadsworth Publishing Company, 1997: 207 - 208. 转引自:丁朝蓬. 高中新课程评价[M]. 天津:天津教育出版社,2005:66.

表现的描述在各个水平之间是等距离的,例如水平 1 到水平 2 之间的难度差异与水平 2 到水平 3 之间的难度差异相等。

佩恩的标准虽然从结构、教学与指导和测量学三个方面来描述,但从总体看,也同样包含了内容、清晰度、可行性和技术合理性等要素。不同的是,他特别强调评分规则要能够体现教学目标,抓住与教学目标相一致的关键因素,并且对这些因素特征的分层次描述要尽量清晰具体。因此,他对教学与指导方面的要求进行了专门的描述。他还多次强调评分规则的开发是标准参照的,而不是常模参照的,要起到调控教学并能给学生提供有意义的指导和反馈信息的作用。可见,他的标准更多的指向于课堂教学评价,更加关注评分规则对教学和学习的促进作用。

二、尝试性建构

什么样的评分规则是高质量的?又该如何去判断?学者们的已有研究为我们提供了借鉴。事实上,回答这个问题之前,首先要回到原点来思考:"我们为什么要开发这一评分规则,我们拿它来做什么?"无论在为学习的评价中,还是对学习的评价中,我们希望评分规则能发挥以下功能:帮助学生理解什么样的表现是好的表现,我现在的表现怎样以及下一步要做什么;帮助教师做出公正的判断,做出更好的教学决策;促进教师与学生和家长之间的交流。为实现这些目标,评分规则的元规则应该首先回答下述问题:

(1) 评分规则是否包含了所要评价的内容?

(2) 评分规则是否描述了不同水平的学生表现?

(3) 教师、家长、学生能理解评分规则吗?

(4) 用评分规则进行评价对提供学生在学习目标上改进他们表现的指导意见是否合适?

(5) 评分规则是否能区分学生的表现水平,而不是仅仅把所有学生分成一个或两个表现水平?

(6) 评分规则的定义、描述和解释是否明确、清晰?

(7) 评分者能得出一致的评价吗?对所有的学生都公平吗?

根据上述这些问题,我们可以将检测评分规则的质量标准概括为以下几个方面:

(一) 完整性

评分规则的完整性包含两个方面的内容,一是包含了所有要评价的内容,二是描述了不同水平的学生表现。评分规则需要描绘一个完满表现的本质特征。内容的完整性对于评分规则来说是明显的。尤其在复杂的表现性评价中，我们容易无意中排除表现的一些本质特征。减少这种问题出现的一个方法就是请求同事看看所开发的评分规则，并且单独列出用来评分的重要维度的特征，或者，至少要提供关于所开发的评分规则的反馈意见。另外，评价的时候，每个学生的表现要在评分规则中能找到相对应的位置。这需要在实践中不断去修订完善。

（二）清晰性

评分规则的语言表达必须是清晰明确的。评价使用者，如教师、学生和家长等都能理解评分规则中的描述。因此，一定要用一些具体可感的语言来代替模糊的词语。如什么是"醒目"和"吸引人"？"注意细节"到什么程度才是"仔细"？"有深度的总结"与"没有深度的总结"有什么差别？结论如何显示出"深刻的、有意义的洞察"？无论是对过程还是结果进行评价，评分规则都必须尽可能的明确、清晰，这样学生才能知道成功的表现到底意味着什么，同时也是确保评分者评分一致性的前提。比如，"海报应该具有创造性"，这样的语言描述就很模糊、笼统。"创造性"是一个具有多重含义的术语，不同的学生对其有不同的解释。有些学生认为色彩绚烂的海报就是有创造性的海报，另外一些学生则认为"煽情的"海报才是具有创造性的海报，还有些学生则认为原创的、独一无二的海报才算是创造性的海报。而清晰、明确的评价语言，就可以表达为：海报应该抢眼，能使观众"百看不厌"。根据这一规则，学生就能尝试着迈向成功。因为学生清楚，创造性的海报意味着它能引起他人的注意，这是一个具体的、清楚的任务。①

为每一个等级提供学生表现的样例，是确保清晰性的一个有用的做法，尤其是那些不能用语言表达清楚的描述符。另外，提供表现样例对于低年级学生理解评分规则特别有用。

（三）实用性

实用性要求一个评分规则使用起来很简单；所有评价使用者能很快理解并掌握它的用法；为学生提供帮助他们改进学习的有用信息；为教师的教学决策和追踪学生的进步提供必要的信息。尤其是在课堂中使用的评分规则，学生可以使用它进行自我评价，而且评价的结果也能够为下一步的学习提供有用的信息。

---

① ［美］Kathleen Montgomery. 真实性评价——小学教师实践指南［M］. 国家基础教育课程改革"促进教师发展与学生成长的评价研究"项目组译. 北京：中国轻工业出版社，2004：19.

（四）合理性

评分规则还要具有很高的评分者一致性，它规定的表现水平要符合学生的实际能力。一旦我们在评分规则中确定了我们期望的学生表现的特征，那么这个评分规则就可以促使相互独立的观察者对某个具体的表现给出大体一致的分数。当评分规则包含了可直接观察的维度特征时，不同观察者就更可能评出相似的分数。[①] 如果不同的评价者都能得出一致的结论，这个评分规则就是高质量的评分规则。这时，不管学生在性别、文化等方面是否存在差异，各个能力水平的规定对他们来说都是平等的。

---

① ［美］Albert Oosterhof. 开发与运用课堂评估［M］. 潭文明，罗兴娟译. 北京：中国轻工业出版社，2006：269.

第七章
教学中的表现性评价

前面已经讲过，在当前的评价改革中对表现性评价的强调，是希望通过运用表现性评价来支持系统的改革，从而改变课程、教学，以及学生的学习。其假设是表现性评价能促进教与学，并能提高学生的学习。那么，如何将表现性评价应用于课堂教学，才能实现表现性评价的这些潜力呢？

第一节　表现性评价与教学的关系

在探讨表现性评价与教学的关系前，我们先来看看课堂评价与教学的关系。

一、课堂评价与教学的关系

课堂评价，在传统的课堂教学中，被很多人认为是在教学之后的一个环节，用以检测教学的效果，也即学生学习的效果。我们的教学设计和课堂实施基本上也都是先讲先学后练再检验。甚至在有些人看来，教师和学生平时的教与学主要是为了期中或期末的考试，更多时候，是只为最后的升学考试。并且，无论是单元考、期中考还是期末考，施行的主要是传统纸笔测验。而在测验后，学生和教师所获得的只是一个简简单单的数字，教师很少从中得到有关自己教学成效的有用信息，也很少获得有助于深入了解学生学习困难的信息。这意味着，评价不能很好地反馈于教学与学生的学习，因此不能很好地改善教学质量，促进学生的学习。在这种情况下，课程—教学—评价是一个由此及彼的线性关系，教学与评价是相互分离的，评价事后于教学，或者说外在于教学。“当所有的正式评价被视为教学和学习之后的事情时——力争优异教育的战斗其实已经输掉了。”①

然而，在当前正在发生的评价范式转换中，教学—学习—评价逐渐被看成三位一体的关系，评价与教学、学习紧密地交缠在一起，相互制约，相互影响。首先，课堂教学活动离不开课堂评价。课堂教学不是忠实地执行教学方案上的内容与程序的过程，而是一个持续做出新的决定的过程。做出这些决定的依据是关于学生学习的信息，也就是教学、学习应当是“数据驱动”(data-driven)的，而这些数据就来自于评价。因此，评价应当持续于教学、学习的过程之中，而不只在教学、学习终结之后实施。其次，评价活动本身就是教与学的一个有机组成部分。评价目标就是教学、学习的目标，评价任务就是与目标匹配的任务。教师布置评价任务，对学生完成任务的情况给予反馈等，这些评价活动本身就是教学的一部分。根据威金斯的研究，教师在课堂上要花费三分之一至一半的专业时间用于与评价相关的活动。② 而学生在完成评价任务的同时也获得了一个重要的学习机会。另外，学生在完成任务之后，如果能得到良好的反馈，能够因为这种反馈从而了解自己存在的问题，明确差距，进行弥补，那么对这一内容的学习将会得到显著的改善。可见，评价是提升学习的教学工具，而不只是用来检验和评定分数的事件。

二、表现性评价与教学的关系

在众多课堂评价中，表现性评价有其独特的优势。表现性评价在接近于现实的情境中实施，让学生面对真实的问题解决情境，综合运用已有的知识和经验来解决问题。就此而言，评价的过程实际上相当于一个学习过程。在这一学习过程中，学生能够全方位地展示自己的能力。如果教师能够收集学生在这一过程中的多方面的信息，这种信息肯定能够为学习和教学的改进提供依据。同时，众多的表现性评价还容纳了学生本身对学习的反思，因此能够起到改善学习的作用。这些方面决定了表现性评价在促进教与学方面的巨大潜力。

---

① [美]Grant Wiggins. 教育性评价[M]. 国家基础教育课程改革“促进教师发展与学生成长的评价研究”项目组译. 北京：中国轻工业出版社，2003：41.

② Stiggins, R. J.. Relevant Classroom Assessment Training for Teachers [J]. *Educational Measurement: Issues and Practice*, 1991, Vol. 10(1): 7 - 12.

(一) 表现性评价即教学

传统纸笔测验通常在教师讲完一个专题知识,或在一课书、一个单元学完之后进行,这种做法可能导致一些不好的结果。如,学生难以把握课堂学习内容和评价内容之间的联系,从而降低了学生课堂学习的积极性;教师关注最终的评价结果,从而忽视了很多更为重要的教学内容。教学是教学,评价是评价,两者彼此分离的线性关系给教与学带来了很多负面作用。与此相比,表现性评价既可以是一种课堂活动,同时也可以是一种评价活动,即表现性评价可以镶嵌在教学中。"把表现性评价看作教学过程(teaching/learning process)的组成部分,这一观点怎么强调都不过分。"[①]

让我们来看看一个数学课堂教学活动的例子:

请仿照已经学过的如掷硬币等有输赢概率的游戏,创造一种能和同学一起玩的简单游戏,使赢得游戏的概率不超过50%;和同学玩几分钟,记录你输赢的比例;把这个游戏介绍给全班同学,并和老师一起玩一次证明你的预测。

这样的活动是用来教授深层理解还是用来评价深层理解?"它是教学,还是评价?二者都是——它是评价和教学互相结合的极佳样例。"[②]正如鲍里奇等人认为的那样,理想的表现性评价同时也是一项有效的教学活动[③],它可以嵌入在课堂活动中,两者合为一体。如此,对于学生来说,既是参与学习活动,也是在完成评价任务。在完成表现性任务的过程中,学生积极地投入这项学习活动,同时也展示了知识、技能、态度、方法以及与他人的关系。

当然,并非所有的教学活动都是评价任务。要将一个教学活动同时设计成为表现性评价任务,那就需要考虑:学生通过学习应该达到哪些预期的学习结果,证明预期学习结果所需要的证据是什么,什么样的表现最适宜作为可收集的证据,我们需要多少足以说明学习的证据等问题。根据这些关键的问题和评价设计的逻辑,教师可以将设计好的教学活动调整为评价任务(见图7-1)[④],从而将两者更好地统整起来。

---

① [美]比尔·约翰逊.学生表现评定手册[M].李雁冰主译.上海:华东师范大学出版社,2001.

② [美]Judith Arter, Jay McTighe.课堂教学评分规则[M].国家基础教育课程改革"促进教师发展与学生成长的评价研究"项目组译.北京:中国轻工业出版社,2005:13.

③ [美]Gary D. Borich, Martin L. Tombari.中小学教育评价[M].国家基础教育课程改革"促进教师发展与学生成长的评价研究"项目组译.北京:中国轻工业出版社,2003:180.

④ [美]Grant Wiggins.教育性评价[M].国家基础教育课程改革"促进教师发展与学生成长的评价研究"项目组译.北京:中国轻工业出版社,2003:129.

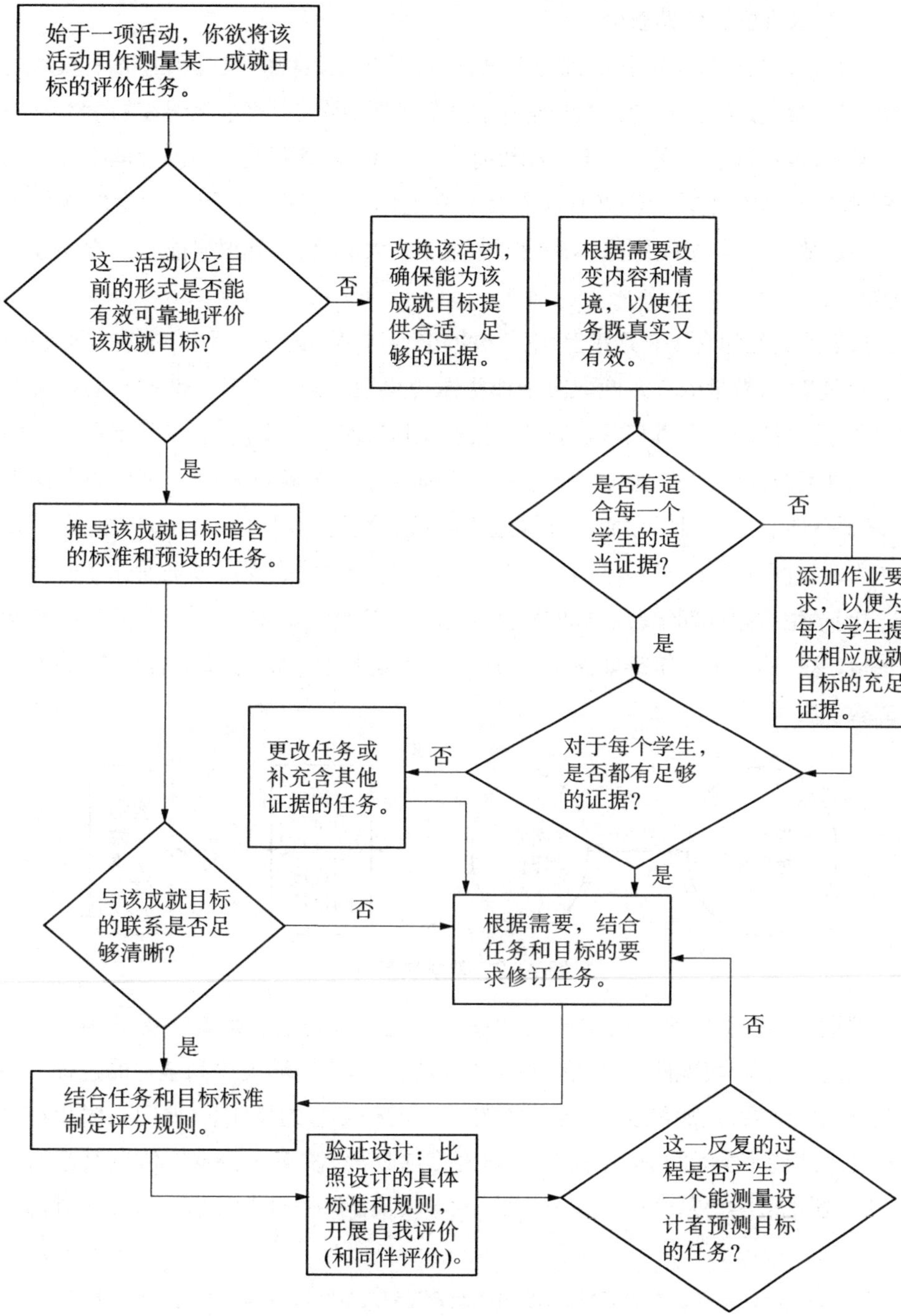

图 7－1　将活动调整为评价的过程

(二) 表现性评价助教学

我们总是习惯性地将评价视为考试,而不是学生表现的改进和服务于教师的教学。"只要把评价仍然看作教与学之后才做的事,那么不管学生现在的学习有多好或多差,也不管学生现在的学习动机有多强或多弱,我们就不能极大地改进学生的表现。"①而如果把教学仍然看作教教科书的内容,而不是基于对学生的评价和学习期望做出教学决策,那么不管教师做出了多大的努力,都很可能犯了方向性的错误。

教学的过程包含了一连串互相关联的,以促进学生的学习为目的的教学决策;在很大程度上,教学的有效性取决于那些作为决策基础的信息的性质和质量。在教学中,几乎任何一个真正重要的学习目标领域都是相当丰富的,以至于在实践中教师很难通过评价这些领域的所有内容来确定学生的状况。一个可行的办法就是,教师从所有这些目标领域中抽样选取有代表性的学习目标,也即"大观念",以此作为课堂评价真正应该实施的内容。学生在评价中的表现应该被看作是一种标志,表明学生达到预期学习目标的程度与水平。教师可以利用这一结论来制定教学决策,这样的一个决策链如图 7-2 所示。正是基于评价的有关推论,影响着教师的教学决策。②

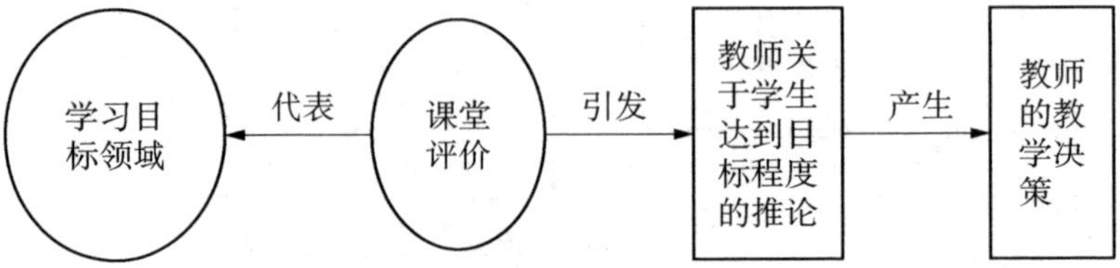

图 7-2 教学决策链

课堂中的表现性评价最主要的功能之一就是有助于教师做出更好的教学决策。在这一方面,表现性评价具有明显的优势,因为它能够关注到学习的过程而不只是学习的结果,教师可以随时收集学生在学习活动中的具体表现信息:学生在多大程度上达到了学习目标,学生的学习困难在哪里,该将哪些重要信息反馈给学生,下一步的教学该从哪里出发……从"教学决策链"中我们可以看到,最关键的一

① [美]Grant Wiggins. 教育性评价[M]. 国家基础教育课程改革"促进教师发展与学生成长的评价研究"项目组译. 北京:中国轻工业出版社,2003:前言.

② [美]W. James Popham. 促进教学的课堂评价[M]. 国家基础教育课程改革"促进教师发展与学生成长的评价研究"项目组译. 北京:中国轻工业出版社,2003:204.

环就是教师根据课堂评价的情况来推论学生达到目标的程度。而表现性评价根据学习结果所设计的表现任务和明确规定的评分规则,都使得教师的推论简单易行,并且可靠有效。教师利用这些推论的结果来重新审视自己的教学,进而调整教学。可见,课堂中的表现性评价融合了诊断、推论、反馈和评价等多个教学过程,从而为教师的教学决策提供高质量的信息。

课堂中的表现性评价不仅能服务于教师的教学,更重要的是促进和改善学生的表现。这主要体现在两个方面,一是表现性评价为学生阐明了期望他们达到的学习结果,二是提供了促进学习的反馈信息。

从上述的分析中,我们可以勾勒出表现性评价与教学的关系图(图 7－3);无论是作为教学过程的评价还是促进教学的评价,与教学统整的表现性评价都极大地促进了教与学。

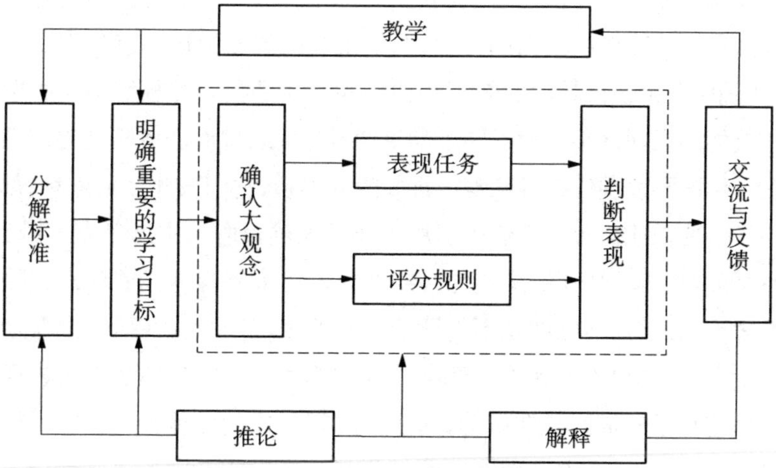

图 7－3　表现性评价与课程标准和教学的关系

三、表现性评价与基于标准的教学

阿特指出,表现性评价具有极其重要的教学价值,它是基于标准的教学的最好例证(prime example)。① 那么,基于标准的教学和表现性评价到底是怎样的一种关系?表现性评价的哪些特征使其成为基于标准的教学的最好例证?

---

① Arter, Judy. Teaching about Performance Assessment (1998)[EB/OL]. http://files.eric.ed.gov/fulltext/ED423270.pdf. Judy Arter 即 Judith Arter,全书同,后文不再注明。——编辑按.

(一) 表现性评价与基于标准的教学的关系

基于标准的教学与传统的内容驱动的教学不同。它不能只关注教什么和怎么教,它需要教师一致性地思考为什么教、教什么、怎么教和教到什么程度这四个问题。课程标准规定了学生应知与能会的内容,教师在教学的时候就要明确,依据课程标准,我们希望学生在完成一段学习后应该具备哪些知识和能力。所有的教学和评价的设计与实施都要旨在实现这些重要目标,并且使用标准参照而不是常模参照来评价学生的学习成绩。我们确定表现水平的标准——好到什么程度才是足够好,并以此作为评价学生成绩和进步的基础。另外,公开的标准使所有人——学生、教师、家长、社区居民和职员等都知道优秀的含义和成功的要素。学生可以知道自己的位置,家长也可以据此来了解孩子的进步情况。

正如马拉诺(R. Marano)等人所说的,标准与表现性评价有着共生的关系。① 这种关系具体的体现是什么呢?他们进一步指出,基于标准的教学需要对学生应该知道什么和做什么做出清晰的界定,而基于标准的教学运动就是出于这样的假设:唯一能确保学生获得具体的知识和技能的途径是界定并教给学生所期望的具体知识和技能的表现水平。教师要求学生通过完成表现性任务实现界定清晰的标准;事实上,标准和表现任务维系着一种共生的关系,它们彼此互相依赖,都是综合评价体系的必要组成部分。他们还引用了新标准项目联合主席马克·塔克(Marc Tucker)对标准和表现性评价统整的必要性的描述来支撑他们的观点:"除非你教给孩子们表现的任务,不然你就不能评价孩子的表现;同时,在他们没有精确的表现任务的情况下,你也不能评价他们学业成就的程度。但是你必须首先清楚什么东西是你期望孩子知道的和要做的,这些标准就是成为你评价的目标。"标准和表现性评价的共生关系,使得表现性评价成为基于标准的教学的最好例证。表现性评价的许多特征体现了基于标准的教学的实质:(1)帮助教师弄清楚复杂学习目标的实质,使他们在教学中感觉轻松;(2)评价学生的进步和现状,在不同学生、不同科目之间以及不同时间里都使用统一的评价标准;(3)让学生了解合格表现的标准,以提高学生的成绩;(4)把评价和教学结合起来。②

---

① Marano, Robert J.; Pickering, Debra & McTighe, Jay. *Assessing Student Outcomes: Performance Assessment Using the Dimensions of Learning Model* [M]. Alexandia, VA: Association for Supervision and Curriculum Development, 1993.

② [美]Judith Arter, Jay McTighe. 课堂教学评分规则[M]. 国家基础教育课程改革"促进教师发展与学生成长的评价研究"项目组译. 北京:中国轻工业出版社,2005:16.

表现性评价不仅从内容标准出发，清晰地界定表现标准，而且将表现标准更一步细化、具体化，制定具体的评分规则。而评分规则则是教学评价与测验中可以直接应用的评分工具，它回答了以下问题：哪些要素将被用来判断或评价学生的表现？我们需要关注哪些方面来判断成功的表现？表现的质量范围是什么？如何决定给什么分数以及所给分数代表的意义？如何描述不同的质量水平？“不管课程标准、课程结构或教材是如何规定的，评分规则的内容规定了教师和学生借以决定要采取什么措施来获得成功的依据——他们所看到的就是他们需要去做的。”①

也就是说，开发和实施表现性评价的过程，就是对课程标准不断分解细化，进一步清晰界定的过程。内容标准起着统领作用，它规定了学生学习的范围；表现标准解读了内容标准，化抽象为具体，它详细地描述了课程内容标准的深度（如难度和复杂性）。而评分规则建基于内容标准和表现标准，在教学实践、教学评价中为广大教师提供了一种重要工具，它是对表现标准的描述，也是对内容标准的进一步描述。可以说，三者缺一不可，构成了一个统一的整体，覆盖了从课程到教学实践的范围，同时也促成了课程到教学的转换，从而使课程、教学和评价统一起来。“统整的表现性评价不仅能评价学生不断靠近标准的进步过程，而且在天衣无缝的方式中将基于标准的课堂教学与评价实践连接起来，两者不断互相渗透，从而提高教与学的质量。”②

（二）表现性评价确保基于标准的教学的质量

基于标准的教学的初衷就是为了确保教与学的质量。在教学中，实施统整的表现性评价有助于这一目标的达成。因为，统整的表现性评价能促使教师首先去考虑如下问题：我正在使用那些对学生有意义的，基于标准和真实生活的任务评价学生的表现吗？我所评价的是学生所学的吗？我如何超越评价与教学的分离？什么样的反馈能促进学习者的表现？③

首先，与教学统整的表现性评价有助于教师澄清教什么的问题。清晰的评分规则不仅能在教学结束后提供评价的工具，还有助于明晰教学目标，甚至自身成为教学目标。因为，评分规则的内容就体现了课程标准的要求，评分规则就是要描述

---

① [美]Judith Arter, Jay McTighe. 课堂教学评分规则[M]. 国家基础教育课程改革“促进教师发展与学生成长的评价研究”项目组译. 北京：中国轻工业出版社，2005：50.

② Adair-Hauck, Bonnie; et al. The Integrated Performance Assessment (IPA): Connecting Assessment to Instruction and Learning [J]. *Froeign Language Annals*, 2006(3):361.

③ 同上文：365.

那些重要的内容。T·约翰逊作为一位具有五年教龄的小学三年级老师，讲述了她在学生中间成功使用评价标准的情况："准则帮助我明确了我希望我的三年级学生在内容标准和表现标准上需要完成什么。制定评价标准的过程将我的教学与评价、学生学习的标准和评价学生学习的方法清楚地联系了起来。当我选择和澄清关键的标准时，有关计划和教学的想法也会随之变得越来越清晰。"①

其次，与教学统整的表现性评价有助于教师决定怎么教的问题。高质量的、综合的评分规则其本身就是有力的教学工具，它为教师提供了更好地达到教学目标的途径(为学生提供了更好地达到学习目标的机会)。② 拿作文教学来说，很多教师不知道怎么上作文课，往往就是两节课布置一个题目就了事，对学生的习作起不到什么促进作用。其根本原因在于，教师不知道怎样的作文是好作文，也就不能开发出清晰的作文评分规则。相反，头脑中有清晰的评分规则的教师在作文教学中就会更加自信，知道什么样的作文是好作文并将其教给学生，相信自己有能力教会学生如何修改自己的文章并使它完善。

再次，也是最重要的一点，与教学统整的表现性评价能帮助教师判断自己教得怎样，学生学得怎样。"设置评分规则的表现性标准并非只有地区、州和国家级评价的要求。课堂评价中需要的表现性标准就是等级评定。在你们班上，什么水平的表现可以获得'A'？你如何在评分规则中确定'C'的表现？不管是在大范围评价还是课堂评价中，你都必须面对同样的问题——好到什么程度才是足够好的？"③如果面对学生的表现而不能做出应有的、恰当的评价，我们又如何去实现我们的目标呢？高质量的评分规则不仅能清晰描述学生表现的水平，而且还能给教师提供有效的反馈，从而有助于下一步的教学决策。

第二节　基于表现性评价的逆向教学设计

如果要在课堂中实施与表现性评价统整的课堂教学，首先要改革我们传统的

---

① [美]Kathleen Montgomery. 真实性评价——小学教师实践指南[M]. 国家基础教育课程改革"促进教师发展与学生成长的评价研究"项目组译. 北京：中国轻工业出版社，2004：94.

② Arter, Judy. Teaching about Performance Assessment (1998)[EB/OL]. http://files.eric.ed.gov/fulltext/ED423270.pdf.

③ [美]Judith Arter, Jay McTighe. 课堂教学评分规则[M]. 国家基础教育课程改革"促进教师发展与学生成长的评价研究"项目组译. 北京：中国轻工业出版社，2005.

教学设计。换句话说，表现性评价的倡导对课程的编制与开发、教学的设计与实施都产生了重大影响。威金斯就尖锐地指出："一旦我们开始关注以表现为基础的评价，很快就会发现我们目前所说的大多数课程编制都是在浪费时间，它不仅在内容上是不适当的，在形式上也是不适当的。……我们只有确实明白着眼于学生理解和表现所需要的逻辑与着眼于教学内容所需要的逻辑是相反的，才会发现传统课程是多么漫无目的，且效率低下。"①

一、逆向教学设计是课堂中实施表现性评价的必然

传统教学模式的弊端需要我们去寻找一种能解决其问题所在的教学设计方案，我们期望这样的一种方案能着眼于学生理解和表现所需要的逻辑。

（一）传统内容驱动教学模式的弊端

我们首先来看看比尔·约翰逊(Bill Johnson)描述的美国传统教学的情况："传统上，教师——未受过评定开发训练——一直都先被告知他们将教一门课(例如一年级的美国历史)，然后，未经思索，就开始着手教课本上的内容或以州、地区发行的教学大纲为蓝本来授课。当然，富于创造性、爱独立思考的教师会经常跳出这些条条框框，但无论是在人文学科还是在数学或理工科中，他们运用的基本方法一直都是从'源起'开始(原始时代的历史，基本的数字定理，'细胞'，诸如此类)，再在那一个学年跋涉，冀求能把一切都'过一遍'。'过一遍'这词本身就说明了问题，它让人产生一种遮遮掩掩的而不是一览无遗的印象。这样的方式需要教师成为学生注意力与活动的中心。学生所起的作用就必然是被动的。根据我们已知的建构主义理论，任何人学习都需要的积极活动，这种覆盖内容的方式并不尽如人意。"②

在我国又何尝不是如此，并且程度更甚，负面影响更深。一直以来，我们大多数老师所奉行的就是"教教材"，应该教什么？怎么教？几乎完全取决于教材。也正因为此，许多教师对新课改带来的教材更替有所怨言。在大多数老师看来，教材改变了，原来习惯并熟练了的教学内容都变了，这无疑给早已安排好的教学工作带来了很大的难度，增加了很多的工作量。更严重的问题是，我们的教材又普遍地犯着这个错误："围绕表现所有已有成果或按线形的时间顺序这种分析性逻辑来组

---

① [美]Grant Wiggins. 教育性评价[M]. 国家基础教育课程改革"促进教师发展与学生成长的评价研究"项目组译. 北京：中国轻工业出版社，2003：181.

② [美]比尔·约翰逊. 学生表现评定手册[M]. 李雁冰主译. 上海：华东师范大学出版社，2001：176.

织。基本原理、公理和历史法则都很少根据后人的理解再重新思考;没有中心问题和难度可以为主题和学生学习提供信息。教科书没有帮助教师构架那些能够使内容有用的中心表现目标、问题和任务,却首先展示了定义、法则、基本原理和定理,然后是复杂的法则和定理——中间还掺杂着练习。没有类似于'熟练使用软件'或'成熟的滑雪技能'的清楚的中心表现性任务要求,我们依赖的方法是组织知识——而不是根据策略和标准来组织可以引起知识并揭示知识意义的任务——因此学生认为科学是一种有固定答案的问答集。"[①]

这种内容驱动的教学模式存在很大的弊端。首先,它们与课程标准的要求常常不符合,忽略了很多如问题解决、探究或其他较高水平思维的目标。其次,容易导致教师丧失自我,将自己塑造成传递教科书内容的工具。再次,容易养成学生的思维惰性,他们往往只是围绕着教科书转,对其内容进行感知、理解和记忆而已;长此以往,学生形成了死记硬背的习惯,批判、反思和意义建构等能力在这种教学模式中很难得到发展。

(二) 逆向教学设计的涵义与特征

针对传统以内容驱动的教学模式的弊端,威金斯等人提出了逆向教学设计。逆向教学设计就是在决定教学生什么之前,先按照一定的目标开发评价设计,然后进行教学内容的选择和教学活动的安排,在教学活动中引导学生获得目标表现。因此,逆向教学设计在逻辑上是顺向的,只是与传统的内容驱动的教学模式——从教材到教学再到评价——的思路相反。逆向教学设计中教学活动设计和评价任务设计的顺序和原来相比是颠倒的,所以我们称之为"逆向"。相对于传统的内容驱动的教学模式,我们可以将逆向教学设计视为评价驱动的教学模式。威金斯扼要地指出:"一个评价驱动的课程体系能使学生更明确学习的目的,一目了然地看到学习的意义。这种课程前后一致,首尾贯通,有方向引路,不断重复其中关键的概念、理论、难题和表现类型,从而使学生形成深刻的理解力,掌握核心知识。"[②]逆向教学设计这一理论是以"真实性评价"的课程设计原理为基础,是对泰勒原理的进一步精炼与提升。[③] 与传统的教学设计相比,逆向教学设计主要表现出以下特征(见表7-1):

---

① [美]Grant Wiggins. 教育性评价[M]. 国家基础教育课程改革"促进教师发展与学生成长的评价研究"项目组译. 北京:中国轻工业出版社,2003:201.

② 同上书:前言.

③ 田中耕治. 教育评价[M]. 高峡,田辉,项纯译. 北京:北京师范大学出版社,2011:142.

表 7－1　传统教案和逆向教学设计的不同

传统教案的表现	逆向教学设计的要求
● 思维的起点是教科书 ● 学习目标的行为模糊，主体有时是教师 ● 教学内容源于教师经验/教科书 ● 无评价方案，以表扬和批评实施评价 ● 教学过程以教师的"教"为中心 ● 虽有学期教学计划、单元教学计划，但不太顾及，以单篇教学为主 ● 作业或活动设计作为"巩固"课堂学习的手段 ● 不强调标准、评价等的一致性	● 思维的起点是学习目标 ● 教学目标源于课程标准 ● 强调首先明确学科核心问题 ● 评价方案先于教学活动设计，关注学生是否得到预期的证据 ● 教学过程以学生的"学"为中心 ● 是模块/学期学程纲要、专题计划(单元教案)的具体落实，提倡以单元或主题为单位进行设计 ● 任务/活动/作业成为课堂教学的中心 ● 强调标准、教材、教学、学习、评价的一致性

评价设计先于教学活动设计。"为了开发有意义的表现性评价任务，从中揭示出教师所希望传授的知识，教育者需要从一开始就持有评价的远景，……如果你要像评价者那样思考，那你就要想，'假定我想让他们学习某些内容，有什么证据能证明他们理解了？'这和首先来思考'什么是一个好活动'是有非常显著的区别的。"①逆向教学设计要求我们在开始教学设计前，必须要问："我们要把学生带到哪里？"接着，"根据目标我们应在哪里找这些证据，找些什么？"然后才是"根据我们需要的证据应设计出什么样的任务？"这样，我们设计的评价就能服务于学习目标，从而使教学指导更具有针对性。并且，我们可以非常具体地知道究竟让学生理解什么与做什么，从而有助于我们确定哪些内容应当着重强调，哪些内容并无此必要。

始终关注学习目标的实现。逆向教学设计关注的是学生学会了什么，而不仅仅是教师教了什么或学生学了什么。"学会"，也即目标的实现，是逆向教学设计的思考逻辑。因此，一些习惯性的教学与评价方式应予以修正或改变，教学方法及学习内容的选择也被置于次要的地位。根据逆向设计的原理，更为重要的问题应当是：采取什么样的学习指导策略将最有效地实现学习目标？同样，"教师和学生一旦明确了、清楚了课程内容的目标(即预期的表现结果)，将可能明白教学中的轻重缓急顺序，并据此调整他们的努力。也就是说，将由课程导致的学业表现，学生一

① [美]戴维·拉齐尔. 多元智能与量规评价[M]. 白芸，杨东，魏奇译. 郅庭瑾审校. 北京：教育科学出版社，2005：190.

开始就知道什么是其中的中心问题和表现性任务。”①

“用教材教”而非“教教材”。我们应该把教材看作一个可以利用的手段，借此实现一个已知的、具体的智力表现目的。它既可以作为一种初步的学习材料，也可以作为一种占主导地位的学习材料。这个道理也许对某些人来说是显而易见的，但所蕴含的意义却要求全盘改变我们编制课程的习惯和课程框架。从这个观点出发，我们设计的各门课程（不仅是评价活动），要以标准及其特殊要求（代表更主要的核心成绩目标）为基点“从后向前”进行，而不是从教科书或其他分析性主题的安排逻辑出发，“从前向后”进行。②

以学生为中心开展自主探究学习。“旧的内容驱动的课程模式，由教师直接教学传授，由掐头去尾的‘客观性’测验检验，是一个很适合标准化测验的系统。”③逆向教学设计，把复杂的、以表现为基础的评价嵌入其中，完全改变了教与学的性质。教师首先思考那些能检测核心目标的评价任务，并以此为基础来更好地计划课程与教学。学生必须要有充裕的时间开展自主探究学习，有进行自主建构意义的机会，公开陈述他们的研究结果，深入地研究，提高询问的技能，等等。为了让学生在达成目标的评价任务中表现出色，他们需要有时间来学习，锻炼那些技巧，排练报告表演，写作并修改报告书等等。

实际上，逆向教学设计的理念与我们上文所说的基于标准的教学是一致的，它迫使教师对其所要实现的课程目标要有清晰的认识。由此带来的益处也显而易见：(1)更准确的任务分析。因为更清楚地知道一个教学过程的最终结果应该是怎样的，所以教师能更准确地了解学生在学习所教的内容之前应该会什么或正在学习什么。(2)更具有目的性的教学实践活动。因为更好地理解学生的预期学习结果，所以教师能合理地选择与所追求结果更一致的学习活动，包括有指导的学习活动和独立的学习活动。(3)更明白易懂的解释。因为更清楚地理解教学结束时所要评价的内容，所以在教学过程中教师能向学生更清楚地解释学习内容和教学活动目标。④

---

① [美]Grant Wiggins. 教育性评价[M]. 国家基础教育课程改革“促进教师发展与学生成长的评价研究”项目组译. 北京：中国轻工业出版社，2003：182.

② 同上书：181.

③ [美]比尔·约翰逊. 学生表现评定手册[M]. 李雁冰主译. 上海：华东师范大学出版社，2001：290.

④ [美]W. James Popham. 促进教学的课堂评价[M]. 国家基础教育课程改革“促进教师发展与学生成长的评价研究”项目组译. 北京：中国轻工业出版社，2003：209.

二、基于表现性评价的逆向教学设计要点与步骤

传统的教学设计中,教师关注的是传授知识的日程表/进度表。相反,基于表现性评价的逆向教学设计所关注的是,什么活动使学生具备胜任完成目标所要求的素质,有什么学习结果可作为证明学生已经理解所学东西的有效证据。从教学设计中,我们想要知道的核心问题是,教师将如何知道确保学生有更好的表现。这些问题只能由那些像估税员一样思考的教师回答,这些教师总是在开始就为他自己或学生决定了什么学习成果能作为表明理解力和技能的证据:根据既定的目标确定的最终任务、具体的评分规则,也就是说,我们根据什么样的表现和行为来判断学生理解了学习内容,根据什么标准确定理解的程度。当然,对很多教师来说,这种能力并不会自然而然地产生。一旦我们有了学习目标,我们更加习惯倾向于像活动设计者一样思考(见表 7-2)。对此,我们并没有反问自己,我们能不能证明,学生是否掌握了知识的核心,即实现了对学习内容的理解。同时我们也没有反问一下自己,教学是不是在朝向这一目标。① 逆向教学设计所要努力避免的是师生时间和精力的浪费与低效,是对教学有效的追求。

表 7-2　两种不同的评价主体提问比较表

像估税员一样思考	像活动设计者一样思考
如何证明学生实现了有效和明显的理解?	对于某个论题来说应当组织什么有趣的活动?
为了适应单元的内容以及更有利于对学生进行指导,应该向学生布置什么样的实践任务?	根据某一主题选择什么样的学习材料?
如何区分真正的理解与虚假的理解?	学生在课堂上做什么,在课外做什么?应该采用什么评价方式?
根据什么标准对学生的学习进行评价?	怎样给学生打分并告之他们的父母?
误解是什么东西,我们怎样发现它?	活动起作用吗?为什么或者为什么不?

具体而言,基于表现性评价的逆向教学设计主要由以下三个步骤组成:(1)确定所期望的结果(目标),明晰哪些内容是最值得也最需要理解的。(2)确定如何证明学生实现了理解的标准与措施。(3)安排各种教学活动,激发学生的学习兴趣与

---

① [美]Grant Wiggins. 理解力培养与课程设计一种教学和评价的新实践[M]. 么加利译. 北京:中国轻工业出版社,2003:113.

提高学习水平,指导以促进理解的实现。

第一步:确定所期望的结果(目标)。确定所期望的结果就是从结果着手,回答我们想让学生学到并有能力展示的是什么。“但是,我还要再进一步限定这个问题,请问:‘我们希望学生学到并有能力展示或表现的是哪些技能、哪些内容以及哪些态度或意向?’这个问题初看简单,许多教师往往会给出简单化的答案。”①威金斯认为这不应该面面俱到地罗列内容,应该聚焦能保证“持久理解”的“核心观念”。那么我们怎样确定哪些具体的目标是需要/值得学生持久理解?这点我们在前文界定目标中已经述及。值得并需要学生持久理解的是:(1)大观念,此观念具有超越课程内容的持久价值;(2)居于课程的核心地位;(3)应当通过学生自主发现;(4)能为学生提供活力。② 从这个角度来讲,好多核心目标应当是跨越课时、课文,甚至是单元、模块/学期的。因此,我们在进行教学设计的时候,要统整教学内容,明确某个教学单位中的核心目标,并将其贯穿在整个教学过程中,而不是孤立地去看某一个点。确定了教学中的核心目标之后,要对其进行具体的分解,分析它与前后目标的关系,分析学生对于这一目标内容的已有经验等,最终将其叙写成具体的、可测可评的目标。

第二步:确定该结果的适当证据(评价)。如果要达成该结果,我们应把什么作为表明学生理解力和熟练程度的证据?我们应在哪里找这些证据?根据我们需要的证据应设计出什么样的任务?这些问题要求我们要选择与开发能够确认结果达成的评价方法和具体的评价任务;所设计的评价任务要与目标匹配,要能够让学生在完成任务的过程或结果中展示目标界定的具体要求。“对于包含‘有了解必要的内容’或低层次的‘重要的知识和技能’的,传统的测验方法是能够测量的,但是对于高层次的‘重要的知识和技能’或‘核心观念’等,就需要表现性评价。”③表现性任务应尽量真实并对学生有意义,任务的真实性程度越高,学习者的学习动机也就越高,学习效果也会越好。④ 具体来说,还要考虑任务设计中要注意的因素,如任务

---

① [美]比尔·约翰逊. 学生表现评定手册[M]. 李雁冰主译. 上海:华东师范大学出版社,2001:291.

② [美]Grant Wiggins, Jay McTighe. 理解力培养与课程设计——一种教学和评价的新实践[M]. 么加利译. 北京:中国轻工业出版社,2003:42.

③ 田中耕治. 教育评价[M]. 高峡,田辉,项纯译. 北京师范大学出版社,2011.

④ Maria Kovacs and Ariana-Stanca Văcărețu. Authentic Assessment in the In-service Teacher Training System: Guidebook for Training Providers [EB/OL]. [2013-10-25] http://www.alsdgc.ro/userfiles/GUIDEBOOK%20FOR%20AUTHENTIC%20ASSESSMENT%20THROUGH%20ACTION%20RESEARCH(1).pdf.

结构、数量、完成人数、完成时间等。接着,用简明清晰的话描述任务指导语,说明完成任务所需要的思维过程和具体要求。撰写完任务之后,还要开发评价学生完成特定任务质量的评价标准。

第三步:安排教学活动。安排教与学的活动要从三个方面考虑。一是明确要能完成第二步设计的任务需要什么样的知识和技能。为了达到预期的结果,完成特定的任务,学生需要什么样的"有效知识"(事实、概念、原理)?为了有效表现,学生需要什么样的"有效技能"(步骤、策略、方法)?什么样的"有效活动"可能发展学生实现目的的有效理解力和技能?什么样的设计方法将使该活动最能吸引人,反映学生的兴趣、需要和能力?设计活动怎样为学生提供机会,以便他们更深地探究、建构自己的想法,使表现臻于完美?二是明确所需要的教学和辅导。为了确保有效的表现,教师需要传授或辅导什么?为了确保最好的表现,需要收集或提供什么资料?三是将评价任务统整于教学活动中,设计有效的活动和经验的适当顺序。"教学时序应是最后的事情,因为如何教、教什么、按照什么顺序教等都取决于(表现和内容)标准、评价,也取决于要求掌握的知识和完成任务所需要的熟练程度——而不取决于教科书的目录。请注意,通过这种结构,活动不是随意地拼串在一起——例如,没有任何表现的中心目的——但是现在很多活动却是被这样组织起来的。活动取决于将要掌握和完成的复杂任务和思想以及贯穿于整个设计和每个单元的中心问题、标准。"①

三、设计模板

"这种设计有一种中心思想,即内容、知识和技能应通过复杂的表现来架构,并参照复杂的表现加以选择,这些表现要体现课程标准。"②这样的教学设计需要满足证据和任务上的要求,而不是要满足知识覆盖面的要求。而复杂任务恰恰在课程、中心标准和教学细节之间起到了桥梁的作用。因此,我们需要一个模板,把设计者的注意力集中于结果和评价,并从中衍生出适当的教学和活动(见表7-3)。

---

① [美]Grant Wiggins. 教育性评价[M]. 国家基础教育课程改革"促进教师发展与学生成长的评价研究"项目组译. 北京:中国轻工业出版社,2003.

② 同上注.

表 7－3 逆向教学设计模板①

<table>
<tr><td colspan="2">一、期望的结果</td></tr>
<tr><td colspan="2">相关目标：
● 相关目标(如：内容标准、课程目标、学习结果)是什么？</td></tr>
<tr><td>具体目标：
● 哪些是重要观点？
● 应当怎样理解这些观点？
● 可能出现哪些误解？
● 本单元结束，学生将会习得哪些重要知识与技能？
● 习得这些知识与技能后，学生最终将能做什么？</td><td>关键问题：
● 什么问题可以诱发学生的探究、理解和迁移？</td></tr>
<tr><td colspan="2">二、评价证据</td></tr>
<tr><td>表现性任务：
● 通过什么样的真实的表现性任务，学生会表现出所想要的理解？
● 理解的表现通过什么标准来评判？</td><td>其他证据：
● 还有哪些证据(如：测验、考试、学业抽查、观察、家庭作业、日记)可以证明学生达到了想要的结果？
● 学生将怎样自评和反思他们的学习？</td></tr>
<tr><td colspan="2">三、教与学活动</td></tr>
<tr><td colspan="2">怎样学、怎样教可以促使学生达到想要的结果？设计将如何：
W＝帮助学生知道单元目标和想要的结果是什么；帮助教师知道学生的学习起点(已有知识和兴趣)是什么？(W 代表学生的学习“起点”和“终点”)
H＝激发和保持所有学生的兴趣？(H 代表“激发”和“保持”)
E＝协助学生，帮助他们体会核心观点和探讨问题？(E 代表“协助”、“体会”和“探讨”)
R＝为学生提供反思和修改其理解和所做事情的机会？(R 代表“反思”和“修改”)
E＝鼓励学生评价他们所做的事情及其意义？(E 代表“评价”)
T＝为满足学生不同的兴趣、需要和能力而设计？(T 代表“依某某而制定”)
O＝组织，以使得有效学习的同时，使目标得以最大化(实现)？(O 代表组织)</td></tr>
</table>

在使用逆向教学设计原理时，教师的目光首先聚焦在学习目标(核心学习目标——威金斯称之为“理解力目标”)上。这些目标指一个学习序列结束时学生所应该形成的持久的理解。同时，教师需要明确一些关键性或引导性的问题。体现持久理解的关键性问题，如“我们如何理解‘人人生而自由’？”“过一种健康的生活意味着什么？”这样的问题，能够激发有意义联系、智力探究和深层思考，并且具有

① Wiggins, Grant & McTighe, Jay. *Understanding by Design* (*Expanded 2nd Ed.*) [M]. Alexandria, VA: Association for Supervision and Curriculum Development, 2005:22. Quoted from Principles of Backward Design [EB/OL]. https://www.wku.edu/library/dllps/infolit/documents/designing_lesson_plans_using_backward_design.pdf.

挑战性和争议性，需要学生围绕中心观点进行探究，而不是一堆既定的答案。

在第二部分，重点毫无疑问是开发表现性任务，学生将被要求通过真实的表现性任务来展示他们的理解。当然，我们要倡导多元评价，包括观察、测验、考试等。另外，需重点强调的是，评价是学习过程的一部分，它体现在整个过程中，而不仅仅是学习结束时。第三部分就是为学生提供丰富且适切的学习经验。这种学习经验需要有充分的机会去发掘、体验重要观点，接受教学辅导来达到所要求的表现；需要有足够的机会接受及时反馈，以反思、练习、修改和加工他们的作品；需要有机会评价他们的作品、反思他们的学习和制定目标。经验不能单一，要在深度和广度上都有所体现，同时可能要求具有多元性和折中性。那些具备深度的经验会要求学生去发掘、分析、质疑、证明和归纳。那些具备广度的经验则要求学生联想、勾勒（复述或模仿）和拓展（超越）。整个设计需要均衡三个阶段所有因素而连贯一致。

和所有的计划制定模式一样，修改和调整在逆向教学设计过程中也是必须的。在这个过程中，教师可以也应该对设计进行自我评价，并邀请同事们进行讨论：设计是否合理，是否能在实践中通过所设计的任务引导学生达成目标。

链接

逆向教学设计：同事评论和自我评价表

		成功	好	改善	重做
可信性	在“做”这个题目时要忠实于前后练习。 1. 这部作品让学生得以经历对“这个领域中”遇到的任务、要求和状况的重复或模仿。 2. 表现和作品挑战是真实的。它们评价学生是否能够形成高质量的作品或有高质量的表现，而这个质量是按照“检测”成人的方法测量的（例如，口头报道、进行试验、临时展览艺术品、判断一个设计的适当性、开发政策等）。 3. 作品要包括真正的问题，不（仅仅）是演练或练习（如果初学者水平的课程，一部分作品是可信的，因为它是框架式的或学徒式的表现）。 4. 希望有原始资料和/或第一手的研究。				

续 表

		成功	好	改善	重做
有意义的	作品适合于理智的兴趣、先前的经验和(不同)学生的水平。 1. 设计可以带给学生真正的智力挑战,但这种挑战对学生而言仍是可以理解的。 2. 作品被适当地构架、适度地简单化,或为了学生的发展性需要得以调整。				
准确的:可能产生理解力	内容、能力、作品设计以及表现等方面的标准都较高。 1. 使用的资料和关注的思想有挑战性;课堂、任务和评价都需要学生完成有质量的作品。 2. 单元/课程任务要关注有价值的主题、观点、课文和问题——大观念、本质问题。				
容易产生反应的	设计为不同能力、兴趣和不能预料的反应、学生的突发兴趣等因素留下空间。 1. 作品设计为教师和学生都留下调整的空间,让他们根据出现的一些表现困难进行调整。 2. 具有不同学习方法和天赋的学生都能完成任务,但不能在严密性上打折扣。 3. 日程安排要为学生留有足够的空间,能够深究一些在作品要求和表现中出现的问题、兴趣和难题等。				
连贯性	单元或课程对学生来说有一个清晰、明显的逻辑。 1. 任务和评价任务能自然地引导别人。单元任务从简单到复杂地构建——并不只是把活动、课文或课堂串起来。 2. 尽管会对怎样最终完成任务感到惊奇、苦恼和反复,但学生不会对应该向着哪个方向完成任务感到困惑,他们要根据最后的任务要求做出决定。(按照叙述者的主张,学生可以体会到一种趋势,这种趋势即不断接近众所周知的目的、论点,并能感受到课程大纲中"故事线索"的引导。				

续 表

		成功	好	改善	重做
有吸引力	作品要求、经验和课堂被认为能激发并产生更浓厚的兴趣和有质量的作品。 1. 活动能激起学生的好奇心；它们不仅仅带给学生愉悦，还提供咨询以及表现要求，这些表现要求能促使学生深刻地思考并希望很好地完成任务。 2. 作品很丰富，也很灵活，它将吸引所有的学生，而不仅仅是大多数有能力的、顺从的学生，或仅仅是那些比较让人满意的学生。				
有效果的	作品要求和目的是我们希望在这个设计基础上有着非常好的表现结果。 1. 清楚说明评价任务和标准（包括挑战）；为了完成这些任务，并达到标准，需要合理的架构设计，如果学生注意到这些要求的话，就可以预期所有学生有良好表现。 2. 设计中要留下模仿和反馈的机会。				
可实施性	作品要求单元在所建议的时间/课程提纲/等级水平上都能顺利教授，单元不依赖不现实的、理想化的学校环境。 1. 单元在时间分配/课程大纲/等级水平上都起作用。 2. 在可能的、现实的学校条件下（在进度安排、跨学科课程等方面需要一些结构性改变），单元也可以成功教授。				
有效率的	作品要求给出所有课程、目标和需要优先考虑的项目，要给单元安排合理的时间和精力。				

资料来源：[美]Grant Wiggins. 教育性评价[M]. 国家基础教育课程改革“促进教师发展与学生成长的评价研究”项目组译. 北京：中国轻工业出版社，2003：210

第三节　表现性评价在课堂中的实施

设计好的与教学统整的表现性评价如何在课堂上有效实施，更充分地发挥促进教与学的作用呢？

一、确信学生知道做什么、怎么做

和传统纸笔测验不同，表现性评价需要学生完成表现性任务来展现自己的理解或技能。因此，我们要确信学生知道自己将要完成什么样的任务，有什么具体规定。

在课堂上，教师要考虑用学生容易理解的方式和语言呈现问题情境和任务指导语。对于不同年级、不同认知水平层次的学生，教师在选择问题情境和任务指导语的呈现方式上就可以不同。为了让学生能真正理解任务的要求，能表现出所要检测的目标的真实水平，教师有时候需要给学生提供必要的指导。我们可以请学生用自己的话表述他们所理解的任务是怎样的，来确定他们是否知道了要做什么。更进一步，我们向学生了解他们是否知道，为了完成任务，需要具备什么样的基础知识和技能。只有学生理解了任务的要求，才有可能展示出一致的表现。不然，我们就不能说我们评价了我们想要评价的东西。

二、帮助学生理解评分规则

除了清楚地知道要做什么，我们还要让学生知道评价任务的标准，也即评分规则。上文已述，从某一角度讲，制订评分规则也就是将设定的学习目标具体化。帮助学生理解评分规则，首先就是让学生在头脑中形成良好的表现的清晰图景。这种图景对学生的表现会有强大的引导作用，促使学生朝着明确而清晰的具体目标而努力。在这方面，教师可以做什么呢？

（一）让学生有机会学习评分规则

如果评分规则是老师事先开发好的，那么必须在适当的时候向学生进行解释和说明，让学生有机会学习评分规则。如评分规则中定义所涉及的术语，尤其是要详细说明什么是合格的表现。告知学生你的评分标准，向他们明晰学习目标。学生对于他们需要获得的知识技能理解的越多，就越有利于他们确认自己在实践中需要努力的方向和应关注的学习效果。对于一般任务的评分规则，比如贯穿于一个学期始终或大部分学习过程的评分规则，在教学初期（开学第一周）就把学生版的评分规则提供给学生，并组织学生进行学习。

（二）让学生参与评分规则的制订

让学生理解评分规则的最好方法就是让学生参与评分规则的制订。如在作文课堂上，可以提供一篇写得好的文章和一篇写得不好的文章，请学生通过比较，讨论确定优秀作文所具备的特征，再根据这些特征确定具体的评分规则。学生参与评分规则的制订，从而帮助他们理解表现质量的特征，自然也就能更好地理解评分规则了。在斯蒂金斯看来，让学生参与评分规则的制订是使他们从一开始就拥有获得成功的信心的保证。①

（三）尽可能地提供各个水平的表现样例

评分规则毕竟是语言描述，有时候理解起来难免比较抽象；如果描述得不够具体，可能不同的人就有不同的理解。为了让学生能更准确而形象地理解评分规则，教师应当尽可能地为学生提供各个水平的表现样例。提供的表现样例，可以是教师模拟的，可以是学生的作业，也可以是录像等形式，当然这些样例都应该是匿名的。如果是贯穿于一个学期始终或大部分学习过程的一般任务的评分规则，教师还可以将挑选出来的样例粘贴在教室里。图 7－4 就是我在美国威斯康辛大学学习期间，去当地的一所小学听课时，从他们的教室里拍到的代表三个不同级别的作文样例。在美国 2010 年颁布的《各州共同核心英语语言艺术标准》中，也提供了大量的代表各个年级水平的作业样例。② 这些做法，都是为了更好地理解评分规则。

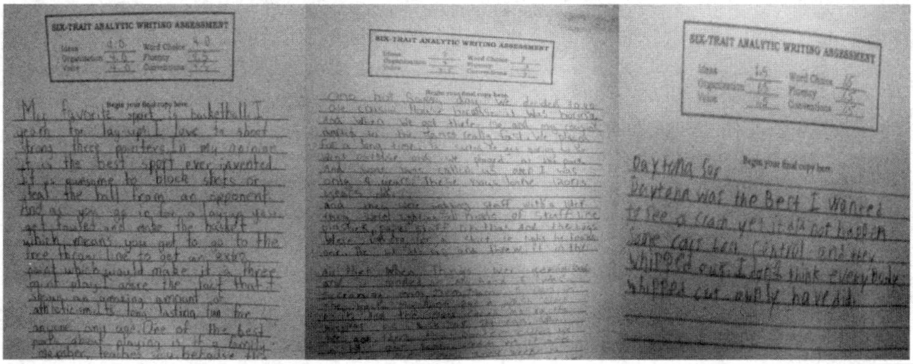

A　　　　B　　　　C

图 7－4　作文样例

三、观察并收集学生的学习表现信息

收集学生的学习表现信息，涉及以下几个方面的问题：谁参与收集，怎么收集，

---

① ［美］Richard J. Stiggins. Assessment through the Student's Eye［J］. *Educational Leadership*, 2007（5）.

② Common Core State Standards Initiative-About the Standards ［EB/OL］. http://www.corestandards.org/about-the-standards.

收集多少,什么时候收集等等。

(一) 收集学习信息的主体

表现性评价给予学生展示自己最佳表现的机会为了展示自己的最佳表现水平,学生需要提供证明自己表现的证据。因此,在表现性评价实施的过程中,收集学习信息的就不只是教师,还包括学生自己。根据时间等资源的可利用情况,一般将学生分成小组,由同一小组的同学进行表现信息的收集。教师可以观察一组学生或是抽取几个代表学生的表现。有些表现性评价需要学生个体收集和记录自己的表现,为自己的最佳表现提供证据。表现性评价如果用于终结性评价,那一般需要多个评价者对被测者进行表现信息的收集。事实上,这很常见,平时许多的学生竞赛活动也多是由多个评委来观察和收集学生的活动表现的。

(二) 收集学习信息的手段

在平时的课堂教学中,我们一般都用肉眼去观察学生的活动表现,然后根据评分规则的要求,做好相应的记录。然而,在信息技术越来越发达的今天,我们应当考虑用信息技术来帮助我们收集和记录信息。即便是课堂中的形成性评价,反复观察记录下来的表现常常能帮助学生改进行为,用电子手段记录学生表现在体育、演讲、音乐等学科领域有着非常大的应用潜力。而在终结性的评价中,用电子手段来收集和记录评价信息就更加值得提倡了。如果做了电子记录,由多个评价者进行判断的问题就不那么重要了;而且由于评分比较方便,每个评分者可以在行为结束后继续进行评分工作。

(三) 收集学习信息的数量

实施表现性评价时,教师需要考虑需要获得多少信息才能做出适切的决策。有些表现或作品仅需要观察一次,就可收集足够信息。有些表现或作品则需较多次的观察,如即席演讲可能因学生情绪或抽选的主题不同而导致很大的差异,应尽可能评价两次及其以上。通常情况下,学生单一表现较难提供真实成就的可信指标,如果要确定学生表现或作品是否精确,宜尽量用多重观察。如果不同观察产生相似表现,则教师会比较有信心以此来作决策;如果观察的表现呈现出不一致性,教师应收集更多信息。

(四) 收集学习信息的时间

表现性评价有的是评价任务的结果,有的是评价任务的过程,有的是两者兼而有之。如果要检测过程,那么在学生一开始执行任务时就要对学生的表现进行细致的观察,并通过一定的手段尽量准确地收集学生的表现信息。如果评价的是表现的成果，如作品，那么只需要在学生完成作品后，收集学生的最终作品就可以了。

表现性评价在课堂中的实施，还有一个非常关键的环节，就是评价结果的解释与运用，我们在后面作专节讨论。

四、案例：与学生一起开发和运用评分规则

针对当前作文评价不能很好地促进学生写作能力养成的问题。J小学的两位老师开展了通过与学生一起开发和运用评分规则来促进学生写作能力的探索。[①]

（一）评分规则的形成

作为语文老师，平时都在教作文、评作文，但当问及具体的评分规则时，教师们却很少有一个非常明确的答案。于是，我们首先和实验班的教师一起研究了各年级的课程标准，阅读了大量相关的资料，精心设计了三年级作文的十五条标准，如"能根据一定的情景展开想象，用恰当的文字表述想象内容"等。可是，当我们满怀信心地在学生面前亮出这些标准时，迎来的却是迷茫的目光。在与学生交流之后，我们了解了一个事实：书面化的语言，长长的语句对三年级学生来说实在不易理解，更别说照着这个标准来进行评价了。于是，我们决定让学生参与制订评分规则。

我们分别在三年级(1)班和(6)班中进行了民主的小组讨论，由各个小组讨论制订出学生心目中好作文的标准，然后将各组的讨论结果汇总得出了一份新的作文评价标准。标准的语言变得直白易懂，操作性更强了，评价的项目也由原来的十五项减至了八项。

（二）评分规则的运用

首先，我们用投影呈现评分规则，逐一解释，让全班同学都明确每一条内容的含义。因为标准是学生自己参与制订的，这一步很容易地完成了。随后，我们将评价表发给每一个学生，让他们对自己的作文(即准备上交给老师批改的草稿)进行评价。第二次作文课上，教师在写作指导之后，让学生们回顾一下评分规则，使学生在写作时有意识地关注到某几个方面，以此作为自己的写作要求。

学生自我评价进行了一个学期之后，我们进入了生生互评阶段。我们先让学生和以往一样，对自己的作文进行自我评价，评价表暂且不收，自己保管。然后，一、三组，二、四组把作文本交换，再对别人的作文进行评价，写上评价者的姓名后，

---

① 张俊怡，姚慧勤．小学作文评价中学生自定评价标准的研究[J]．当代教育科学，2009(16)．

随同作文本一起交给作者。此时,课堂上已不再平静,有的学生发现自己的得意之作并没有引起同伴的共鸣,脸有愤愤之色;有的学生却意外发现自己原本认为平平的文章竟赢得别人的欣赏,面露欣喜之情。之后的"聊天室"中,我们选取一至两组学生的作文进行交流,让自评、互评的双方各自阐述自己的理由,随后,让全班同学也针对这篇文章进行讲评,给出一个综合的评价。

(三) 评分规则的修改

学生升至了四年级,写作能力的提高,原有的评分规则几乎人人都能达到,显得要求过低。这样的评价标准已失去了意义。于是,我们又准备和学生一起制订四年级的评分规则。

(四) 分析与思考

上述这一作文教学例子的最主要特征,就在于与学生一起开发和运用评分规则。尽管它还有缺陷,但评分规则是学生自己参与开发的,他们对什么是好的作文逐渐有了清晰的认识;同时,经过多次运用,逐渐内化了评分规则,能够自信有效地评价自己和他人的作品。然而,在与学生一起开发和运用评分规则的过程中,以下两个问题需要我们有更深入的认识。

1. 与"学生"一起开发和运用评分规则

评分规则为教师和学生界定了每一个表现水平最关键的要素。然而,这些表现水平通常情况下都是由教育者开发的,而不是受教育的学生。"课堂评价最大的潜在价值就是将学生作为完整的主体(as full partners)参与到评价的过程中。"[①]与学生一起开发和运用评分规则是一个很好的做法,因为学生参与了任务质量、关键性要素的分析过程。这使得他们对任务结果有了清晰的图景,同时也能更深入地思考他们的学习,使他们成为一个更好的、更自信的表现者。

可见,在开发和运用评分准则的过程中,使学生成为教室的主人是很有意义的。这种做法将教学与评价紧紧地连接在一起,鼓励学生成为讨论教与学过程的积极参与者。它可以帮助学生:(1)更好地理解目标;(2)使学生的学习朝着明确的方向前进,从而促进他们的表现;(3)更有效地诊断优势和不足;(4)发展学生自我评价的能力。相反,学生如果不明确自己应该学什么、应该怎样学,以及应该达到怎样的程度,只是盲目地跟着教师的教学跑,或是猜测教师的想法,那就不可能产

---

① Stiggins, Richard J.. *Student-centered Classroom Assessment* (*2nd ed.*)[M]. Columbus, Ohio: Merrill, 1996:18.

生高质量的表现。因此，尽管上述作文教学实例还有很多需要改进的地方，但在发挥学生的主体作用上，与学生一起开发与运用评分规则这一尝试无疑迈出了成功的一步。

2. 与学生"一起"开发和运用评分规则

与学生一起开发和运用评分规则，在充分发挥学生主体作用的同时，老师并不是放手不管，而是与学生"一起"行动。在这个过程中，教师既不是权威，也不是无所事事的旁观者，而是要在平等的协商中引导学生，为学生提供智力上的支持。比如，在上面的这个案例中，小组在开展"民主讨论"决定评分规则时，讨论的过程和结果不能完全取决于学生，而应当有老师的先前设计、过程参与和结果评定。再比如，为了使学生的小组讨论更聚焦、更有质量，教师可以事先选择一篇匿名的与本年级写作目标相符的高质量文章和一篇匿名的低水平文章。让各个小组以这两篇文章为例子进行阅读和讨论，详细分析这两篇文章的特征。在小组讨论的过程中，教师要引导学生找出这两篇文章的本质差异。然后，教师和全班同学一起运用分析结果来协商确定高品质文章的关键特征，并在确定了这些关键特征后，师生共同将这些特征转化成评分规则。在这个过程中，教师的专业判断和参与方式，起着非常重要的作用，它直接影响着与学生一起开发和运用评分规则的质量。

第四节　评价结果的解释与运用

在很多人眼里，评价结果可能就是评价的最终结果，比如一个分数、一个等级或一个名次等。其实，我们这里所说的评价结果，就是上一节讨论的收集到的学生学习表现信息，是具体的信息，而不是概括化的结论性的信息。在收集到学习表现信息后，就会涉及对这些信息的解释和运用问题，而这正是促进学生的学习和教师的教学的关键所在。表现性评价的构成及其特征决定了表现性评价在这方面具有独特的优势。

一、基于评分规则的反馈

课堂评价不同于外部评价，课堂评价是教学的有机组成部分，目的在于促进学生的学习和改善教师的教学。而要改善与促进教和学，就需要把收集到的学生学习表现信息与目标要求进行比较，找出差距，使反馈具体而有指向性。而评分规则作为表现性评价的一个重要构成要素，不仅是评价工具，还是学习的工具和教学的工具。充分利用评分规则给出的评价结果能更好地为教与学提供有效的反馈。

（一）教师的反馈

当然，并不是所有的反馈都能促进学习。在当前课堂教学中，就存在着这样一些无效或低效，甚至可能是负效的反馈：一是只有泛泛的表扬，没有具体内容。笔者去年对一堂小学一年级的语文课《小松树和大松树》进行了课堂反馈情况的课堂观察，在第一个环节5分钟的时间里，教师给出的“你真棒”“真好”“真了不起”“很好”“很棒”“你真聪明”等这些泛泛表扬的反馈就有16次。二是反馈没有针对性。教师给出了反馈，但是反馈的信息不是针对学生的表现，不是针对学生表现所指向的学习目标。三是直接给出了答案。教师直接把正确答案告诉学生，没有给予改进的机会，没有具体描述学生的回答与正确答案之间的距离或是提供走向目标的线索或提示。

有效反馈需要具备以下几个特征：(1)与目标相关，有效的反馈信息其实就是学生当前作业情况与目标要求相比较的结果；(2)清晰具体，反馈应当提供关于表现状况的、清晰的、具体的信息，越是具体清晰，反馈信息对学生的可利用性就越强；(3)分享信息；(4)及时。① 评分规则具体描述了学生表现各个水平层次的特征，很容易实现第(1)和(2)点的要求。对多种反馈类型的结果的研究也表明，通过评分规则来阐释评价结果，学生的成绩提高得最多。②

利用评分规则，教师可以对学生的表现做出描述性反馈，即向学生提供直接与学习相关的、详细的、具体的描述性信息。基于评分规则的描述性反馈可以改变教师提供反馈信息的传统形式，诸如评分、分等和简单的表扬等，进而为学生提供具体的、持续的、特定的、指向明确的、经过证实的、有帮助的、关系到意图的描述性证据。而且，在很多时候表现性评价只能进行描述性评价，因为它所要评价的并不是可以客观量化的事实性知识和技能，而是知识技能的综合应用、复杂的问题解决、对合作活动的参与等等许多不能简单地量化，不能用分数或等级来表示的指标。当我们运用一个详细的评分规则的语言来描述学生的表现时，学生不仅能够知道自己当前的表现水平，还能够有针对性地让学生发现并理解自己当前存在的问题。同时，将开发好的评分规则，包括各个水平的样例呈现给学生，学生就能够判断自

---

① 王少非主编. 课堂评价[M]. 上海：华东师范大学出版社，2013：198—216.

② 刘辉. 促进学习的课堂评价结果处理研究[D]. 上海：华东师范大学博士毕业论文，2010：95.

己的现有水平与期望的水平之间的差距。运用规则的描述性反馈方式，而不是判断式反馈方式，能够使学生免于承受成绩/等级带来的压力，因而更容易被学生接受。

（二）学生自我的反馈

在表现性评价中，评分规则不仅是教师用以评价学生表现的指标，也可以成为学生对自己的表现进行反馈和监控的手段。当学生把评分规则作为自我监控的工具时，评分规则就能起到促进学习的作用。

学生可以利用评价规则来解释并理解教师给出的评价结果，或是根据评分规则进行自我评价、自我反馈。一方面，学生在完成任务的过程中，可以参照评分规则，或是将自己的表现与优秀的样本作比较，找出差距，了解自己的进程，评判自己的成果，监控任务表现的质量。运用教师在评价中给出的反馈来判断自己的表现，学生也就清楚了自己"要到哪里去""现在哪里"，逐步内化评分规则，逐渐明晰自己的弱点和长处，并充分利用自己的已有经验和所学的知识进行反思，进而改善自己的表现。这个过程，也就是自我评价、自我反思的过程。另一方面，当学生记录自己的表现时，他们就得运用事先确定评分规则作为记录的参照框架，并且运用这一参照框架进行自我评价。当整理自己的记录，如建立成长档案袋时，他们能够看到自己的变化，并对这些变化进行反思。如果他们能够看到自己的进步，就会获得对自己学习的控制感，[①]这是信心的重要来源。而当学生学习的信心增强时，他们获得成功的可能性就会大大增加。

（三）同伴的反馈

有了可以共享的清晰而具体的评分规则，学生就可以根据收集的学习表现信息进行互评。学生可以运用它们去辨别作品/表现中的优点和缺点。当然，为了提高反馈质量，他们不仅仅需要判断作品/表现的整体质量，同时还需要讲述清楚他们判断质量的理由，需要根据作品/表现的特点寻找评分规则中与之相对应的语句，也即寻找"证据"。

因为要评别人，学生就必须更准确、更细致地理解评分规则，弄清楚什么样的表现是好的，这有助于促进对表现内涵的更深理解。而在互评的过程中，学生运用评分规则对同伴的表现进行描述的同时，也更加清楚地看到自己的表现在评分规

---

① Stiggins, Richard J. &Chappuis, J.. Using Student-Involved Classroom Assessment to Close Achievement Gaps [J]. *Theory into Practice*, 2005(1).

则中的位置。可见,互评能帮助学生提高目标意识,培养更强的达标意识。更重要的是,“当学生有成功的故事可讲,且在令人信服地讲述故事时体验到自豪感,这会激励学生对进一步的学习的责任感。”①这种责任感会驱使他们更加努力地学习。

同伴反馈也解决了教师难以在课堂上给每一位学生做出有针对性反馈的局限。在小组合作、同伴反馈的过程中,学生有机会在整个学习过程中观察他们的同伴,而且他们观察到的细节往往比教师所看到的更多。同时,来自于同伴的反馈可以让学生通过其他同学的眼睛更客观地了解自我,同伴对学生的反馈有时比来自于教师的反馈更容易被学生接受。

二、基于评价结果的决策

有了具体的、描述性的评价信息后,学生可以利用这些评价结果来调整自己的学习,而教师可以据此来做出下一步的教学决策。

(一) 教师的教学决策

由于教学的复杂性,不可能有一套固定的适合于所有教学情境的教学方法或教学策略。从这个意义上讲,教学就是决策,就是根据具体情境做出的一个一个决策。教学决策贯穿于教师教学准备、实施和评价的每一个环节。在教学准备时,教师要根据课标、学情、教材等情况来确定目标、组织教学内容、选择教学方式和评价方式等,所有这些都涉及教师的决策。虽然教学实施是依据教学计划去执行的,但即便是教学设计做得再具体再详细,到了真实的课堂上,当你面对几十名生动活泼的学生时,也不可能完全按部就班——这种变化就是教学过程中的决策的结果。在课后,仍然需要教师的决策:还有哪些学生没达成目标,该怎么处理?那么,教师做出这一系列教学决策的依据是什么?也许有很多,但最根本的决策依据一定是关于学生学习表现的信息。这就是所谓基于评价结果的教学决策。

基于评价结果的教学决策本质上是以从评价结果所做的推论为依据的教学决策。② 而表现性评价和传统纸笔测验不同,一方面它所测的本身就是比较复杂的目标,另一方面表现性评价中的评分规则详细描述了表现的具体特征。因此,表现性评价能为教师提供教学决策的评价信息更丰富、更具体。在诸多的评价信息中,

---

① Stiggins, Richard J. &Chappuis, J.. Using Student-Involved Classroom Assessment to Close Achievement Gaps [J]. *Theory into Practice*, 2005(1).

② 王少非主编. 课堂评价[M]. 上海:华东师范大学出版社,2013:231.

教师首先要据此来确定当前教学中的问题。教师需要充分利用评分规则,将学生的表现信息与详细描述的评分规则进行对照,统整呈现学生的学习情况:全班同学基本上处在评分规则的哪个位置?评分规则中的哪些维度是全班同学基本达成的,哪些维度只有少数同学达成?学生的学习困难在哪里?等等。确定了问题之后,就要对问题进行分析,分析造成这个问题的原因。目前的结果说明了什么?哪些比较差的结果是因为教学设计和方法缺乏一致性,哪些又是学生方面的原因?如果是学生的问题,是认知问题,还是情绪动力问题?是知识基础问题,还是学习方式问题?等等。教师要充分利用表现性评价提供的关于学生知道什么和能做什么的丰富表现信息,进行全面系统的分析。在分析问题的时候,除了寻找学生的表现和学生之间的关系,更要全面地来看导致问题的多方面因素,要将问题置于学生、教师、课程方案和环境等因素互动的关系中来看待问题,寻找问题的原因。找到问题的原因之后,就要形成解决问题的方案,即做出下一步教学决策。

(二)学生的学习决策

要使表现性评价真正发挥促进学习的作用,教师运用表现性评价结果来调整教学自然十分重要。但如果我们将教师当作教学—学习过程中唯一重要的决策者,那就完全错了。学生是学习的主体,任何教学策略最终都要通过学生才能发挥作用。从学习过程看,学生是比教师更为重要的决策者,因为所有直接影响他们学习过程及结果的决策都是由他们自己做出的。学生要成为"证据驱动"的学习者,做出关于自己学习的决策,当然需要来自于评价的"证据"。因此学生应当成为表现性评价信息的重要用户。

当然,学生参与评价来做出自己的学习决策并不意味着由学生决定学习什么、测试什么,也不是说让学生自己设定自己的分数,而是指学生运用评价信息来管理自己的学习,以使自己知道怎样才能学得最好,确切地了解相对于学习目标而言,自己目前的位置,做出规划并实施下一步的学习,从而实现学习的改进。这里有两层意思,第一层是,学生学习决策主要是运用评价结果来管理和规划自己的学习;第二层是,如果学生获得了评价结果,而不能运用这些结果做出有效的下一步学习决策,那么学习的改进也是不可能的。

作为评价结果的最重要用户,学生在评价中最重要的任务是基于评价结果,包括上文说的教师的反馈、自我反馈和同伴反馈,做出学习决策。依据反馈自己订正错误的作业是运用评价结果做出学习决策的低层次表现,高层次的表现就应该是为自己下一步的学习设定目标,并制定相应的行动方案。为此,学生就必须学会分析自己学习中所存在的问题，根据问题来确定下一步行动的目标，并采取适当的策略来实现目标。① 因此，在这个过程中，学生要不断地进行反思：在预定的学习目标中，我已经学会了哪些？我现在离目标还有多少距离？我如何才能更好地缩短这个距离？所有这些策略都有助于学生不断地朝目标靠近，这种意识对他们的学业成功有着至关重要的作用。

当然，学生基于评价结果做出学习决策，这个过程离不开教师的指导，尤其对于年龄相对较小的学生而言。教师引导学生依据评分规则判断自己的学习水平，并设置自己改善的目标。教师需要经常向他们提出问题：你的主要问题在哪里？你接下来的目标是什么？要达成你的目标，你还要做什么？怎么做？学生尝试回答这些问题的过程就可能成为尝试决策的过程。当学生不再需要教师提问题，而能够主动向自己提问，并有效回答这些问题时，他们就会成为一个有效的学习决策者，一个自主的学习者。正如黛安·哈特所说的："传统的测验导致了以教师为中心的课堂模式，而真实性评价却要求一个主要以学生为中心的课堂。在这样的课堂中，教师的主要角色是辅助学生对他们的学习负责，辅助他们成为熟练的自我评价者。"②

---

① 王少非主编. 课堂评价[M]. 上海：华东师范大学出版社，2013：268.

② [美]Diane Hart. 真实性评价——教师指导手册[M]. 国家基础教育课程改革"促进教师发展与学生成长的评价研究"项目组译. 北京：中国轻工业出版社，2004：21.

第八章 大规模评价中的表现性评价

从理论上看,表现性评价不仅能弥补传统评价中部分重要目标无法评价的缺憾,更重要的是,表现性评价"重新连接大规模评价与课堂评价从而积极地影响学习,促进教学的需要"[①]。然而,很多人从实践的角度提出质疑:表现性评价的高成本、主观性,以及难以确保的公平性,使得表现性评价很难,或者不可能在大规模评价,尤其是高利害的大规模评价中实施。那么,表现性评价在大规模评价中的运用情况到底如何呢?有哪些成功的经验?又面临什么样的挑战?

第一节　表现性评价在大规模评价中的运用趋势

近几十年来,人们对课堂教学中的表现性评价进行了有意义的探索,而在大规模评价中,表现性评价同样得到了高度重视——许多国家与地区都将在大规模评价中运用表现性评价视为促进教育改革的重要手段。因此,表现性评价被越来越广泛地运用于大规模评价,乃至高利害的大规模评价中。

一、国际上基于表现性评价的评价改革动向

早在 20 世纪 90 年代,美国就将大量资金投入表现性评价的开发中,并在从国

① Fuchs, Lynn S.. Connecting Performance Assessment to Instruction: A Comparison of Behavioral Assessment, Mastery Learning, Curriculum-Based Measurement, and Performance Assessment[EB/OL]. http://www.ericdigests.org/1996-1/based.htm.

家到各州层面的大规模评价中实施表现性评价。“尽管有时有很多批评和反对的声音,表现性评价正以飞快的增长速度在美国的州、地方、社区等各级不同的学校中被用于大规模评价。”①比如,“美国国家教育进展评价”(National Assessment of Educational Progress, NAEP)作为国家层面的评价,在科学学科的评价中采用了两种创新型的表现性评价任务,动手任务(hands-on task, hots)和交互式计算机任务(Interactive Computer Tasks, ICTs)。动手任务部分为学生提供机会,展示他们在计划、进行科学调查、对复杂的问题进行推理、将科学知识应用于真实情境等方面表现得如何,交互式计算机任务要求学生在基于计算机的模拟自然或是实验情境的环境中解决科学问题。此外,受世界关注的是 2010 年美国为了提高基础教育改革的质量,颁布了《各州共同核心标准》,美国的绝大多数州都采用了这个标准。而后,美国政府划拨大量经费,资助开发与核心标准相匹配的评价体系。基于《各州共同核心标准》的评价系统由智能平衡评价协会和“为就业与升学做准备评价同盟”共同开发。基于核心标准,这两大联盟开发的评价注重对学生的高级思维能力和深层次学习能力进行评价。与此对应,表现性评价不论是在其形成性评价还是终结性评价中都占到了很大的比例。

美国在国家层面的大规模考试中重视并实践表现性评价的同时也将其纳入州层面的评价系统之中,如纽约州会考(New York State Regents Examinations),康涅狄格州(Connecticut)和佛蒙特州(Vermont)的高中评价等。此外,还专门形成了多个表现性评价项目或联盟,如俄亥俄州表现性评价项目(Ohio Performance Assessment Project)、马里兰州表现性评价项目(Maryland State Performance Assessment Program),以及由 47 所学校组成的纽约表现性评价联盟(New York Performance Assessment Consortium),这些学校通过实施评价联盟开发的表现性评价来确定学生的升学。②

同样,表现性评价也被纳入世界各国的大规模评价之中。英国普通中等教育

---

① Elliott, Stephen. Creating Meaningful Performance Assessments: Fundamental Concepts(1995)[EB/OL]. http://www.eric.ed.gov/ERICWebPortal/custom/portlets/recordDetails/detailmini.jsp?_nfpb=true&_&ERICExtSearch_SearchValue_0=ED381985&ERICExtSearch_SearchType_0=no&accno=ED381985.

② Linda Darling-Hammond & Frank Adamson. Beyond Basic Skills: The Role of Performance Assessment in Achieving 21st Century Standards of Learning(2010)[EB/OL]. [2014-3-17]. https://edpolicy.stanford.edu/sites/default/files/beyond-basic-skills-role-performance-assessment-achieving-21st-century-standards-learning-report_0.pdf.

证书[①](General Certificate of Secondary Education, GCSE)考试中几乎所有学科领域都涉及表现性评价。英国高考招生中的表现性评价——中心评审课程作业(center-assessed coursework),也得到了广泛的实施。中心评审课程作业需要教师对学生在完成平时学习中较为真实的任务时的实际表现进行评分,最后将该评分折合成一定的分数计入高考分数之中。类似的评价在澳大利亚、新加坡等许多国家与地区也都存在,如维多利亚教育证书 VCE(Victoria Certificate of Education)考试。VCE 证书考试相当于我国的高考,其成绩是澳大利亚高中生申请大学和接受职业教育的重要依据。维多利亚州课程评估管理局(Victoria Curriculum and Assessment Authority, VCAA)将对学生在学校中的表现性评价进行审核和评估,并向合格学生颁发 VCE 证书。我国香港地区香港考试及评核局(Hong Kong Examinations and Assessment Authority, HKEAA)也加快将表现性评价纳入考试系统之中。

另外,表现性评价也在国际大规模评价中广泛实施。如"国际数学和科学评测趋势"(Trends in International Mathematics and Science Study),即我们熟知的 TIMSS,参与测评的每一个学生都要完成一系列由数学和科学实际任务组成的表现性评价。PISA,"国际学生评估项目"(Programme for International Students Assessment)中也涉及大量的表现性任务,其科学评价的一个重要部分就是评价学生在人际间、社会间、全球化背景三大情境中的能力、知识和态度。表现性评价在 PISA 测试题目中占了很大一部分比例,如 2012 年 PISA 的科学题目中,以表现性评价为主的建构反应题型占到了总分值的 34%。而 2015 年, PISA 将对学生的合作问题解决能力进行评价,其中更是涉及了大量的表现性评价。

从众多国家和地区,乃至国际层面的评价项目的实例可见,将表现性评价运用于大规模评价的尝试与革新有着光明的前景。这样的评价改革及其实践也正符合了当今人们对学习的理解以及对基础教育质量的追求:在当今"信息大爆炸"的时代,掌握高层次思维技能的学习者才能在社会中取得成功;学校要教会学生如何去学习,以使学生将知识运用到实际情境中去应对信息、技术、社会环境不断变化的

---

① 注释:英国学生完成第一阶段中等教育所参加的会考。

需求。① 而在大规模评价中实施表现性评价正是希望能更清晰地揭示学生将知识运用到实际情境中的程度。

二、深化我国基础教育课程改革的必然要求

在大规模评价中实施表现性评价也是我国深化基础教育课程改革的必然要求,国际上基于表现性评价的评价改革无疑为我们提供了很好的范例。

(一) 传统外部评价对教与学的影响

人们总是批判老师们"为测验而教"、学生们"为考试而学",老师和学生这么做为什么不行呢? 因为目前的测验、考试方式太单一,能测的和能考的只是我们期望学生要获得的学习结果的一小部分,并且所测的和所考的不能给教学带来积极的影响。反之,如果我们采用的评价方式能检测多种学习结果,并能为教学决策带来丰富的有用信息,那么考什么教什么,怎么考怎么教,又何尝不可呢? 一项长期的研究结果也证实了这一观点:不管好坏,考试能"促使"教学模仿测试的内容和形式。② 因此,批判教师们为考而教、学生为考而学,首先要批判与反思的是影响教与学的外部大规模评价。

传统外部评价大多采用标准化的客观纸笔测验形式,由于它技术上比较完善,具体实施的可操作性强,并且往往能够以比较低廉的成本保证考试的客观性和公平性等优势,因此长期处于整个外部评价的霸主地位。但客观纸笔测验更多考察的是学生对事实性知识的掌握情况,评价的是学生回忆、再认、理解等低层次的能力,而把对学生长远发展更为重要的如推理、评价等高层次的复杂的能力拒之门外。另外,由于提高这类测验成绩的有效方法之一是让学生尽多地接触考试中可能出现的题目,因此教师不得不把更多的时间与精力投入到考试准备上,以致考试评价被认为是最终目的,学生的学习与发展却遭到了忽视。教师常被鼓励去追求更高的分数,"为不适当的考而教",而不是去更好地理解学生学习上的困难;一些消极的甚至不合伦理的实践就成为学习中的常态。在这种情况下,最完美、最有效

① Linda Darling-Hammond & Frank Adamson. Beyond Basic Skills: The Role of Performance Assessment in Achieving 21st Century Standards of Learning 2010[EB/OL]. [2014 - 3 - 17]. https://edpolicy. stanford. edu/sites/default/files/beyond-basic-skills-role-performance-assessment-achieving-21st-century-standards-learning-report_0. pdf.

② 同上注.

的考试却导致最糟糕的学习。[①]

在这样的情况下,考试很难发挥对教学的反馈与促进功能。教师更多的是为考而教,为最后一次的考试分数而教,而不是为了学生的全面发展。这些不合理的教学行为剥夺了学生发展高层次能力的机会:教学并没有关注学生学习需要什么,学生的学习只是单纯的机械操练;尽管学生学业"忙碌",但对他们日后发展十分重要的高层次的思维能力却没有得到发展。在很多教育者看来,相对于传统的纸笔测验而言,表现性评价更能对教师的教学目标构成积极的影响。"如果在高利害评价中合理使用表现性评价,教师教学活动的中心将会发生积极的转变。"[②]因此,表现性评价的倡导者认为,通过将更多的表现性评价纳入大规模外部评价,实施"值得去教的测试",必将推动评价改进课程、教学和学习结果。

(二)深化课程改革的必然要求

尽管在我国当前大规模外部评价更多还是由传统的纸笔测验组成,但教育环境的改变、基础教育课程改革的深化,使得表现性评价进入大规模外部评价成为一个必然的趋势。具体而言,主要体现在以下几个方面。

首先,课程目标变得更为全面,不只限于"双基",而是扩展为三大目标领域,且在知识技能领域更关注高层次的认知技能。对于"双基"之外的课程和学习目标,表现性评价无疑具有更强的检测能力。

其次,课程结构发生变化,研究性学习等综合实践活动进入国家课程方案,学生在国家课程上的表现显然不能被排斥在评价之外,尤其是关于学生的高利害决策,更要涉及所有的国家课程。而对于研究性学习之类的综合实践活动的评价,传统的纸笔测验无能为力,只能依赖于表现性评价。

第三,关于学生的高利害决策方式,即高考、中考等都在改革之中,部分高校获得了自主招生的权力,综合素质评价成为高校招生的一个重要的考量。综合素质评价显然无法完全借助于传统的纸笔测验,而如果高校自主招生还是以学生纸笔测验的成绩为唯一依据,那么自主招生也就会失去我们希望它具有的绝大部分的价值。而实际上,当前有些省市的高考改革已经呈现出了一种趋向,即尝试将表现性评价纳入高考之中,作为高校招生的依据。如在高考中"增设了理科实验操作测

---

① 王少非.校内考试监控研究[D].上海:华东师范大学博士学位论文,2007.

② [美]W. James Popham.促进教学的课堂评价[M].国家基础教育课程改革"促进教师发展与学生成长的评价研究"项目组译.北京:中国轻工业出版社,2003:137.

试,作为高考准入的资格考试"[①]。也有一些省市开始将学生在研究性学习上的表现当作高校招生的依据。而无论是对学生研究性学习的评价,还是综合素质评价,或者对学生实验操作的评价,都只能依赖于表现性评价。

第二节 大规模评价中的表现性评价案例

表现性评价在许多国家、地区以及国际评价项目中被广泛应用于大规模评价,其开发与运用也日趋完善成熟。这些案例对于正在探索评价改革之路的我们显然是极富借鉴价值的。那么,这些案例中的表现性评价具体是怎么运作的?又给我们带来怎样的启示?

一、国家层面的运用案例

国家层面的学生评价指的是全国范围内一定年级段的学生都必须参加的评价。由于其规模庞大且具有高利害性,国家层面的学生评价一般都采用容易施行的客观纸笔测验。但是它的导向作用,使得人们不得不反思学生评价的多样性、学习目标与评价方式的匹配关系等问题。因而,有不少国家和地区进行了在国家层面的学生评价中实施表现性评价的尝试。其中,英国高考中的表现性评价——中心评审课程作业就是表现性评价用于国家层面大规模评价的典型例子。

(一) 英国高考中的表现性评价概况

英国普通教育证书(General Certification of Education)高级水平考试,简称GCE,相当于我国的高考制度。在该高级水平考试中,原先只设高级水平考试科目(A-Level),从1989年起又增加了高级补充水平(Advanced Supplementary Level, AS)考试科目。AS科目的内容分量和修课时间为高级科目的一半,实际上属于高级科目的前半部分,故而其后半部分被称为A2。也就是说,AS和A2正好构成了一门完整的A-Level课程。[②] A-Level考试中的一个显著特色就在于大规模运用了表现性评价——中心评审课程作业。

---

① 高凌飚. 大规模考试的问题和改革方向[EB/OL]. http://eblog.cersp.com/UploadFiles/2007-11/1120461707.ppt.

② 冯生尧,谢瑶妮. 英国高考中的表现性评价:中心评审课程作业[J]. 比较教育研究,2006(8).

中心评审课程作业(centre-assessment coursework)是将在平时教学过程中需要学生实际表现的较为真实的任务作为整个考试的一部分,包括实验、调查、野外考察、论文、演讲等等。中心评审课程作业的评价标准和政策由全国性的大学入学考试机构统一制定,具体评分工作由各中心的教师负责,并按一定比重纳入该科目A级考试的最后成绩中。中心,或称考试中心,是指由专门的大学入学考试机构批准和注册成立的,负责课程作业的评分等考试事务的中学、高等学院或其他教育机构。这些中心的工作由联合资格委员会(Joint Council of Qualification, JCQ)协调与统筹,其中最为著名的中心就是资格评估与认证联合会(Assessment and Qualification Alliance, AQA)。

在英国各门学科的A-Level考试中,中心评审课程作业普遍占20%—30%的分数比重:A-Level生物考试中的实验占25%;物理考试中的实验占35%;地理考试需要学生进行实地调查并撰写4000字的调查报告,占20%;历史考试要求撰写两篇1000字的小论文,占15%。课程作业的活动包括书面写作或拓展性的论述题、课题和调查、实验、艺术作品、个体或小组的表现任务、口头表达、统计或计算任务等。有些课程作业在校外完成,而有些在学校的监督下完成。对于很多学科来讲,课程作业是一种非常有效和可靠的评价方式。如果说,实践创新能力可以在诸如设计、戏剧、艺术、开放性写作、实验等学科中进行评价,中心评审课程作业就给予了学生展示其能力的机会,并使他们对自己的学习负责,同时为学生提供了深入研究某一个主题的机会。

(二) 表现性评价运用实例

AQA为GCE的每一门学科开发了具体的课程作业指南。指南的核心部分包括评价目标的确立、表现任务的设计、评分规则的开发,以及一些实施程序与细节。下面我们以中心评审的英语语言文学A2课程作业为例作简要介绍。[①]

1. 评价目标

学生的英语语言文学A2的课程作业文件夹要求完成两件作品,一件是散文作品,另一件是戏剧作品。两件作品均要在2000到2500字之间,主要检测以下四个目标:“做出对文学文本的相关反应,富有创造性,运用恰当的术语和概念,连贯而

---

① The Assessment and Qualifications Alliance. GCE English Literature A Coursework Guidance: LITA2 Creative Study. 2009. [EB/OL]. [2014 - 5 - 09]. http://filestore.aqa.org.uk/subjects/AQA-2740-W-TRB-CGU2.PDF.

准确地进行书面表达”(AO1);“通过分析文学文本的结构、言语形式及其意义,做出具体的批判性的理解”(AO2);“利用其他读者的解读来探究不同文学文本之间的异同”(AO3);“展现对文学文本创作情境的重要性和影响作用的理解”(AO4)。四个目标在两个任务中所占的比重见表8-1。

表8-1 各评价目标在不同任务中所占的比重

	AO1	AO2	AO3	AO4	总数
散文任务	8%	10%	0%	2%	20%
戏剧任务	4%	4%	10%	2%	20%
总数	12%	14%	10%	4%	40%

英语语言文学A2的课程作业在高级考试中占40%的比重。考试中心需要选择适当的具有挑战性的课程作业任务,确保学生的学习包含比例适当的所有各类目标,以使学生最有可能获取更好的成绩。除了开发好的课程作业指南外,AQA还会提供具体的咨询和指导,包括恰当的任务设计和精确的评分。

2. *表现性任务*

英语语言文学A2课程作业必须使学生通过不同于书面考试的方式对文学文本做出反应,因此评审中心应该确保学生的课程任务是丰富多彩的。

如散文的表现性任务强调要聚焦于个人的丰富的反应,满足以下两项中的一项:(1)创造性(作为个人的或独创的阐释);(2)具有创造性的作品改写。具体任务如维多利亚文学。

文学文本:勃朗特(E. Bronte)的《呼啸山庄》(*Wuthering Heights*);课程作业要求为:(1)讨论勃朗特关于时机的观点如何影响了你对小说的理解?(2)写一则希斯克利夫的日记,叙述凯瑟琳死的那一天及其死因,运用希斯克利夫的口吻,基于小说家对人物个性的描述,捕捉勃朗特小说中形式、结构和语言的运用技巧。

如强调AO3的戏剧表现性任务,要提供戏剧文本,以及另一件作为比较的文本。或者通过更广泛的阅读戏剧文本,明晰不同戏剧文本之间的异同,或是戏剧文本与散文文本之间的异同。依然以维多利亚文学部分为例。

文学文本:斯托帕(T. Stoppard)的《阿卡狄亚》(*Arcadia*);课程作业包括:(1)“在斯托帕的《阿卡狄亚》中托马西娜是一个拥有不可思议的智慧却对生活毫无激情的角色,然而在勃朗特的《呼啸山庄》中凯瑟琳则是一个充满激情的没有智慧的角色。”根据这一论述,比较斯托帕在《阿卡狄亚》中描写托马西娜和勃朗特在《呼啸山庄》中描写凯瑟琳时所用方式的异同。(2)比较斯托帕在《阿卡狄亚》中描写托马西娜和狄更斯(C. Dickens)在《艰难时世》(*Hard Times*)中描写路易莎时所用方式的异同。你在多大程度上同意“托马西娜太聪明了以至于观众不能理解,而路易莎太愚蠢了以至于读者不喜欢她”这一观点?

3. **评分规则**

英语语言文学 A2 课程作业的评分规则分为四个等级,每个等级又至少分成两档,并给予每个等级每一档的具体分数。这里只介绍散文任务和戏剧任务中等级 4 第一档的评分规则(见表 8-2 和 8-3)。

表 8-2　课程作业评分规则:文学 A2　散文任务

	AO1(8%)	AO2(10%)	AO4(2%)
	对文学文本做出相关反应,富有创造性,运用恰当的术语和概念,连贯而准确地进行书面表达。 12/30	通过分析文学文本的结构、言语形式及其意义,做出具体的批判性的理解。 15/30	展现对文学文本创作情境的重要性和影响作用的理解。 3/30
等级 4:28—30 分	对文本进行熟练的、有洞察力的分析与理解; 生成一个引人注目的、完全令人信服的“观点”; 通过熟练的、具有表现力的、有效的、良好结构和良好语言组织的说明性文字展示对文本的整体理解与掌握; 作品具有说服力、有风格,并始终贯穿其中,给读者以愉悦的体验。	对文本的形式、结构和语言等重要方面进行熟练的、有洞察力的陈述和改写; 对作者的技巧进行细微的、有洞察力的探究,说明形式、结果和语言如何体现意义; 展示通过精心选择的一定数量的文本和参考书目; 对形式、结构和语言如何表达意义具有概念化的和成熟的理解。	熟练的、具有洞察力的探究和对文本情境及受其文化、文本类型、文学流派和历史时期影响的理解; 有选择地、确信且敏锐地思考和评价许多有趣的情境,展现对文本概念化的、成熟而深刻的理解。
	AO1(8%)	AO2(10%)	AO4(2%)
等级 4: 24—27 分	……	……	……
等级 3: 20—23 分	……	……	……

续 表

	AO1(8%)	AO2(10%)	AO4(2%)
等级3: 16—19分	……	……	……
等级2: 12—15分	……	……	……
等级2: 8—11分	……	……	……
等级1: 5—7分	……	……	……
等级1: 1—4分	不太能理解文本; 不太能运用术语; 对文本的评论缺乏支撑,且不准确、不清晰; 对文本做出的断定可能是错误的; 在书面表达中存在很多过失; 模仿多次仍不能完成写作;技术错误导致所要表达的意思模糊不清。	不太能识别文学文本的形式、结构和语言; 不太能基于文献做出自己对文本的反应; 很少引用文献或文本的内容;所表达的可能是不切题的;不能从文本的形式、结构和语言方面对文本进行分析。	不太能通过简单文化描述或是对文本类型、文学流派或历史时期的认识来理解文本情境; 除了非常明显的、普通的评论,很少能做出有意义的关于文本情境的评论; 通常是"有关联"或是不切题的。
等级1: 0分	没有写或上交任何东西。	没有写或上交任何东西。	没有写或上交任何东西。

表8-3　课程作业评分规则:文学A2　戏剧任务

	AO1(4%)	AO2(4%)	AO3(10%)	AO4(2%)
	对文学文本做出相关反应,富有创造性,运用恰当的术语和概念,连贯而准确地进行书面表达。 6/30	通过分析文学文本的结构、言语形式及其意义,做出具体的批判性的理解。 6/30	利用其他读者的解读来探究不同文学文本之间的异同。 15/30	展现对文学文本创作情境的重要性和影响作用的理解。 3/30

续　表

	AO1(4%)	AO2(4%)	AO3(10%)	AO4(2%)
等级 4：28—30 分	对知识和理解达到熟练的、具有洞察力和能进行分析的水平； 对文本做出组织良好的、熟练的、令人信服的、成熟而连贯的整体评论； 恰当地运用术语来支撑所形成的阐述； 运用完全恰当的、批判性和学术性的规范来创作具有非常好的结构和组织的作品； 通过自信的、具有挑战性和独创性的个人观点来展现对文本的掌握； 作品有风格、符合要求、令人信服，并将概念化和成熟始终贯穿其中，使读者产生愉悦感。	对文学文本中的形式、结构和语言等重要方面进行熟练的、具有洞察力的分析； 对作者如何运用技巧创造意义进行熟练的、具有洞察力的探究和批判性的分析； 支撑观点的材料非常具体； 通过一定数量的精心选择且有效的引文和参考资料展现对文本概念化的、成熟的理解。	对不同文学文本间的异同点能进行熟练的、具有洞察力的分析和评价； 对不同阅读材料和阐述进行熟练的、具有洞察力的和分析性的理解； 对别人的观点做出熟练的、具有洞察力的和分析性的反馈； 极强的敏锐感并在任务中得到体现； 对别人的观点进行综合评价与分析，明确对批判性观点的态度； 经常会有概念化的、批判性的个人观点； 对文本进行明智的、有选择性的、敏锐而有创造性的运用。	对具体文本及其情境之间的关系的重要性能进行熟练的、具有洞察力的探究和分析，并做出富有见解的比较； 对文化、文本类型、文学流派和历史时期对文本的形成和已经被接受或将要被接受的文本的影响做出敏锐而成熟的评价； 有选择地、确信且敏锐地思考和评价多种情境，展现对文本的概念化、成熟且深刻的理解。
等级 4：24—27 分	……	……	……	……
等级 3：20—23 分	……	……	……	……
等级 3：16—19 分	……	……	……	……
等级 2：12—15 分	……	……	……	……
等级 2：8—11 分	……	……	……	……

续 表

	AO1(4%)	AO2(4%)	AO3(10%)	AO4(2%)
等级1: 5—7分	……	……	……	……
等级1: 1—4分	不太能理解文本; 不太能运用术语; 对文本的评论缺乏支撑,且不准确、不清晰; 在书面表达中存在很多过失; 效仿多次仍不能完成写作;技术错误导致所要表达的意思模糊不清。	不太能识别文学文本的形式、结构和语言; 不太能基于文献做出自己对文本的反应; 很少引用文献或文本的内容;所表达的可能是不切题的;不能从文本的形式、结构和语言方面对文本进行分析。	不太能联系文学文本之间的关系,确认文本浅层的特征; 不太能做出概括性的反应; 除了非常明显的、简单的和/或普通的联系,不太能发现有意义的联系; 通常不能均衡地涵盖所选择的文本。	不太能通过简单文化描述或是对文本类型、文学流派或历史时期的认识来理解戏剧情境; 除了非常明显的、普通的评论,很少能做出有意义的关于文本情境的评论;通常是"有关联"或是不切题的。
等级1: 0分	没有写或交任何东西。	没有写或交任何东西。	没有写或交任何东西。	没有写或交任何东西。

(三)分析与讨论

课程作业并非什么新鲜事物,然而,把课程作业运用到国家层面的学生评价中,却是有待研究且值得研究的一个课题。英国高考中的中心评审课程作业,给了我们许多有益的启示与借鉴。

首先,要有高质量的、具体的专业支持。AQA等专门考试研究和决策机构为课程作业的开发、设计与实施提供了一系列的支持系统。比如为教师提供的详细的教师资源库和《认证课程教师指南》(*Authenticating Coursework: A Teacher's Guide*),为教师开发了每一门学科课程任务的目标设计、任务设计、评价规则等,并对如何根据评价目标设置相匹配的任务、如何鉴定学生课程作业的真实性等关键问题做出详细的说明。此外,还有专门的课程作业顾问为中心提供咨询服务,教师和学校可以通过电话和email等途径进行咨询。在每个学年的开始,AQA会根据地区的分布举行年会,讨论课程作业各个方面的相关内容。

其次,要建立程序和制度文明。监督和鉴定学生的作业是课程作业评价真实性和可靠性的关键。AQA在调节和监督机制的建立上,采取了大量的创新设计和具体措施,形成了一整套较完备的课程作业实施和管理系统。在课程作业中,学生的行为必须经过鉴定并接受教师的监督，而教师必须接受学校、考试中心的监督。为了鉴定学生的作业、教师记录的评价及其他相关信息，AQA 设计了课程作业学生记录卡(Center-assessed Candidate Record Form)(见表 8－4)。① 如果学生在完成课程作业的过程中得到额外的指导，必须记录在学生记录表上；教师/评分者需要清楚地说明如何根据所给定的评分规则来打分，也就是要表明所给分数的依据，所有的学生记录卡都包括教师/评分者记录关于评价的说明性信息这一栏。此外，还有中心评分表(Center Mark Forms，CMF)和中心申明单(Centre Declaration Sheet)(见表 8－5)②，每一个中心都要求做到：鉴定学生的作业；确保能用同样的标准去评价所有学生的作业。申明单上必须有教师/评分者对学生作业的鉴定。中心评分表和课程作业都必须交到主考员(moderator)那儿。主考员由 AQA 任命，负责抽查学生的课程作业及其教师评分，一旦需要，还会进一步要求各中心提供更多学生的资料。主考员有权对学生分数做出调整，并就课程作业中任务设计是否合理、评分是否适当、如何调整等问题，给各考试中心和教师提供反馈报告。

表 8－4　中心评审课程作业学生记录卡

AQA
ASSESSMENT and QUALIFICATIONS ALLIANCE

Centre-assessed work
Candidate Record Form
2008

GCE AS English Literature A Unit 2 (LA2C)

Centre name: ....　　Centre no: □□□□□

Candidate name: ....　　Candidate no: □□□□

This side is to be completed by the candidate

Sources of advice and information

1. Have you received any help or information from anyone other than your subject teacher(s) in the production of this work? (Write YES or NO) ....
2. If you have answered YES, give details. Continue on a separate sheet if necessary.

---

① Centre-assessed Candidate Record Form. 2008[EB/OL]. [2009－2－16]. http://www.aqa.org.uk/.

② Centre-assessed work Centre Declaration Sheet. 2008[EB/OL]. [2009－2－16]. http://www.aqa.org.uk/.

续 表

....

....

3. If you have used any books, information leaflets or other materials (e. g. videos, software packages or information from the Internet) to help you complete this work, you must list these below, unless they are clearly acknowledged in the work itself. Continue on a separate sheet if necessary.
   To present material copied from books or other sources without acknowledgement will be regarded as deliberate deception.

   ....

   ....

NOTICE TO CANDIDATE

The work you submit for assessment must be your own.

If you copy from someone else or allow another candidate to copy from you, or if you cheat in any other way, you may be disqualified from at least the subject concerned.

Declaration by candidate

I have read and understood the Notice to Candidate (above). I have produced the attached work without any help apart from the which is acceptable under the scheme of assessment.

As part of AQA's commitment to assist students, AQA may make your coursework available on a strictly anonymous basis to teachers, examining staff and students in paper form or electronically, through the Internet or other means, for the purpose of indicating a typical mark or for other educational purposes. In the unlikely event that your coursework is made available for the purposes stated above, you may object to this at any time and we will remove the work on reasonable notice. If you have any concerns, please contact crf@aqa. org. uk

Candidate's signature: .... Date: ....

This form should be completed and attached to the candidate's work and retained at the Centre or sent to the moderator as required.

PTO

The Assessment and Qualifications Alliance (AQA) is a company limited by guarantee registered in England and Wales 3644723 and a registered charity number 1073334.
Registered address AQA, Devas Street, Manchester M15 6EX. *Dr Michael Cresswell Director General*
LA2C/CRF

This side is to be completed by the teacher/assessor

Marks must be awarded in accordance with the instructions and criteria in section 20 of the specification.

Supporting information to show how the marks have been awarded should be given in the space provided below.

Coursework title:

续 表

Please complete the box below to show the mark awarded and use the spaces to make any summative comments which seem appropriate.

Max. mark	Mark awarded	Teacher's supporting statement
20		

Concluding comments

Details of additional assistance given (if any)
Record here details of any assistance given to this candidate which is beyond that given to the class as a whole and beyond that described in the specification. Continue on a separate sheet if necessary.

Declaration by teacher
I confirm that the candidate's work was conducted under the conditions laid out by the specification. I have authenticated the candidate's work and am satisfied that to the best of my knowledge the work produced is solely that of the candidate.
Teacher's signature: ________ Date: ________

表 8-5 中心评审课程作业中心申明单

AQA
ASSESSMENT and QUALIFICATIONS ALLIANCE

Centre-assessed work
Centre Declaration Sheet

Qualification: √ ELC ☐ EPQ ☐ FCSE ☐ FSMQ ☐ GCE ☐ GCSE ☐

Key Skills ☐ L1/L2 ☐

Specification title: ________ Unit code(s): ________

Centre name: ________ Centre no: ☐☐☐☐☐

Authenticaiton of candidates' work
This is to certify that marks/assessments have been given in accordance with the requirements of the specification and that every reasonable step has been taken to ensure that the work presented is that of the candidates named.

续 表

Any assistance given to candidates beyond that given to the class as a whole and beyond that described in the specification has been recorded on the Candidate Record Form(s) and has been taken into account. The marks/assessments given reflect accurately the unaided achievement of the candidates.

Signature(s) of teacher(s) responsible for assessment (*please print name below signature*)

Teacher 1: .... Teacher 4: ....
Name: .... Name: ....
Teacher 2: .... Teacher 5: ....
Name: .... Name: ....
Teacher 3: .... Teacher 6: ....
Name: .... Name: ....

(*continue overleaf if necessary*)

Internal standardisation of marking
Each centre must standardise assessment across different teachers/assessors and teaching groups to ensure that all candidates at the centre have been judged against the same standards.
If two or more teachers/assessors are involved in marking/assessing, one of them must be designated as responsible for standardising the assessments of all teachers/assessors at the centre.

I confirm that [*tick* either (*a*) or (*b*)]

☐ (a) the procedure described in the specification has been followed at this centre to ensure that the assessments are of the same standard for all candidates; or

☐ (b) I have marked/assessed the work of all candidates.

Signed:............. Name:............... Dete:...............
Signature of Head of Centre:................................ Date:.......
This form should be completed and sent to the moderator with the sample of centre-assessed work

The Assessment and Qualifications Alliance (AQA) is a company limited by guarantee registered in England and Wales 3644723 and a registered charity number 1073334.
Registered address AQA, Devas Street, Manchester M15 6EX. *Dr Michael Cresswell Director General*

另外,课程作业的实施对教与学具有极大的促进作用。课程作业对评价那些客观纸笔测验无法检测的知识和技能来说,拥有无法衡量的价值。同时,在很多学科中,课程作业对学生学习的促进作用也是相当巨大的,也为他们创造了一个对深层次领域进行研究的机会,并使他们对自己的学习更加负责。而课程作业促使教师必须明晰评价目标,根据学校和学生的特点对任务进行调整或设计,对学生的作业进行鉴定和评价;在要求教师完成这些评价任务的同时,它也为教师提供了很多培训和指导机会,赋予了相应的评价权,使教师能更加自主地进行更有效的教学。

事实上,我们在平时的教学中也会为学生布置类似英国中心评审课程作业的作业,然而由于没有相应的专业支持和制度保障,很多作业都没有达到应有的效果。例如,很多课程作业在任务设计上显得很随意,缺乏与检测目标匹配度的检验;而有些作业的评价没有跟上,教师只检查有没有做,而忽略了更本质的工作——对做得如何的评价,甚至有时候草草布置故而也就完事了。细细究之,其最根本的原因是课程作业并未被纳入高考之中,故而大部分学生作业不得不以"高考模拟题"形式存在。

二、国际层面的运用案例

国际层面的大规模评价项目,如 TIMSS、PISA、PIRLS 等,也都非常重视表现性评价的运用。由于篇幅关系,在这里我们只介绍 TIMSS 的例子。

(一) TIMSS 中的表现性评价

TIMSS 是由国际教育成就评价协会(IEA)发起和组织的测量国际数学和科学趋势的研究项目,旨在测量国际不同教育系统中学生数学与科学教育成就趋势的差异。IEA 在美国国家教育统计中心(National Center for Education Statistics, NCES)和国家科学基金会(National Science Foundation, NSF)的财政支持下,发起并组织国际数学和科学研究和评价活动。TIMSS-1995 有 40 个国家和地区参加,50 万学生参与;TIMSS-1999 有 38 个国家和地区参加,18 万八年级学生参与;TIMSS-2003 有 46 个国家参与;及至 TIMSS-2007 和 TIMSS-2011,参与国已超过了 50 个。

世界各国数学和科学的预设课程中规定,数学与科学的教育要让学生参与、动手、调查,号召学生完成任务需要具备的技能;[①]而传统的成就测试不能够测量这些高层次的技能,因此 TIMSS 作为一项国际的大规模测试,在对学生数学与科学的成就进行测试时,十分重视对学生实际技能的检测。为此,TIMSS 设计了大量的表现性评价,以使学生能够解释、运用推理或数字证据来支持一个答案、画图表或是展示数据,[②]并在第三次国际数学和科学评价研究中正式实施。

IEA 在关于 TIMSS 的报告中,将表现性评价定义为:利用综合的涉及使用仪器和设备的实践任务去评价学生内容知识和程序性知识,以及学生运用这些知识

---

① Garden R. A.. Development of TIMSS Performance Assessment Tasks [J]. *Studies in Educational Evaluation*, 1999(3):217-241.

② TIMSS 2011 ItemWriting Guidelines [EB/OL]. [2014-5-17]. http://timssandpirls.bc.edu/methods/pdf/T11_Item_writing_guidelines.pdf.

进行推理或解决问题的能力。[1] 从 TIMSS 课程框架(图 8－1)的“表现期望”(performance expections)和“评价维度”(perspective)中,我们不难看出其评价的综合性和复杂性。TIMSS 中的“表现期望”指的是期望学生在完成任务的过程中表现出的认知或操作技能,它包括回忆和运用简单或复杂的信息、运用设备、执行常

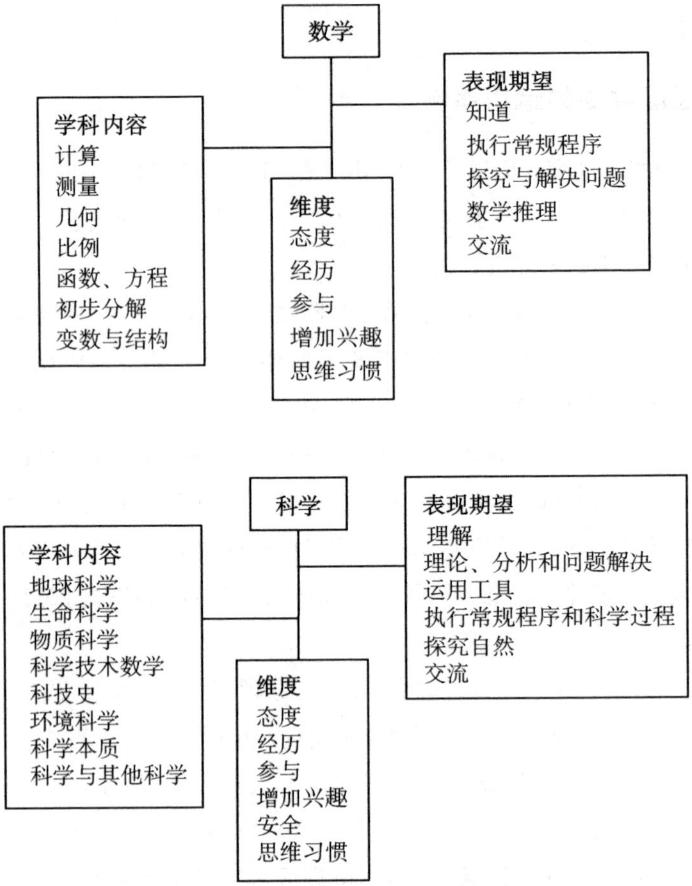

图 8－1 TIMSS 课程框架[2]

---

① Harmon, M. &Zuzovsky, R.. Introduction in TIMSS Performance Assessment [J]. *Studies in Educational Evaluation*, 1999, Vol. 25:173.

② Michael O. Martin Dana L. Kelly. TIMSS Technical Report Volume I: Design and Development. [EB/OL]. [2014－5－17]. http://timssandpirls. bc. edu/timss1995i/TIMSSPDF/TRall. pdf.

规程序和科学过程、问题解决、设计并执行一项调查、分析调查结果、形成和判断结论、交流数学或科学信息等。表现性任务考查的就是这些思维和实践技能。

另外，TIMSS 还规定了表现性评价的具体评价目标，其分类见表 8－6。

表 8－6　TIMSS 表现性评价目标分类表①

编码	目标	编码	目标
2.2	理论、分析、问题解决	2.4	探究自然界
2.2.1	归纳、演绎科学原则	2.4.1	明确要探究的问题
2.2.2	运用科学原则解决数量问题	2.4.2	设计探究过程
2.2.3	运用科学原则进行解释	2.4.3	进行探究活动
2.2.4	建构、解释、应用模型	2.4.4	解释探究数据
2.2.4	做出决定	2.4.5	在探究获得的数据上形成结论
2.3	使用工具、执行常规程序、科学过程	2.5	交往
2.3.2	使用设备、仪器和计算机	2.5.1	共享资料信息
2.3.2	进行常规实验操作		
2.3.3	收集数据		
2.3.4	组织、展现数据	3.5	安全使用材料和设备
2.3.5	解释数据		

为了能检测上述所规定的表现性评价目标，TIMSS 研究中的表现性任务被设计成小型的问题解决探究活动。这些表现性任务都会有一段行为指南，以帮助学生找到问题的答案或解决方法，然后要求学生进行一个开放性结果的探究活动。有时候这些任务还会明确要求学生在开始工作前进行反思，然后随着指南进行设备操作、测量、收集数据和解释数据等。几乎每一个表现性任务都包括三个类型的期望目标：测量观察、探究和寻找解决办法或形成解释，这体现了表现性任务的真实性和整体性。

（二）表现性评价运用实例

TIMSS 中的表现性评价由评价委员会（TIMSS Performance Assessment Committee）组织数学和科学领域的专家主持开发。四年级和八年级的表现性评价都由 12 项任务组成，包括五项数学任务，五项科学任务和两项综合任务（数学与科学的综合）。其题目不仅要反映 TIMSS 数学和科学课程框架，同时还要具有在国

---

① Garden. R. A.. Development of TIMSS Performance Assessment Tasks [J]. *Studies in Educational Evaluation*. 1999(3):220. 转引自：张海和. IEA 国际科学教育研究中的实作评量[J]. 比较教育研究，2002(11).

际性大规模评价中实行的可能性,尤其强调的是所开发的任务要体现 TIMSS 课程框架中的表现期望,并具有代表性。专家们在确保任务能引发学生的表现期望上作了大量的努力。主要体现科学内容的任务有:脉搏(pulse)、磁铁(magnets)、电池(batteries)、橡皮条(rubber bands)、溶解(solution)、容器(containers);数学任务是:骰子(dice)、计算器(calculator)、折叠与剪纸(folding and cutting)、绕弯(around the bend)、包装(packaging);数学与科学统整的任务是:橡皮泥(plasticine)和阴影(shadows)。①

下面我们选择溶解任务的实例来加以介绍:

表现性评价运用实例:TIMSS 溶解任务

1. 评价目标

能准确运用温度计,收集、制表、分析和解释数据,运用概念知识解释结果。

2. 表现性任务

第一题:

在完成溶解这个任务之前,你应该具备:

热水和冷水

几个有倾口的烧杯

一些药片(当这些药片溶解的时候会发出嘶嘶响)

一个搅拌器

一只具有秒针的钟或表

一支温度计

一把 30 厘米长的尺子

仔细阅读下面的指南:

你的任务是:

---

① Garden. R. A.. Development of TIMSS Performance Assessment Tasks [J]. *Studies in Educational Evaluation*. 1999(3):220. 转引自:张海和. IEA 国际科学教育研究中的实作评量[J]. 比较教育研究, 2002(11).

探究不同温度的水对药片溶解的影响。

你需要做的是：

设计一项实验来探究不同温度的水对药片溶解的影响。写下你的实验计划。你的计划应当包括：

你将测量什么；

你将做多少项测量；

如何在一个表格中陈述你的测量。

第二题和第三题：

完成你的药片溶解实验，制作一张表，记录你所有的测量结果。

根据你的探究，不同温度的水对药片溶解有什么影响？

第四题和第五题：

解释为什么会产生你观察到的这个结果。

如果让你修改你的实验计划，你将做出哪些改变，为什么？如果你觉得没必要修改，就写“没改变”。

清空烧杯、擦干，并摆放好一切东西。

3. **评分规则（完美表现）**

第一题——探究设计。(1)描述将如何实施探究。(2)陈述将会测量或观察哪些变量，包括操作时间和温度。(3)控制其他变量。满分为 2 分。

第二题——实施实验并在表格中记录测量结果。评分包括陈述的质量和数据收集的质量：

陈述的质量。(1)在表格中至少陈述两组测量。(2)测量是配对的：分解时间和温度。(3)适当地填写表格：栏目中的数据与标题相符。满分为 2 分。

数据质量。(1)至少记录三个温度点的操作时间。(2)测量是真实的：时间和温度(10℃到 100℃)。(3)当温度上升时所记录的操作时间是下降的。满分为 3 分。

第三题——说明温度对药片溶解所产生的影响。(1)结论与数据表或其他数据陈述(表格或文本)是相一致的。(2)描述数据所呈现出的关系。满分为 2 分。

第四题——解释结论。(1)粒子、原子或分子的温度越高,其能量或速度就越快。(2)高速度或高能量的水分子对药片所产生的影响。满分为2分。

第五题——评价设计和实验,指出要改变的地方。(1)答案与学生记录的方式和呈现的数据相一致(如果学生的设计是完整的,“没有改变”是可以认可的)。(2)改变可能在方法、设备的运用、测量的数量等方面上,同时必须包括改变的原因。满分为2分。

资料来源:Harmon, M.; Smith, T. A.; et al. *Performance Assessment in IEA's Third International Mathematics and Science Study* (*TIMSS*)[M]. Center for the Study of Testing, Evaluation, and Educational Policy, Boston College, 1997.

(三) 分析与讨论

大规模评价的规模庞大,组织和实施起来非常困难;更何况在有那么多国家参与的大规评价中实施表现性评价,其难度可想而知。作为规模最大的国际评价项目之一,TIMSS做出了的大胆尝试,给了我们很多有益的启示。

首先,重视并明确描述表现性评价目标。只有评价目标清楚了,才知道要检测的到底是什么,才能设计相应的任务引发学生的相关表现。IEA召集了五十多个国家的教育研究者来设计和实施TIMSS,研究者们从一开始就非常重视,并一直提倡运用实践性任务来评价学生在数学,尤其是科学中的表现。表现性评价目标一开始就在整个评价框架中被清晰地描绘出来,[①]并且以编码的形式界定了表现性评价目标的分类,便于表现性任务的设计与评分规则的开发。

其次,注重评价任务、评分规则与目标的匹配。TIMSS每道题目的设计都必须基于TIMSS评价框架,每道题目都要明确说明要测量的是TIMSS框架里的哪个内容主题(content topic)和哪个认知领域(cognitive domain),即这道题目是让学生展示什么知识和什么认知过程。在完成专业的开发过程之后,还需要有一个严格的审阅(review)、试测以及现场测试,以确保评价任务和评分规则的质量。选入TIMSS测试的任务与评分规则要经过由TIMSS国际研究中心的研究人员、数学与科学的国家研究协调员(National Research Coordinations)与咨询员、科学与数学

① Martin, M. O.. Third International Mathematics and Science Study: An Overview [A]// Martin, M. O. & Kelly, D. L. (eds.). Third International Mathematics and Science Study Technical Report, Volume I: Design and Development [EB/OL]. Chestnut Hill, MA: Boston College. http://timss.bc.edu/timss1995i/TIMSSPDF/TRCHP1.PDF.

题目审阅委员会、国际研究协调员(NRC)参与的审阅程序(review process),从难度水平、学科知识、平衡度、对框架的代表度等方面,对任务与评分规则的质量进行判断取舍。其后,保留下的测试题目将抽样学校和学生进行试测,所有最终进行测试的题目都是经过试测的。

再次,强调评价的公平性。由于是国际性的大规模考试,TIMSS特别强调要避免偏差,全面考虑各个国家的不同情境,注意与国家、文化、民族及地理位置相关的问题。同时,TIMSS还强调考虑性别问题,要避免由性别带来的对学生表现的影响。

当然,TIMSS表现性评价的实施过程也是困难重重。然而,它的尝试证明了在国际性大规模学生评价中实施表现性评价的可行性。并且它的实施及其研究更进一步证明:IEA的表现性评价在测量科学学习成就的某些重要方面是卓有成效的,而这些方面通过一般的纸笔测试是无法测试的。① 因此,这也更有说服力地表明:在检测学生高阶思维以及实践能力方面,表现性评价是不可缺少的,并且是可行的。TIMSS的表现性评价为进行大规模表现性评价提供了范例,也代表了学生学业评价改革的趋势。

在我国,目前还看不到其他可以取代高考这样大规模考试的有效方法。高考是我国目前的必然选择,不应也不能舍弃,但高考所造成的许多负面影响却不能不让人担忧:在世界各国、各地区积极开展包括表现性评价在内的多样化的评价改革时,反观我国的高考,其方式仍过于单一,所涉及的内容是学生认知和表现能力中范围狭窄、层次较低的范畴。像化学和物理这样实践探究性很强的学科,也仍习惯于“课本上看实验,黑板上画实验,考试前背实验,试卷上做实验”。学校、教师和学生都缺乏动机上的动力——因为考试只考记忆的东西。可见,对大规模考试进行改革,将其导向正确的方向——重视对学生高级思维技能、动手技能等的检测势在必行,以真正落实新课程理念,全面检测学生各方面的能力。

第三节　大规模评价中实施表现性评价的挑战

相对于传统的纸笔测验,表现性评价的优势显而易见。然而,传统纸笔测验也

---

① Kojima, S.. IEA Science Study in Japan with Special Reference to the Practice Test [J]. *Comparative Educational Review*, 1974:267.

自有它的长处,否则我们就不能解释为什么在表现性评价出现之后那么长时间里,传统纸笔测验依然能够占据评价核心位置。换言之,与传统纸笔测验相比,表现性评价亦有其局限性。这些局限性主要包括:编制困难;实施所需时间较长,成本较高;评分成本较高,且难以客观评分。在大规模评价中,后两个方面的局限性会成为表现性评价进入的巨大障碍。在大规模评价中,尤其是大规模高利害评价,基于评价结果做出的决策将会对学生的未来产生巨大的影响,因此评价本身及在此基础上做出的决策的客观性、公平性经常会成为公众关注的核心。而表现性评价在这一方面难以给予人们像标准化测验那样的客观公正的印象,可能这正是表现性评价在很长时间内未能纳入大规模高利害评价的原因所在。

一、成本问题

成本问题在于表现性评价在实施的过程中会受到时间和经费等因素的限制,从而影响它的实用性。表现性评价的三大经费开支要素分别是开发、管理和评分。[①] 海地(R. Hardy)认为,开发表现性评价的经费是很难估算的,因为“当一个地区运用现有的师资去开发表现性评价,他们很可能是很缺经费的,因为他们缺乏开发这种新类型的评价的经验”[②]。海地的研究结论是,表现性评价耗费的开发经费并不一定比多项选择考试要多。但管理和评分的情况就不一样了,大规模表现性评价在管理和评分上的开支要远高于传统的客观纸笔测验。评分开支由众多因素决定,包括评价的目的、学生回答的长度、评分程序的特点以及由谁评分等。有人估计作文评分的开支大约是多项选择考试的五到十倍。[③] 而另一项针对 ETS 管理的几个测试项目进行的研究结果显示:一道需要花 20 分钟到 40 分钟的论述题其评分开支是由机器评分的 150 到 200 道多项选择题的三到五倍。[④] 此外,表现性评价是由人进行评分的,评分者和考试管理者都必须经过培训。而且,在大多数的大规模考试系统中,需要给评分者以较高的经济报酬。

---

① Hardy, Roy. Performance Assessment: Examining the Costs [A]// Kane, Michael B. & Mitchell, Ruth (ed.). *Implementing Performance Assessment: Promises, Problems and Challenges* [M]. Lawrence Erlbaum Associates, 1996:109.

② 同上注.

③ Fremer, John. What Is So Real About Authentic Assessment? Paper presented at the Boulder Conference of State Testing Directors, 1990(6).

④ U. S. Congress, Office of Technology Assessment. *Testing in American Schools: Asking the Right Questions* [M]. Washington, D. C.: U. S. Government Printing Office, 1992:243.

表现性评价成本问题的另一个因素是耗时。无论在实施测试上还是在评分上都需要比较多的时间。传统纸笔测验通常面对大批的学生同时实施，而表现性评价却只能对一个学生或一个小组的学生实施。并且，表现性评价要求给学生足够的时间，让学生有机会完成每一个任务。而如果要对一个较大的领域进行评价就要使用复合型的任务，为了克服某种表现在不同任务间类推性的局限，需要搜集学生完成不同任务的表现信息，其时间成本更是难以估量。表现性评价的这个局限使得运用它检测数量较大的技能变得十分困难，因而其他更有效率的评价方式，比如书面考试，在可以使用时就应该尽量使用。

表现性评价的开支和耗时问题很可能成为许多国家和地区望而却步的原因。然而，表现性评价的提倡者们认为，表现性评价旨在与教学统整，实质上它的开支是少于其预估成本的，对待这个问题需要与日常的教学结合起来考虑。其次，表现性评价能提供关于学生能力表现的丰富信息，这些信息从多项选择题那里是无法获得的。比如在写作评价中，不仅最后的分数反映了学生的表现水平，而且作文本身就传递了丰富的信息，因而教师能更好地了解学生在写作中的问题与困难。同样，一些学习结果不能被多项选择题进行测量而可以在表现性任务中得到检测，如小组合作能力，表现性评价本身就为学生提供了良好的学习机会。再次，很多教育者认为伴随着表现性评价的教师专业发展是一个很有价值的副产品。比如说，当教师们聚集在一起讨论什么样的作文是好作文，而什么样的作文还没达到要求时，他们互相学习并且内化了教学标准，事实上与教学相关的其他内容都已被统整在一起进行培训了。正如加州教育部和州教育委员会所言，非传统评价的开支，尤其是教师专业发展的开支，应该被看作是整个课程开支的一部分。[①] 另外，还有人用“代价说”来反对“成本说”：“中国所有的高中都用整整一年来准备高考，每年都有数百万到上千万的高三学生以及数十万乃至上百万的高中老师要耗在整整一年的备考上，再加上数不胜数的年复一年地浸泡在重重复复的题海中的复读生，这个成本有多高？代价有多大？这本糊涂账，有人算过吗？如果我们再往深里算，高考把一代代的孩子训练成考试机器，严重影响了全国孩子的身心健康，这个代价又算得

① California Department of Education, California Assessment Program. Request for Applications for the Alternative Assessment Pilot Project [A]// U. S. Congress, Office of Technology Assessment. *Testing in American Schools: Asking the Right Questions* [M]. Washington, D. C.: U. S. Government Printing Office, 1992:245.

清楚吗？听说，这次复旦自主招生的成本不低，但为了中华民族的未来，值！"[①]最后，计算机技术的发展使得电脑自动评分系统变为可能。自动评分系统在大规模表现性评价中的运用，将大大减少评阅的时间与经费支出。

二、主观性问题

虽然，"无论使用哪种方法，所有的评价都来自评价者的主观判断，所有评价都会反应评价者的偏向或个人观点"[②]，但与传统的客观纸笔测验相比，表现性评价的主观性问题在实施中更为突出，因为对分数做出判断的复杂性正是表现性评价的一个关键特征。分数的产生就意味着推论或比较，学生的分数必须最大程度地反映他们的真实学业水平。因此有人说，判断的复杂性带来的主观性问题或许是表现性评价大规模实施的一个障碍，尤其在分数被用来做比较的时候。

在给学生的表现进行评分时，通常有三方面因素可能导致表现性评价的不准确推论。第一是评分工具，工具的质量直接影响评价结果的效度；第二是评分者，他们会把一些个人偏见带入评分过程；最后是评分程序，评分者在使用评分工具的过程中也会产生误差。这些都有可能导致主观性问题的产生，继而阻碍表现性评价在大规模高利害考试中的运用。

萨克斯曾旗帜鲜明地指出："如果需要评价个体的表现，那么大多表现性评价的信度系数都不符合要求。目前，这种评价的信度不足0.60。如果想提高的话，就必须有更多的评价者，评价者必须评阅更多的资料。"[③]尽管评分者不是故意为之，但在给学生的表现进行评分时仍会经常性地出现某些偏见。常见的个人偏见误差有几种。第一是宽松误差，指的是评分高于合理的评分。即使学生的表现没有什么优点，有宽松误差倾向的评分者也会说好。有些评分者则走向另一个极端，显示出严格误差。所谓严格误差，指的是低估学生作品质量的倾向。即使学生的作品很好，一个有这种偏见误差的人也只会给一个中等。另外一种个人偏见误差是集中趋势误差，指的是评分者在评分时评什么都给一个中间分数，既不给高分也不给低分。他们把分数集中在平均数或中间数周围，在观念上倾向于认为这种做法

① [美]黄全愈. 你离美国大学有多远：高考在美国[M]. 北京：中国人民大学出版社，2010：13.

② [美]Richard J. Stiggins. 促进学习的学生参与式课堂评价[M]. 国家基础教育课程改革"促进教师发展和学生成长的评价研究"项目组译. 北京：中国轻工业出版社，2005：96.

③ [美]吉尔伯特・萨克斯，詹姆斯・W・牛顿. 教育和心理的测量与评价原理[M]. 王昌海译. 南京：江苏教育出版社，2002：194.

不伤害任何人，因此会不自觉地给学生一个中间分数。这种现象在历年的作文评阅中相当常见，参加过中高考作文阅卷的老师恐怕更是深有体会。当教师用某一标准评价学生表现的结果影响了他对学生的整体印象时，就出现了另一种常见的误差——晕轮效应(halo effect)。如果评分者偏爱某一学生，认为某一学生就是好，那么就会在很多标准上都给该学生以较高的分数，甚至可能超过其真实的水平。

为了实现表现性评价的承诺，它必须面对这样的挑战：要有评定分数的合理标准，无论这个分数是产生于个体、团队，或是机器模拟的判断。这是测试开发商和专家们需要严肃考虑的领域。在美国，很多学区或州都雇用了相关领域的专家作为咨询员或顾问。大量的课程专家和研究团体研究并开发出了针对论述题和作文的表现性评价评分规则，并逐渐形成了一个为学生、教师和一般公众所接受的模式，使得评分越来越有系统性和可靠性。精心编制的评分规则指明了什么样的表现是好的，什么样的表现是差的；有代表性的学生表现被挑选出来作为不同分数等级的样本。而评分者也必须经过严格培训，学会运用评分规则。严谨的评分程序也通过各个环节规范评分行为。在大规模的写作评价中，每一篇作文有两个评阅者，如果在关键的评分点上出现分歧，将会有第三个评阅者进行评阅(通常情况下由“团队领导者”对这篇文章进行评阅)。加州作品评价项目(California Assessment Program)的写作评价只有一个评阅者，但是有各种各样的技术去确保评分的一致性。为了验证是否得到一致的分数，已经评阅过的作文被重新放回到未评作文中进行复评。这些努力与实践都大大地促进了表现性评价的实施。

另外，当前基于技术的评价设计与评分系统开发的新进展为减少表现性评价的主观性带来了福音。美国两大评价联盟 PARCC 和 SBAC 都投入了大量的精力和经费，致力于开发基于计算机技术的评价系统，NAEP 中也运用了大量的计算机模拟评价，另外基于计算机的评价也将在 2015 年的 PISA 评价中实施。基于计算机技术的评价包括两个方面，一是计算机模拟真实任务的设计，一是自动评分系统的开发与运用。多项研究表明，设计合理的自动评分是可靠的，且计算机和人的评分者一致性(0.85)与两个人之间的评分者一致性(0.86)几乎相同。①

---

① Osborne J.. The 21st Century Challenge for Science Education: Assessing Scientific Reasoning [J]. *Thinking Skills and Creativity*, 2013(10):265-279.

三、公平问题

任何评价都必须应用公平的标准，大规模的表现性评价当然也不例外。如果认为把客观反映的标准改成表现性评价就能避免不同文化可能带来的偏见或者平等，那将是一个错误。例如，从美国教育进展评价的结果来看，无论哪种形式的评价，非裔美国学生和白人学生平均成就水平之间的差距同样存在。NAEP 的结果主要是以对比学生在阅读测验（主要由多项选择题构成）和写作测验（开放的作文题）上的测验结果为基础的。其他的很多研究也是以这个概念为基础的。与之类似，费恩伯格（Feinberg）指出，表现性评价并没有降低白人被试和少数民族被试之间的差距。他继续报告了克雷（S. Klein）的分析，指出："如果表现性评价的分数考虑到表现性成绩的低信度，那么不同种族之间的差距甚至比主要是由多项选择题构成的测验还要大。"[①]我们知道，标准化测验处理不同学生背景常用的方法是，取样涵盖不同的主体范围，有时还包括不同的文化情境。然而，这种方法的运用在表现性评价中极为困难，因为问题解决耗时较长，这就限制了问题的数量。琼斯（M. Jones）提出了一种替代性的方法，包括运用适合特定文化和学生个人背景的任务。同时他也指出，"建立等值的任务是极其困难的"。[②] 对表现性评价来说，这是一个极大的挑战。

背景因素对考试结果的影响是人们一直关注的问题，比如先前的经验、性别、文化和种族等。如果我们要检测的是由教学而带来的学习的变化，那么所设置的评价就需要将这些由背景因素带来的影响降到最低程度。关于降低背景因素对传统的常模参照考试的影响，已经有相当多的研究成果，然而关于如何降低背景因素对大规模表现性评价的影响的研究少之又少。

实质上，公平性问题很大程度上取决于评价的目的和对分数所作的解释。比如说，有的考试对学生个人并不会产生什么巨大的影响，如美国的国家教育进步评价。相反，如果一项评价被用来甄别学生、提升教师，或是其他的高利害结果，公平性问题就是一个很重要的考虑因素了。[③] 从理论上讲，表现性评价缩小了那些在传统的标准化多项选择中获得低分数的学生与其他学生的差距。表现性评价通过

---

① Feinberg, L.. Multiplechoice and Its Critics [J]. *The College Board Review*, 1990(3):12－17.

② Miller-Jones, D.. Culture and Testing [J]. *American Psychologist*, 1989(2):360－366.

③ Linn, R. L.; Baker, E. L. & Dunbar, S. B.. Complex, Performance-based Assessment: Expectations and Validation Criteria [J]. *Educational Researcher*, 1999(8).

提供多元评价,给学生的表现提供了更公平的机会。但事实上,表现性评价很可能加剧了不同背景之间学生表现水平的差异。例如,不同种族之间,不同语言背景之间都很可能产生公平性问题。布里兰德(Breland)和格里斯沃尔德(Griswold)的研究表明,种族差异在论述题评价中的反应非常明显。①

我们批评传统的客观纸笔测验对少数群体的学生不利,然而,同样没有证据表明表现性评价能降低不同群体之间的差异。② 在表现性评价中,语言、先前的知识与经验等因素导致了新的偏见的存在:(1)需要高级思维技能去解决复杂问题和任务的能力③;(2)自我评价、思维监控时所需的认知技能;(3)在问题处理过程中的文化影响因素④;(4)带有很强的文化色彩的真实性任务;(5)表达、讨论、争辩观点的交流技能;(6)从父母、同伴和教师那儿获取的不充分的支持;(7)学校内外所缺乏的资源;(8)在评价者和学生之间所存在的语言和文化的不兼容性。

在我国,要在大规模评价中实施表现性评价所面临的挑战,除了上述的三个主要问题外,还面临需要建立表现性评价任务资源库的问题。表现性评价在我国难以进入大规模评价的一个重要原因是当前适用的表现性任务比较欠缺,而这与表现性评价任务的编制困难有关。显然,要编制接近于真实的问题解决情境,能让学生综合应用知识和技能去展示自己所知和所能的表现性任务,要比编制纸笔测验中的试题更为困难。但这种困难并非不能突破。实际上,这种困难一方面来自于相关技术的缺失,另一方面是因为相当贫乏的投入。以往对标准化测验的高度关注使得标准化测验的研究得到巨大的支持,因此相关的技术发展得相当成熟。事实上,选择题之类的标准化测验试题的编制也不容易,但当前却拥有了庞大的标准化测验试题库,原因就是相关技术的成熟和相应的投入。随着表现性评价研究的深入,与表现性评价任务开发相关的技术也将逐渐成熟。如果我们能够充分认识

---

① Breland & Griswold. Use of Alternative Assessment in National Assessments: The American Experience. Paper presented at Office of Educational Research and Improvement Conference, The Promise and Peril of Alternative Assessment, Washingtion, 1990(10).

② Linn, R. L.; Baker, E. L. & Dunbar, S. B.. Complex, Performance-based Assessment: Expectations and Validation Criteria [J]. *Educational Researcher*, 1999(8).

③ Baker, E. L. & O'Neil, H. F.. Performance Assessment and Equity [A]// *Evaluating Education Reform: Assessment of Student Performance* [M]. Washington, D. C.: Pelavin Associates, 1993: 56.

④ Hambleton R. K. & Murphy E.. A Psychometric Perspective on Authentic Measurement [J]. *Applied Measurement in Education*, 1992(1).

表现性评价的重要性,为之付出相应的投入,那么建立拥有大量可供选择的表现性任务的资源库并非没有可能。一旦一个庞大的表现性任务资源库得以建立,则缺少表现性任务的困难自会迎刃而解。

最后,我们需要通过建立专业支持、制度文明等保障机制,统整教学来实施大规模的表现性评价。表现性评价的实施需要较长时间,尤其是一些比较复杂的表现性评价。而大规模评价通常有较强的时间性,面临的管理压力较大,比如中考、高考等就需要在极短的时间范围内完成,因此专门为大规模的总结性评价实施表现性评价显然有困难。其实,用于大规模总结性评价的表现性评价并不需要专门设计或安排,只需将表现性评价的实施与整个学习过程整合在一起,像英国的中心评审作业所评审的就是学生在平常学习过程中完成的课程作业。如果能够让表现性评价与日常的教学活动整合,以作业单或其他方式记录学生在日常学习活动中的表现,然后通过系列机制来保障评价的质量,那么实施困难的难题也能够得到有效突破。

在大规模评价中实施表现性评价的确面临诸多的挑战,然而,表现性评价较为广泛并且较长时间地运用于大规模评价的成功经验表明,只要设计合理,还是能较好地付诸实践的。纳托尔(Nuttall)在对表现性评价在英国多年运用与发展的分析的基础上,也指出,"通过努力,表现性评价可以成功运作,而且,教师和学生都竭诚欢迎。"[①]和客观式试题相比,表现性评价虽是不经济的评价方法,但不能为了运用上的方便或简单的理由,把评价的层面窄化或偏狭,我们应根据目标选择与其目的相匹配的评价方法和工具,使评价引导、促进学生的学习。

① Nuttall, D. L.. Performance Assessment: The Message from England [J]. *Educational Leadership*, 1992(8).

结语

本研究主要探讨了我们为什么需要表现性评价、什么是表现性评价、如何开发表现性评价和如何运用表现性评价来促进教与学。在这些问题的背后始终贯穿其中的是对这一问题的思考与探索:评价该如何把学生引向我们所期望的方向?

“如何”既是理念问题,也是方法问题,同时还涉及方方面面的相关因素。表现性评价解决不了学生评价的所有问题,就像学生评价解决不了所有的课程与教学问题一样;但是如果我们还是很坚定地要把学生引向我们所期望的方向的话,那么就必须给表现性评价以应有的地位,充分发挥评价促进教与学的潜力。

设计良好的表现性评价能评价复杂的学习目标、需要学生持久理解的课程内容,而不仅仅停留在对知识的记忆上。更重要的是,它能够很好地将课程与教学连接在一起,促进标准、评价、课程与教学的一体化。高利害评价决定了教师的教和学生的学,这已是不争的事实。表现性评价的研究者和支持者并没有试图改变这一关系,而是主张通过改善评价来减少“为纸笔测验而教”的负面效应,同时使评价能推动课程与教学,开发一种提升教与学水平的体系,从而促进学生的学习。

在此,还应对以下几点做出说明:

一、“之一”而不是“唯一”

不存在最好的评价方法,只有最合适的评价方法,它的合适与否取决于评价方法与评价目的、学习目标的匹配程度。在研究过程中,我一直努力贯彻这一观点。我们研究、提倡并呼吁在现行的课程与教学中运用表现性评价,并非是要否定、排斥并取消其他评价方法。况且,设计恰当的选择性反应题目也有可能检测复杂的学习目标,而设计得不理想的表现性评价同样对复杂目标束手无策。我们的努力旨在建立一个多元的、平衡的评价体系。因此，给表现性评价以应有的地位也即运用表现性评价去检测那些适合其检测的学习结果类型，而考查学生对知识内容、事实性信息等的掌握程度，更适宜采用选择性反应评价。一种评价方法再有效，也难以对学生的能力进行全面的检测。反过来说，学生的学习结果是多元的，评价的目的和方法也必须多元化。我们应当树立正确的评价观，充分发挥各种评价方法的特长和优势，同时也认识到它们的局限，妥善灵活地运用各种评价方法，达成共同的目标。

二、要“说”，更重要的是要“做”

之所以强调给表现性评价应有的地位，是因为它有实施的必要性和无可替代的重要价值，更由于它没有受到足够的重视。我们现在强调、重视它，正是源自对教育现况的不满及企图回归教育本质的心愿。然而，它能否带领我们走向美好的应许之地，绝对不仅仅关涉评价方法的改变和完善，更涉及整个教育理念与教学方式的改变，涉及整个教育系统甚至社会系统的诸多因素。或许当前很多人仍对表现性评价的运用持悲观态度，认为表现性评价在理论上讲虽是可行的，甚至是完美的，但是在实际中却不能削减与问责挂钩的考试对我们教学甚至生活的影响，因而在现行的评价体系中运用表现性评价不太现实，很多条件都还不够成熟。另有不少教育工作者虽然认同实施表现性评价将会促进学生的学习，并乐意积极促成学生评价的改善，但仍认为改革的任务过于艰巨。平心而论，这些担忧和迟疑都不无道理，但在我看来，要想给表现性评价以应有的地位，最有说服力的就是行动。我们不能说要等到教师的评价素养好到什么程度、学生评价体系有多么完善、社会诚信机制有多么健全之后才能开始实施表现性评价。相反，只有从现在开始行动，只有不断地实践，才能不断地提高教师的评价素养，才能不断地完善实施表现性评价所需的一切条件。行动，不能停留在呼吁上，更不是一个口号，它需要所有相关人员的协同努力。

三、现在做得太“少”，需要更多的人“多”做

随着新课程的不断推进，如何建立符合素质教育要求，促进学生成长的教育评价体系已成为新课程实施中备受关注的焦点。广大教育管理者、理论与实践工作者对构建新型的教育评价体系充满了热情与期待。然而，评价改革是一项复杂的系统工程。只在一旁观看和等待，是远远不够的；只有少数人的思考、研究与呼吁

也是成不了气候的，它需要来自不同共同体的人的通力合作。由于历史传统的影响，在很多人的观念中，只有客观的才是公平的，只有客观纸笔测验才能确保机会的平等。对此，我们需要建立相应的配套制度，以制度来保证评价结果的公正性、可靠性，如建立公示制度、申诉制度、监督制度、复议制度和责任追究制度等，以制度文明和程序文明来赢得大家的信任，为实施表现性评价等更真实准确的评价营造有利的大环境。教育行政部门要提高执行力，为践行新的评价理念，落实评价改革政策提供保障。相关的研究者和专家需要为评价的具体应用与实施提供专业上的支持，如完善课程标准，拓宽表现性评价的应用研究等。教师作为实施评价的最重要主体，需要有更多的机会，做更大的努力去认识、理解和运用表现性评价。同时，家长和社区成员的理解、支持与合作也是不可或缺的。只有不同共同体的人群策群力，才有可能实现表现性评价应有的美好愿景。

有人说不要把课程解决不了的事都推给评价，何况教育不仅仅是教育本身的问题，是整个社会的问题。此话固然有理，但不可否认，评价自身远未做好其应做的事，而给表现性评价以应有地位的努力也才刚刚起步。古人云："非不能也，是不为也。"为者，实践也，躬行也。"教育""改革"从来都首先是动词，然后才同时是名词，评价及其改革当然也不例外。实际上，"不能"往往只是借口，"不为"才是真相，"难为"也只是"不为"的另一种表达，只是较为委婉而已。事在人为，评价之事于教育，尤其是基础教育关系至关重要。勇于实践，一往无前，知其应为而为之，知其难为而为之，我们没有别的选择。

参考文献

[中文部分]

[1] 陈玉琨.教育评价学[M].北京:人民教育出版社,1999.

[2] 崔允漷,刘辉,郑东辉.我国义务教育阶段学生统考情况调研报告[J].全球教育展望,2008(3).

[3] 崔允漷,王少非,夏雪梅主编.基于标准的学生学业成就评价[M].上海:华东师范大学出版社,2008.

[4] 崔允漷主编.有效教学[M].上海:华东师范大学出版社,2009.

[5] [德]诺伯特·M·西尔,[荷]山尼·戴克斯特拉主编.教学设计中课程、规划和进程的国际观[M].任友群,[111]杨蓓玉,王海芳,刘娟娟,鲍贤清译.高文审校.北京:教育科学出版社,2009.

[6] 丁朝蓬.高中新课程评价[M].天津:天津教育出版社,2005.

[7] 丁家永.国外有关知识测量与评价研究的新发展[J].外国中小学教育,2000(2).

[8] 豆雨松.课堂评价任务的设计与使用[D].上海:华东师范大学硕士毕业论文,2011.

[9] 费英秋.素质的透视与测评[M].北京:中国物资出版社,1994.

[10] 冯平.评价论[M].北京:东方出版社,1995.

[11] 冯生尧,谢瑶妮.英国高考中的表现性评价:中心评审课程作业[J].比较教育研究,2006(8).

[12] 冯生尧.表现性评价在高考中的运用[J].全球教育展望,2007(9)

[13] 傅道春.新课程中课堂行为的变化[M].北京:首都师范大学出版社,2002.

[14] 高凌飚.大规模考试的问题和改革方向[EB/OL].http://eblog.cersp.com/UploadFiles/2007-11/1120461707.ppt.

[15] 高民.论知识的分类测量与评价[J].教育理论与实践,1999(9).

[16] 胡森.简明国际教育百科全书:教育测量与评价[M].许建钺等编译.北京:教育科学出版社,1992.

[17] 黄光扬.教育测量与评价[M].上海:华东师范大学出版社,2002.

[18] 黄光扬.新课程与学生学习评价[M].福州:福建教育出版社,2005.

[19] 机动车驾驶证申领和使用规定[EB/OL].http://news.sina.com.cn/c/2007-01-06/

234511969252. shtml.
[20] 教育部基础教育司,师范教育司. 新课程与学生评价改革[M]. 北京:高等教育出版社,2004.
[21] 瞿葆奎. 教育评价[M]. 北京:人民教育出版社,1989.
[22] 雷新勇. 试题命制的理论和技术(一)[J]. 考试研究,2008(1).
[23] 李端明. 简介变通性评量. [EB/OL]. http://www. nani. com. tw/nani/eteacher/etlibrary/article_list. jsp? no=13&A_FILE=D_4_3_5_13&select1=1 &topage=2.
[24] 李坤崇. 多元化教学评量[M]. 台北:心理出版社,1999.
[25] 李雁冰. 课程评价论[M]. 上海:上海教育出版社,2002.
[26] 李子建,梁振威,高慕莲编著. 中国语文课程与教学:理论、实践和研究[M]. 北京:人民教育出版社,2005.
[27] 刘辉. 促进学习的课堂评价结果处理研究[D]. 上海:华东师范大学博士毕业论文,2010.
[28] 刘伟."问题解决题"思维程序初探[J]. 中学物理,2011(8).
[29] 刘学文. 浅论多元化学生评价机制的构建[J]. 西华大学学报,2004(12).
[30] 罗丹. 美国小学数学科中表现性评价档案袋的收集与实施——以米尔沃基帕布里克学区为例. 外国中小学教育[J],2007 (10).
[31] 罗琴. 论音乐教学中的表现性评价[D]. 武汉:华中师范大学硕士学位论文. 2006.
[32] [美]Albert Oosterhof. 开发与运用课堂评估[M]. 谭文明,罗兴娟译. 北京:中国轻工业出版社,2006.
[33] [美]Barbara E. Walvood, Virginia J. Anderson. 等级评分——学习和评价的有效工具[M]. 国家基础教育课程改革"促进教师发展与学生成长的评价研究"项目组译. 北京:中国轻工业出版社,2004.
[34] [美]Diane Hart. 真实性评价——教师指导手册[M]. 国家基础教育课程改革"促进教师发展与学生成长的评价研究"项目组译. 北京:中国轻工业出版社,2004.
[35] [美]Ellen Weber. 有效的学生评价[M]. 国家基础教育课程改革"促进教师发展和学生成长的评价研究"项目组译. 北京:中国轻工业出版社,2003.
[36] [美]Gary D. Borich, Martin L. Tombari. 中小学教育评价[M]. 国家基础教育课程改革"促进教师发展与学生成长的评价研究"项目组译. 北京:中国轻工业出版社,2004.
[37] [美]Grant Wiggins, Jay McTighe. 理解力培养与课程设计:一种教学和评价的新实践[M]. 么加利译. 北京:中国轻工业出版社,2003.
[38] [美]Grant Wiggins. 教育性评价[M]. 国家基础教育课程改革"促进教师发展与学生成长的评价研究"项目组译. 北京:中国轻工业出版社,2003.
[39] [美]Howard Gardner. 智力的重构——21 世纪的多元智力[M]. 霍力岩,房阳洋等译. 北京:中国轻工业出版社,2004.
[40] [美]James Bellanca, Carolyn Chanpman, Elizabeth Swartz. 多元智能与多元评价——运用评价促进学生发展[M]. 夏惠贤等译,袁玲玲审校. 北京:中国轻工业出版社,2004.
[41] [美]Judith Arter, Jay McTighe. 课堂教学评分规则——用表现性评价准则提升学生成绩[M]. 国家基础教育课程改革"促进教师发展与学生成长的评价研究"项目组译.

北京:中国轻工业出版社,2005.
[42] [美]Katherine Cennamo, Debby Kalk. 真实世界的教学设计[M]. 蔡敏主译. 中国轻工业出版社, 2007.
[43] [美]Kathleen Montgomery. 真实性评价——小学教师实践指南[M]. 国家基础教育课程改革“促进教师发展与学生成长的评价研究”项目组译. 北京:中国轻工业出版社,2004.
[44] [美]Leigh Chiarelott. 情境中的课程——课程与教学设计[M]. 杨明全译. 北京:中国轻工业出版社,2007.
[45] [美]N · E · 格朗兰德. 教学测量与评价[M]. 郑军等编译. 石家庄:河北教育出版社,1991.
[46] [美]Richard J. Stiggins. 促进学习的学生参与式课堂评价[M]. 国家基础教育课程改革“促进教师发展与学生成长的评价研究”项目组译. 北京:中国轻工业出版社,2005.
[47] [美]Robert L. Linn, Norman E. Gronlund. 教学中的测验与评价[M]. 国家基础教育课程改革“促进教师发展与学生成长的评价研究”项目组译. 北京:中国轻工业出版社,2003.
[48] [美]Scott Paris, Linda R. Ayres. 培养反思力:通过学习档案和真实性评估学会反思[M]. 袁坤译,张厚粲审校. 北京:中国轻工业出版社,2001.
[49] [美]W. James Popham. 促进教学的课堂评价[M]. 国家基础教育课程改革“促进教师发展与学生成长的评价研究”项目组译. 北京:中国轻工业出版社,2003.
[50] [美]比尔 · 约翰逊. 学生表现评定手册[M]. 李雁冰主译. 上海:华东师范大学出版社,2001.
[51] [美]布卢姆等编. 教育目标分类学 · 认知领域[M]. 罗黎辉等译. 上海:华东师范大学出版社,1986.
[52] [美]查尔斯 · M · 赖格卢斯主编. 教学设计的理论与模型:教学理论的新范式(第2卷)[M]. 裴新宁,郑太年,赵健主译. 高文审校. 北京:教育科学出版社,2011.
[53] [美]戴维 · 拉齐尔. 多元智能与量规评价[M]. 白芸,杨东,魏奇译,郅庭瑾审校. 北京:教育科学出版社,2005.
[54] 美国教育研究协会,美国心理学协会,全美教育测量学会. 教育与心理测试标准[M]. 燕娓琴,谢小庆译. 沈阳:沈阳出版社,2003.
[55] [美]哈罗,辛普森编. 教育目标分类学. 动作技能领域[M]. 施良方,唐晓杰译. 上海:华东师范大学版社,1989.
[56] [美]哈维 · 席尔瓦,理查德 · 斯特朗,马修 · 佩里尼. 多元智能与学习风格[M]. 张玲译. 北京:教育科学出版社,2003.
[57] [美]黄全愈. 你离美国大学有多远:高考在美国[M]. 北京:中国人民大学出版社,2010.
[58] [美]吉尔伯特 · 萨克斯,詹姆斯 · W · 牛顿. 教育和心理的测量与评价原理[M]. 王昌海译. 南京:江苏教育出版社,2002.
[59] [美]加涅等著. 教学设计原理[M]. 皮连生等译. 上海:华东师范大学出版社,1999.
[60] [美]科林 · 马什. 初任教师手册[M]. 吴刚平,何立群译. 北京:教育科学出版社,2005.
[61] [美]克拉斯沃尔,布卢姆等编. 教育目标分类学 · 情感领域[M]. 施良方,张云高等译.

上海:华东师范大学出版社,1989.
[62] [美]拉尔夫·泰勒.课程与教学的基本原理[M].施良方译,瞿葆奎校.北京:人民教育出版社,1994.
[63] [美]罗宾·福格蒂,朱迪·斯托尔.多元智能与课程整合[M].郅庭瑾主译.北京:教育科学出版社,2004.
[64] [美]罗伯特·D·坦尼森,[德]弗兰兹·肖特,[德]诺伯特·M·西尔,[荷]山尼·戴克斯特拉主编.教学设计的国际观:理论·研究·模型(第1卷)[M].任友群,裴新宁主译.高文审校.北京:教育科学出版社,2007.
[65] [美]马西·P·德里斯科尔.学习心理学——面向教学的取向(第三版)[M].王小明等译.华东师范大学出版社,2008.
[66] [美]帕特丽夏·F·卡利尼.让学生强壮起来——关于儿童、学校和标准的不同观点[M].张华等译.北京:高等教育出版社,2005.
[67] [美]约翰·杜威.评价理论[M].冯平等译.上海:上海译文出版社,2007.
[68] 皮连生主编.实施《基础教育课程改革纲要(试行)》的心理学基础[M].上海:上海教育出版社,2004.
[69] 皮连生主编.学与教的心理学[M].上海:华东师范大学出版社,2003.
[70] 皮连生主编.知识分类与目标导向教学——理论与实践[M].上海:华东师范大学出版社,1998.
[71] 宋长琨.考之以言,试之以行——试析孔子的考试方法[J].考试研究,2007(1).
[72] 孙晓敏,张厚粲.表现性评价中评分者信度估计方法的比较研究——从相关法、百分比法到概化理论[J].心理科学,2005(3).
[73] 特级教师批教育弊端:五条绳索捆绑,孩子如何成人[EB/OL].http://www.chinanews.com.cn/edu/jygg/news/2009/03-06/1590654.shtml.
[74] 田卫华.高中作文表现性评价研究[D].上海:华东师范大学硕士学位论文,2007.
[75] 田中耕治.教育评价[M].高峡,田辉,项纯译.北京:北京师范大学出版社,2011.
[76] 王斌兴.新课程学生评价[M].北京:开明出版社,2004.
[77] 王景英.教育评价理论与实践[M].长春:东北师范大学出版社,2002.
[78] 王凯.发展性校本学生评价体系研究[D].上海:华东师范大学博士学位论文,2004.
[79] 王凯.真实性评价:建构性课堂中的评价方式[J].教育科学,2003(6).
[80] 王丽.中国语文教育忧思录[M].北京:教育科学出版社,1998.
[81] 王少非.校内考试监控[D].上海:华东师范大学博士学位论文,2007.
[82] 王少非主编.课堂评价[M].上海:华东师范大学出版社,2013.
[83] 王文静.情境认知与学习理论研究述评[EB/OL] http://www.etc.edu.cn/articledigest14/qingjing.htm.
[84] 王小明.表现性评价:一种高级学习的评价方法[J].全球教育展望,2003(11).
[85] 梶田睿一.教育评价[M].李守福译.长春:吉林教育出版社,1998.
[86] 吴维宁主编.新课程学生学业评价的理论与实践[M].广州:广东教育出版社,2004.
[87] 吴毓莹.效度意义的变迁——从目标功能的考量到价值及社会后果的反省[A].台南师范学院八十六学年度教育测验新进展趋势学术研讨会,1997.
[88] 吴毓莹.评量的蜕变与突破——从哲学思潮与效度理论思考起[EB/OL].http://w2.

nioerar. edu. tw/basis3/13/gm17. htm.
[89] 熊梅,马玉宾. 试谈研究性学习的档案评价[J]. 教育发展研究,2002(21).
[90] 杨启亮. 合格性评价:基础教育评价的应然选择[J]. 教育研究,2006(11).
[91] 杨启亮. 课程评价:课程改革中的一个双向两难问题[J]. 教育理论与实践,2005(7).
[92] 杨启亮. 走出课程评价改革的两难困境[J]. 教育研究,2005(9).
[93] 杨向东. 浅析评价人员关于"学生才能的理念"对教育评价实践的影响[J]. 全球教育展望,2008(12).
[94] 杨向东. 谈课堂评价的地位与重建[J]. 全球教育展望,2009(9).
[95] 杨向东,崔允漷主编. 课堂评价[M]. 上海:华东师范大学出版社,2012.
[96] 张彩霞. 改革考试制度是实施素质教育的关键[J]. 中州大学学报,2002(3).
[97] 张海和. IEA 国际科学教育研究中的实作评量[J]. 比较教育研究,2002(11).
[98] 张华. 课程与教学论[M]. 上海:上海教育出版社,2000.
[99] 张菊荣. 表现性评价:"点式课堂"突围的一种路径[J],江苏教育,2012(11).
[100] 张俊怡,姚慧勤. 小学作文评价中学生自定评价标准的研究[J]. 当代教育科学. 2009(16).
[101] 张向众. 真实性评价中的评分规则[J]. 外国教育研究,2004(12).
[102] 张雨强,崔允漷. 论开放性活动的教育评价文化[J]. 教师教育研究,2006(2).
[103] 张雨强. 开放题编制的理论与技术研究[D]. 上海:华东师范大学博士学位论文,2006.
[104] 赵德成. 表现性测验及其在中小学课堂评价中的应用[J]. 语文建设,2002(11).
[105] 赵洪涛. 谁是素质教育的绊脚石[J]. 教育参考,2006(4).
[106] 中华人民共和国教育部制订. 普通高中生物课程标准[Z]. 北京:人民教育出版社,2004.
[107] 中华人民共和国教育部制订. 全日制义务教育语文课程标准(实验稿)[Z]. 北京:北京师范大学出版社,2001.
[108] 钟媚,高凌飚. 评估准则:一种有效的课堂学习评价工具[J]. 全球教育展望,2006(3).
[109] 钟启泉,崔允漷,吴刚平主编. 普通高中新课程方案导读[M]. 上海:华东师范大学出版社,2003.
[110] 钟启泉,李雁冰主编. 课程设计基础[M]. 济南:山东教育出版社,2000.
[111] 钟启泉. 击破学习评价的"软肋"[N]. 中国教育报,2007-10-20,(3).
[112] 钟启泉. 教育评价改革:视点与方法[J]. 全球教育展望,2004(11).
[113] 钟启泉. 教育评价:为了学生的成长与发展[J]. 全球教育展望,2007(6).
[114] 钟启泉,崔允漷等著. 从失衡走向平衡:素质教育课程评价体系研究[M]. 北京:经济科学出版社,2014.
[115] 钟启泉,崔允漷,张华主编.《基础教育课程改革纲要(试行)》解读[M]. 上海:华东师范大学出版社,2001.
[116] 钟启泉. 建构主义"学习观"与"档案袋评价". 课程·教材·教法,2004(10):20.
[117] 周文叶. 共同的核心 明确的高期望——美国 CCSS 对我国基础教育质量标准研制的启示[J]. 教育发展研究. 2012(24).
[118] 俎媛媛. 真实性学生评价研究[D]. 上海:华东师范大学博士学位论文,2007.

[英文部分]

[1] Adair-Hauck, Bonnie; et al. The Integrated Performance Assessment (IPA): Connecting Assessment to Instruction and Learning [J]. *Foreign Language Annals*, 2006(3).

[2] Airasian, P. W.. *Classroom Assessment: Concepts and Applications* [M]. New York: McGraw-Hill, 2001.

[3] Allen, Russ. Performance Assessment [EB/OL]. [EB/OL]. http://www.weac.org/professional_resources/Testing/performance_assessment.aspx/.

[4] Allen, Russ. Performance Assessment. [EB/OL]. http://www.weac.org/professional_resources/Testing/performance_assessment.aspx.

[5] and Conclusions [EB/OL]. http://www.eric.ed.gov/ERICWebPortal/custom/portfets/recordDetails/detaifmini.jsp? _ nfpb = true& _ &ERICExtSearch _ SearchValue _ 0 = ED397532&ERICExtSearch_SearchType_0 = no&accno = ED397532.

[6] Anderson, L. W. & Krathwohl, D. R.. *A Taxonomy for Learning, Teaching, and Assessing: A Revision of Bloom's Taxonomy of Educational Objectives* [M]. NewYork: Longman, 2001.

[7] Andrade, Heidi G.. Understanding Rubrics [J]. *Educational Leadership*, 1996(1).

[8] Archbald, Doug A. & Newmann, Fred M.. *Beyond Standardized Testing* [M]. Reston, Virginia: National Association of Secondary School Principals, 1988.

[9] Arter, Judith A. & Chappuis, Jan.. *Creating & Recognizing Quality Rubrics* [M]. Portland, Oregon: Educational Testing Service, 2006.

[10] Arter, Judy. Teaching about Rerformance Assessment (1998)[EB/OL]. http://files.eric.ed.gov/fulltext/ED423270.pdf.

[11] Aschbacher, Pamela R.. Performance Assessment: State Activity, Interest and Concerns [J]. *Applied Measurement in Education*, 1991(4).

[12] Baker, E. L. & O'Neil, H. F.. Performance Assessment and Equity [A]// *Evaluating Education Reform: Assessment of Student Performance* [M]. Washington, D. C.: Pelavin Associates, 1993.

[13] Baron, J. B. & Stemberg, R. J.. (eds.). *Teaching-Thinking Skills: Theory and Practice* [M]. New York: W. H. Freeman, 1987.

[14] Berlak, H.; et al. *Toward a New Science of Educational Testing and Assessment* [M]. State University of New York Press, 1992.

[15] Beyond Basic Skills: The Role of Performance Assessment in Achieving 21st Century Standards of Learning. [EB/OL]. [2014 - 3 - 17]. https://edpolicy.stanford.edu/sites/default/files/beyond-basic-skills-role-performance-assessment-achieving-21st-century-standards-learning-report_0.pdf.

[16] Black, P. J. & Wiliam, D.. Assessment and Classroom Learning [J]. *Assessment in Education*, 1998(1).

[17] Breland & Griswold. Use of Alternative Assessment in National Assessments: The American Experience. Paper presented at Office of Educational Research and

Improvement Conference, The Promise and Peril of Alternative Assessment, Washingtion, 1990(10).

[18] Carey, Lou M.. *Measuring and Evaluating School Learning* [M]. Allyn & Bacon, Inc. , 2001.

[19] Centre-assessed Candidate Record Form (2008)[EB/OL]. [2009 - 2 - 16]. http://www. aga. org. uk/.

[20] Centre-assessed work Centre Declaration sheet (2008) [EB/OL]. [2009 - 2 - 16]. http://www. aqa. org. uk/.

[21] Chappuis, Stephen; Stiggins, Richard; Arter, Judith & Chappuis, Jan. *Assessment For Learning: An Action Guide for School Leaders* [M]. Portland, Oregon: Assessment Training Institute, 2001.

[22] Chicago Public Schools. Why Scoring Rubrics are Important [EB/OL]. http// intranet. cps. k12. il. us/Assessments/Ideas_and_Rubrics/ideas_and_rubrics. html.

[23] Common Core State Standards Initiative. [EB/OL]. http://www. corestandards. org/ about-the-standards/.

[24] Davies, A.. Quality Classroom Assessment is Learning [EB/OL]. http://www. nzpf. ac. nz/resources/magazine/2004/nov/Assessment. htm.

[25] Elliott, Stephen N.. Creating Meaningful Performance Assessments (1995)[EB/OL]. [2014 - 2 - 20]. http://ericae. net/edo/ED381985. htm.

[26] Elliott, Stephen.. Creating Meaningful Performance Assessments: Fundamental Concepts (1995) [EB/OL]. http://www. eric. ed. gov/ERICWebPortal/custom/portlets/ recordDetails/detailmini. jsp? _ nfpb = true& _ &ERICExtSearch _ SearchValue _ 0 = ED375566&ERICExtSearch_SearchType_0 = no&accno = ED375566.

[27] Enger, Sandra K. & Yager, Robert E.. *Assessing Student Understanding In Science* [M]. Corwin Press, Inc. , 2000.

[28] Feinberg, L.. *Multiplechoice and Its Critics* [M]. The College Board Review, 1990 (3):12 -17.

[29] Finch, F. L. & Dost, Marcia A.. Toward an Operatioanal Definition of Educational Performance Assessments [EB/OL]. http://eric. ed. gov/ERICWebPortal/custom/ portlets/recordDetails/detailmini. jsp? _nfpb = true&_&ERICExtSearch_SearchValue_0 = ED353287&ERICExtSearch_SearchType_0 = no&accno = ED353287.

[30] Fremer, John. What Is So Real About Authentic Assessment? Paper presented at the Boulder Conference of State Testing Directors, 1990(6).

[31] Fuchs, Lynn S.. Connecting Performance Assessment to Instruction: A Comparison of Behavioral Assessment, Mastery Learning, Curriculum-Based Measurement, and Performance Assessment [EB/OL]. http://www. ericdigests. org/1996-1/based. htm.

[32] Garden, R. A.. Development of TIMSS Performance Assessment Tasks [J]. *Studies in Educational Evaluation*, 1999(3).

[33] Gipps, Ceroline V.. *Beyond Testing: Towards a Theory of Educational Assessment* [M]. London: The Falmer Press, 1994.

[34] Gronlund, N. E.. *Assessment of Student Achievement* (Sixth Edition)[M]. Allyn & Bacon, 1998.

[35] Guba. Egon G. & Lincoln, Yvonna S.. *Fourth Generation Evaluation* [M], London: SAGE Publishers Inc, 1989.

[36] Gullickson, A. R.. Student Evaluation Standards: A Paradigm Shift for The Evaluation of Student [J]. *Prospects*, 2005(2).

[37] Hambleton R. K. & Murphy E.. A Psychometric Perspective on Authentic Measurement [J]. *Applied Measurement in Education*, 1992(1).

[38] Hambleton, R. K. & Murphy, E.. A Psychometric Perspective on Authentic Measurement [J]. *Applied Measurement in Education*, 1992(1).

[39] Harmin, M.. *Inspiring Active Learning: A Handbook for Teachers* [M]. Alexandria: Association for Supervision & Curriculum Development, 1994.

[40] Harmon, M. & Zuzovsky, R.. Introduction [J]. *Studies in Educational Evaluation*, 1999, Vol. 25.

[41] Harmon, M.; Smith, T. A.; et al. *Performance Assessment in IEA's Third International Mathematics and Science Study (TIMSS)*[M]. Center for the Study of Testing, Evaluation, and Educational Policy, Boston College, 1997.

[42] http//www. foundationcoalition. org/events/conferences/share_the_future/workshop_descriptions/rubrics. html.

[43] http//www. lcu. edu/NR/rdonlyres/04DB0323-EA7F-4DBD-8A8E-5EB65E1B3309/0/CreatingRubricsandPromptsv2color. ppt.

[44] http//www. music. Miami. Edu/assessment/rubricsDef. html.

[45] http//www. utexas. edu/academic/ mec/research/pdf/rubricshandout. pdf.

[46] Jamentz, Kate. Making Sure That Assessment Improves Performance [J]. *Educational Leadership*, 1994(3).

[47] Kane, M.; Crooks, T. & Cohen, A.. Validating measures of performance [J]. Educational Measurement: Issues and Practice, 1999(2).

[48] Kane, M. T. Current Concerns in Validity Theory [J]. *Journal of Educational Measurement*, 2001(4).

[49] Khattri, Nidhi; et al. Assessment of Student Performance. Volume I: Findings

[50] Kojima, S.. IEA Science Study in Japan with Special Reference to the Practice Test [J]. *Comparative Educational Review*, 1974.

[51] Kovacs, Maria & Văcăteţu, Ariana-Stanca. Authentic Assessment in the In-service Teacher Training System: Guidebook for Training Providers. [EB/OL]. [2013 - 10 - 25]http ://www. alsdgc. ro/userfiles/GUIDEBOOK%20FOR%20AUTHENTIC%20ASSESSMENT%20THROUGH%20ACTION%20RESEARCH(1). pdf.

[52] La Marca, P. M.; Redfield, D. & Winter, P. C.. *State Standards and State Assessment System: A Guide to Alignment* [M]. Washington, D. C.: Council of Chief State School Officers, 2000.

[53] Lane, S.. The Conceptual Framework for the Development of a Mathematics

Performance Assessment Instrument [J]. *Educational Measurement: Issues and Practice*, 1992(2).

[54] Linda Darling-Hammond & Frank Adamson. Beyond Basic Skills: The Role of Performance Assessment in Achieving 21st Century Standards of Learning (2010)[EB/OL]. [2014 - 3 - 17]. https://edpolicy.stanford.edu/sites/default/files/beyond-basic-skills-role-performance-assessment-achieving-21st-century-standards-learning-report_0.pdf.

[55] Linn, R. L.. Criterion-referenced Measurement: A Valuable Perspective Clouded by Surplus Meaning [J]. *Educational Measurement: Issues and Practice*, 1994(13).

[56] Linn, R. L.; Baker, E. L. & Dunbar, S. B.. Complex, Performance-based Assessment: Expectations and Validation Criteria [J]. *Educational Researcher*, 1999 (8).

[57] Little, A. & A. Wolf (eds.). *Assessment in Transition: Learning, Monitoring and Selection in International Perspective* [M]. Pergamon Press, 1996.

[58] Lockheed, M. E.. Assessment and Management: World Bank Support for Educational Testing [A]// Little, A. & Wolf, A. (eds.). *Assessment in Transition: Learning, Monitoring and Seection in International Perspective* [M]. Pergamon Press, 1996.

[59] Madaus, George F. & O'Dwyer, Laura M.. A Short History of Performance Assessment: Lessons Learned [J]. *Phi Delta Kappan*, 1999(5).

[60] Marano, Robert J.; Pickering, Debra & McTighe, Jay. *Assessing Student Outcomes: Performance Assessment Using the Dimensions of Learning Model* [M]. Alexandia, VA: Association for Supervision & Curriculum Development. 1993.

[61] Martin, M. O.. & Kelly, D. L. (eds.). Third International Mathematics and Science Study (TIMSS) Technical Report, Volume I: Design and Development[EB/OL]. Chestnut Hill, MA: Boston College. http://timss.bc.edu/timss1995i/TIMSSPDF/TRCHP1.PDF.

[62] McLaughlin, Margaret J.; Warren, Sandra Hopfengardner. Performance Assessment and Students with Disabilities: Usage in Outcomes-Based Accountability Systems (1994)[EB/OL]. http://files.eric:ed.gov/fulltext/ED375568.pdf.

[63] Mertler, Craig A.. Designing Scoring Rubrics for Your Classroom [J]. *Practical Assessment Research and Evaluation*, 2001(7).

[64] Messick, S.. Meaning and Values in Test Validation: The Science and Ethics of Assessment [J]. *Educational Researcher*, 1989 (2).

[65] Messick, S.. The Interplay of Evidence and Consequences in the Validation of Performance Assessments [J]. *Educational Researcher*, 1994(2).

[66] Michael O. Martin Dana L. Kelly. TIMSS Technical Report Volume I: Design and Development. [EB/OL]. [2014 - 5 - 17]. http://timssandpirls.bc.edu/timss1995i/TIMSSPDF/TRall.pdf.

[67] Miller-Jones, D.. Culture and Testing [J]. American Psychologist, 1989 (2): 360-366.

[68] Mislevy, R. J.. Test Theory Reconceived [J]. *Journal of Educational Measurement*, 1996(4).

[69] Mislevy, Robert J. (1989). Foundations of a New Test Theory [EB/OL]. http://eric.ed.gov/? q=Foundations+of+a+new+test+theory&id=ED395015.

[70] Montgomery, K. Classroom Rubrics: Systematizing What Teachers Do Naturally [J]. *The Clearinghouse*, 2000(6).

[71] Morgan, C.; Dunn, L.; Sharon, P. & O'Reilly, M.. *The Student Assessment Handbook* [M]. Routledge Falmer, 2004.

[72] Moskal, Barbara M.. Scoring Rubrics: What, When and How? [J]. *Practical Assessment Research and Evaluation*, 2000(3).

[73] Mueller, J.. Authentic assessment toolbox [EB/OL]. [2005-08-01]. http://jonathan.mueller.faculty.noctrl.edu/toolbox.

[74] National Research Council; et al. *Knowning What Students Know: The Science and Design of Educational Assessment* [M]. Pelligrino, J.; Chudowsky, N. & Glaser, R. (eds.). Washington, D.C.: National Academy Press, 2001.

[75] Niemi, D.. Cognitive Science, Expert-novice Research, and Performance Assessment [J]. *Theory into Practice*, 1997(4).

[76] Nitko, Anthony J.. *Educational Assessment of Students* [M]. Upper Saddle River, New Jersey: Prentice Hall, Inc., 2004.

[77] Noah, H. & Ecksteino, M. A.. The Two Faces of Examinations: A Comparative and International Perspective [A]// Noah, H. J.. *Examinations: Comparative and International Studies* [M]. Pergamon Press, 1992.

[78] OECD. PISA 2015 Draft Collaboration Problem Solving Framework (2013)[EB/OL]. http://www.oecd.org/pisa/pisaproducts/Draft%20PISA%202015%20Collaborative%20Problem%20Solving%20Framework%20.pdf.

[79] Ohio Grade 4 Writing Achievement Holistic Rubiric for Writing Prompt Iitems [EB/OL]. http://www.ode.state.oh.us/GD/Templates/Pages/ODE/ODEDetail.aspx?page=3&TopicRelationID=222&ContentID=7805&Content=39756.

[80] Oosterhof, Albert. *Developing and Using Classroom Assessments* [M]. Merrill Prentice Hall, Inc., 1999.

[81] Osborne, J.. The 21st Century Challenge for Science Education: Assessing Scientific Reasoning [J]. *Thinking Skills and Creativity*, 2013(10).

[82] Payne, David A.. *Applied Educational Assessment* [M]. Wadsworth Publishing Company, 1997.

[83] Performance Task for English Language Arts [EB/OL]. [2014-5-17]. http://www.smarterbalanced.org/smarter-balanced-assessments/item-writing-and-review/.

[84] Popham, W. J.. *Modern Educational Measurement: Practical Guidelines for Educational Leaders*[M]. Needham, MA: Allyn and Bacon, 2000.

[85] Resnick, L. B. & Resnick, D. P.. Assessing the Thinking Curriculum: New Tools for Educational Reform [A]// Gifford, B. R. & O'Connor, M. C. (eds). *Changing Assessments*:

Alternative Views of Aptitude, Achievement, and Instruction [M]. Boston: Kluwer, 1992.

[86] Resnick, L. B. & Resnick, D. P.. Tests as Standards of Achievement in School [A]// *The Uses of Standardized Tests in American Education: Proceedings of the 1989 ETS Invitational Conference*[M]. Princeton, NJ: Educationai Testing Service, 1989.

[87] Roid, Gale H. & Haladyna, Thomas M.. *A Technology for Test-Item Writing* [M]. London: Academic Press Inc. Ltd., 1982.

[88] Roschewski, P.; Isernhagen J. & Dappen, L.. Nebraska's STARS: Achieving Results [J]. *Phi Delta Kappa*, 2006(2).

[89] Roy, Hardy. Performance Assessment: Examining the Costs [A]// Kane, Michael B. & Mitchell, Ruth. *Implementing Performance Assessment: Promises, problems and Challenges* [M]. Lawrence Erlbaum Associates, 1996.

[90] Rudner, Lawrence M. & Schafer, William D.. *What Teachers Need to Know about Assessment* [M]. Washington, D.C.: National Education Association, 2002.

[91] Ryans, D. G. & Frederiksen, N.. Performance Tests of Educational Achievement [A]// Lindquist, E. F. (ed.). *Educational Measurement* [M]. Washington, D.C.: American Council of Educatin, 1951.

[92] Segers, M.; et al (eds.). Optimising New Modes of Assessment: In Search of Qualities and Standards [M]. Kluwer Academic Publishers, 2003.

[93] Shavelson, R. J.; Black, P. J.; Wiliam, D. & Coffey, J.. On Linking Formative and Summative Function: In the Design of Large-scale Assessment System [J]. *Educational Evaluation and Policy Analysis*. http://www.stanford.edu/dept/SUSE/SEAL/Reports_Papers/On%20Aligning%20Formative%20and%20Summative%20Functions_Submit.doc.

[94] Shavelson, R. J.; Baxter, G. P. & Pine J.. What Alternative Assessments Look Like in Science. Paper presented at Office of Educational Research and Improvement Conference, The Promise and Peril of Alternative Assessment, Washingtion, 1990(10).

[95] Shepard, L. A.. The Role of Assessment in a Learning Culture [J]. *Educational Researcher*, 2000, Vol. 29, No. 7.

[96] Smith, E. R. & Tyler, R. W.. *Appraising and Recording Student Progress* [M]. New York: Harper, 1942.

[97] Stiggins, Richard J. & Bridgeford, Nancy J.. *Performance Assessment for Teacher Development* [M]. Washington, D.C.: N. I. E. Publication, 1984.

[98] Stiggins, Richard J. & Chappuis, J.. Using Student-invoived Classroom Assessment to Close Achievement Gaps [J]. *Theory into Practice*, 2005(1).

[99] Stiggins, Richard J. & Conklin, N. F.. *In Teachers'Hands: Investigating the Practices of Classroom Assessment* [M]. State University of New York Press, 1992.

[100] Stiggins, Richard J.. Assessment through the Student's Eye [J]. *Educational Leadership*, 2007(5).

[101] Stiggins, Richard J.. Design and Development of Performance Assessments [J]. *Educational Measurement: Issues and Practice*, 1987(3).

[102] Stiggins, Richard J.. From Formative Assessment to Assessment for Learning: A Path to Success in Standards-based School [J]. *Phi Delta Kappan*, 2005(10).

[103] Stiggins, Richard J.. *Student-centered Classroom Assessment* (*2nd ed.*)[M]. Columbus, Ohio: Merrill, 1996.

[104] Sweet, David. Performance Assessment [EB/OL]. http://www.ed.gov/pubs/OR/ConsumerGuides/perfasse.html.

[105] The Assessment and Qualifications Alliance. GCE English Literature A Coursework Guidance: LITA2 Creative Study (2009) [EB/OL]. [2014 - 5 - 09]. http://filestore.aqa.org.uk/subjects/AQA-2740-W-TRB-CGU2.PDF.

[106] The Partnership for 21st Century Skills [EB/OL]. http://www.p21.org/.

[107] Thurlow, Martha. National and State Perspectives on Performance Assessment [EB/OL]. http://www.ericdigests.org/1996-1/state.htm.

[108] TIMSS 2011 Item Writing Guidelines [EB/OL]. [2014 - 5 - 17]. http://timssandpirls.bc.edu/methods/pdf/T11_Item_writing_guidelines.pdf.

[109] Trice, Ashton D.. A Handbook of Classroom Assessment [M]. Addison Wesley Longman, Inc., 2000.

[110] U. S. Congress, Office of Technology Assessment. *Testing in American Schools: Asking the Right Questions* [M]. Washington, D. C.: U. S. Government Printing Office, 1992.

[111] Weber, Ellen. *Student Assessment That Works: A Practical Approach* [M]. Boston: Allyn and Bacon, 2002.

[112] Wiggins, Grant. A True Test: Toward More Authentic and Equitable Assessment [J]. *Phi Delta Kappan*, 1989(8).

[113] Wiggins, Grant. *Assessing Student Performance: Exploring the Purpose and Limits of Testing* [M]. San Francisco: Jossey-Bass Publishers, 1993.

[114] Wiggins, Grant. Assessment as Feedback [EB/OL]. http://www.newhorizons.org/strategies/assess/wiggins.htm.

[115] Wiggins, Grant. The Case for Authentic Assessment [J]. *Practical Assessment, Research and Evaluation*. http://PAREonline.net/getvn.asp? v=2&n=2,1990.

[116] Wraga, W. G.. *Performance Assessment: A Golden Opportunity to Improve the Future* [M]. NASSP, 1994.

后记

评价,在我们生活中时常发生着。我们总是对某人某事某物做出这样或那样的评价。然而,作为一个专业领域的学生学业评价,对我而言,在 2006 年进入华东师大课程与教学研究所修读博士之前,却是全然陌生的。

这或许是一种缘分。甫一入学,我就有幸参与华东师范大学课程与教学研究所承担的教育部哲学人文社会科学研究重大攻关项目“素质教育课程评价体系研究”(项目编号:04JZD00025)和教育部人文社会科学研究重点基地重大项目“基于标准的学生学业成就评价体系研究”(项目编号:05JJD880010),开始慢慢进入评价研究领域。随后,在导师崔允漷教授的指引下,我将博士论文主题确定为表现性评价。因为不懂,当时的我绝对无法预料到将会面临怎样的困难与挑战。真是无知者无畏!

幸好,我不是孤身作战。我的导师曾主持了数个重大的评价研究项目,经验丰富,他近十几年来对评价研究领域的持续关注和深入研究为我提供了丰富的理论给养。我所在的团队拥有许多智慧的头脑,师兄师姐们热情、踏实、积极进取,在学生学业评价领域做了不少卓有成效的探索,为我开辟了先路。与导师合作的中小学校也在积极地开展评价实践。参与研究项目、参与团队研讨、参与课堂观察与讨论,导师一次次悉心的指导、师兄师姐一个个宝贵的建议、与中小学老师一次次坦诚的探讨交流……表现性评价,在我的脑海中慢慢地清晰起来,越来越亲切,越来越可爱,并最终成为我当前学术研究的重要主题之一。感谢导师!是他引领我认识表现性评价,并指导我如何深入地了解、研究表现性评价。从选题到开题,从博士论文的写作到后续科研工作的开展,我得到了导师太多的指导与帮助。

本书是在我的博士论文的基础上修改而成的。撰写博士论文的时候,我更多的是通过文献来思考与理解这个话题,不免显得刻板而单薄。而近几年的工作使我有机会和全国各地的中小学教研员与合作学校的老师们进行较为深入、持续的交流,从实践的角度看到了表现性评价的不同面貌,进一步理解了教师在开发、运用表现性评价中遭遇的现实问题与需求,本书中的许多反思与探索也得益于此。同时,本书也是全国教育科学"十二五"规划教育部青年课题"中小学生表现性评价的理论与技术研究"(项目编号:EHA130394)和教育部人文社会科学重点研究基地华东师范大学课程与教学研究所重大项目"义务教育阶段促进学习的课堂评价研究"(项目编号:13JJD880014)的研究成果,感谢项目组的老师给予的帮助!

感谢华东师大课程所的老师们!杨向东老师、李雁冰老师和王小明老师在评价领域的研究及其成果使我受益匪浅。钟启泉教授、崔允漷教授、胡惠闵教授、吴刚平教授、赵中建教授等课程所的老师们所营造的浓厚学术氛围和对晚辈的提携与关爱,为我提供了良好的专业成长机会。我始终清晰地记得博士论文开题会上、博士论文答辩会上、所本教研会上,他们耐心倾听我尚不成熟的思索与阐述,毫无保留地给予精心指导。新近的教育部985重大项目"中国学校课程教学调查数据库建设"让我有机会与刘良华教授、周勇教授、安桂清教授和黄小瑞博士在同一个专题研究小组工作,每次温馨而又严肃的专题研讨,总能激发我新的思考。

感谢郑州市教研室周文胜主任和卢臻老师,他们的敬业与专业,他们对评价之于课堂教学的重要性的理解与思考,以及在学生评价领域所做的改革举动,深深地感染了我,让我更加投入地思考表现性评价与学生成长的关系。在与他们的交流中,我对评价的现实问题有了更加深入的了解与思考。感谢江苏省汾湖高新技术产业开发区实验小学、上海市杭州路第一小学、浙江省元济高级中学、郑州市第九中学、浙江省瑞安中学、美国威斯康辛州麦迪逊 Shorewood Hills Elementary School 和 East High School 的老师们!在这些学校进行的课堂观察,以及与老师们就课程、教学与评价展开的交流,无疑使我对教学中的表现性评价有了更真切的体验与理解,也让我更加热爱这一领域。

感谢同样在评价领域探索的我的师兄朱伟强、王少非、邵朝友、张雨强、汪贤泽、郑东辉、申宣成,以及刘辉、赵士果等同门!他们有关学生学业评价的研究成果经常给我以启迪,他们的建议与意见为我的专业成长提供了很大的帮助。

感谢我的朋友台湾桃园县大仑小学的王家珍老师,曾来华东师大课程所访学的台湾联合报系作文讲师简丞佐老师,我在美国威斯康辛大学麦迪逊分校学习时的同学——日本的 Kimiko,美国的 Katrina、Webb、Mike 和 Kiki,他们为我提供了许多宝贵的资料。

感谢华东师范大学出版社教育心理分社社长彭呈军先生的诸多帮助！感谢编辑王冰如女士，她的出色工作是本书顺利面世的重要保障。

最后，感谢我的家人！感谢我的婆婆为我减轻了很多家务。感谢我的爱人周澍先生的理解和支持。我两岁半的儿子周鼎小朋友经常满心欢喜地跑到我的办公室来“打扰”我。更确切地说，我经常在他还没睡醒或是刚睡着的时候溜到办公室来，这让他逐渐习惯并热衷于一个“找妈妈”的游戏。陪儿子还是去码字？这两个念头总是在我的心里激烈交战。所幸这本书稿即将付梓，也算是给了家人和自己一个交代吧。

另外还要说明的是，表现性评价领域的研究离成熟与完善尚有距离，而本人对它的理解也绝谈不上是深刻、有创建性的。谨此拙作，有不当之处，敬请读者朋友们批评指正！

周文叶

2014 年 7 月 9 日于丽娃河畔